図説　花と庭園の文化史事典

図説

花と庭園の文化史事典

ガブリエル・ターギット［著］　遠山茂樹［訳］

八坂書房

謝辞

大英博物館植物部門の博識な図書館司書、P. I. エドワーズさんからは、寛大で惜しみない助力をいただいた。深く感謝したい。

GABRIELE TERGIT
FLOWERS THROUGH THE AGES

OSWALD WOLFF（PUBLISHERS）LIMITED
LONDON,W. 1
1961

translated from the German by
ELIZABETH and ALEXANDER HENDERSON

まえがき

花について書くことは、危険な冒険である。いかようにも取り上げることができるし、これまで試されなかった方法はないといってもよい。熱狂的な詩文から、きわめて実用的な園芸教本『五月の第四週目』の記事まで。故ミドルトン氏のラジオから聞こえてくる指示から、カレル・チャペック★の軽妙洒脱で含蓄のある教えまで、実にさまざまである。花について書くことは、今日あらゆるテーマのなかで最も一般的で、ありふれた主題である恋愛についで書くようなものだ。花は恋愛と同じように世界中どこにでもあるし、恋愛に勝るとも劣らず重要である。花は人間がいなくても何ら問題はないが、人間は花がなければやっていけない。

ことの始まりはこうであった。「神はまた言われた、地は青草と、種をもつ草本と、種類に応じて種のある実を結ぶ果樹とを地の上にはえさせよ。すると、そのようになった。」「主なる神は東のかた、エデンにひとつの園《ガーデン》を設けた。……（中略）……。また主なる神は、見て美しく、食べるのに適したすべての木を土からはえさせ、さらに園の中央に生命の木と、善悪を知る木をはえさせた。またひとつの川がエデンから流れ出て園を潤した。」

それ以来、人はみなどこにいても自分の庭を大切にし、エデンの園に思いを馳せながら、庭の花を愛でてきた。

エジプト人は神々に花をささげ、青い睡蓮の花を身につけるときは、その長い茎を腕に巻きつけた。仏教徒は釈迦如来像に花を供えた。アステカ人は寺院を花で飾り、そこで囚人た

★カレル・チャペック（一八九〇〜一九三八）
チェコのジャーナリスト、劇作家、小説家。ボヘミアの田舎町に生まれ、プラーグ大学で哲学を学ぶ。ジャーナリストとして出発したが、劇作家として成功をおさめ、多方面で活躍した。大戦間期のチェコにおいて最も人気のあった作家といわれる。代表作に『人造人間』（戯曲）、『山椒魚戦争』（小説）などがある。アマチュアの園芸家としても有名で、随筆『園芸家十二ヶ月』を著す。

ちの生身の心臓を引き裂いた。花は中国の祭壇にも置かれた。世界中どこにいっても、花のない教会はない。

英語の「パラダイス」は庭を意味するペルシャ語に由来する。**クセノフォン★がそれをギリシアに持ち込んだのである。パラダイスは若者の恋愛や踊りや歓楽を意味しない。また、丘陵や小渓谷や曲がりくねった小川から成る美しい風景を意味するものでもない。パラダイスとは単に庭の謂にすぎず、それ以上でも、それ以下でもない。韓国では、来世における幸福とは、心地よい庭に座っていることである。

中国には次のような格言がある。「一時間幸せでありたいと思うなら、酒を飲め。三日間幸せでありたいと思うなら、妻をめとれ。三ヶ月間幸せでありたいと思うなら、豚を屠って三ヶ月間食べ続けろ。だが、一生幸せでありたいと願うならば、庭師になれ。」

「幸せとは、両手に花をもつことである。」と日本人はいう。

トマス・モア★卿は庶民にとって庭がいかに重要であるかを知っていた。著書『ユートピア』は一五一六年にラテン語で書かれ、一五五一年に英語の初版が出たが、そのなかでモアは未来像について次のように述べている。「街路に沿った家並みの裏側には、囲い込まれた大きな庭がならんでおり、他の家並みの裏手に接している。どの家にも入口は二つある。ひとつは表通りに出る入口で、もうひとつは庭に出る裏口である。……（中略）……。家の中に入りたい者は、誰でも入ってかまわない。というのも、家の中には私有物、つまり誰々の物といったようなものがないからである。家そのものは十年ごとに抽選によって取り換えることになっている。ユートピア島の住民たちは庭を非常に大事にする。庭内には葡萄園のほか、あらゆる種類の果実、ハーブ、花が栽培されており、実に心地よい。必要なものは十分に備わっており、管理も申し分ない。私はこれほどまでに実り豊かで、手入れの行き届いた庭を見たことがない。

＊＊後述、五八頁の訳注参照。

★クセノフォン（前四三〇頃～前三五四頃）
古代ギリシアの軍人、著作家。アテネに生まれ、ソクラテスについて学ぶ。若い頃、ペルシア王子キュロスが雇ったギリシア人の傭兵隊に参加し、キュロスの兄王と交戦、敗北を喫す。このときの顛末を『アナバシス』として書き残した。クセノフォンの著書を通じて、ペルシアの庭はギリシアに伝わったといわれる。プラトンやアリストテレスの学園が木立の庭にあったところから、ギリシアの知的世界は庭園の概念とふかく結びつくことになった。

★トマス・モア（一四七八～一五三五）
イギリスの人文主義者、政治家。国王ヘンリー八世の厚い信頼を得て大法官にまでのぼりつめたが、王の離婚問題を機に大法官を辞職、最終的には大逆罪に問われ、処刑された。その著『ユートピア』は、当時のイギリス社会を痛烈に批判した書として有名であるが、ガーデニングに関する興味深い叙述を含んでいる。

彼らが庭仕事に熱心に従事しているのは、単に楽しいからだけではない。家並みごとに一種の争い、競争をおこなっているためでもある。各人がそれぞれの役割に応じて、庭の手入れや耕作、整備などについて張り合っているのである。」

トマス・モア卿の描いた夢は、その大部分が今日のイギリスでは現実のものとなっている。イギリス人の生活様式は過去に深く根ざしており、モアの『ユートピア』も聖書もそうした過去の一部なのである。今日では、ブリテン諸島のどこにいっても、表口と裏口、それに表庭と裏庭をそなえた小さな家がある。園芸は生活の重要な一部となっており、誰が一番良く庭の手入れをしているか、お互いに競い合っている。

このことは一般市民にのみあてはまるものではない。功成り名を遂げた者も、世界がひどく小さくみえてしまう野心家も、最後は庭に木を植え、剪定するといった単純な作業に幸せを感じるか、少なくとも慰めを見いだすものなのである。ローマ皇帝ディオクレティアヌス★は、ローマ帝国を放棄したあとサロナ〔属州ダルマチアの首都〕に隠遁し、庭の手入れをしながら悠悠自適の余生をすごした。再び皇帝になるよう熱心に勧められたとき、彼はこう答えた。権力を追い求めるよりも、自分でキャベツを育てている方がよほど幸せだ、と。ナポレオンもセント・ヘレナ島では庭づくりに励んでいた。

ヴォルテール★の『カンディード』は次のような言葉で終わっている。「われわれの庭を耕さなければなりません。」――これが、主人公カンディードが人生の最後に悟ったことであった。それまで彼の人生は成功と金と恋愛のあくなき追求であったが、実際には殺人と逃亡とあらゆる種類の裏切りの繰り返しであった。フランス人のいう「庭師ヴォルテール」は、自分自身の人生を次のように総括した。「私はたくさんの書物を読んだが、残ったのは不確実、虚偽、そして狂信であった。本質的なことについては、今でも幼少の頃と同程度のことしか知らない。

★ディオクレティアヌス（二四五頃〜三一三）
　古代ローマ皇帝（在位二八四〜三〇五）。広大な帝国を治めるため四分統治制を採用し、軍人皇帝時代に終止符を打った。ペルシア風の宮廷儀礼を採用して皇帝崇拝を強要する一方、ローマ古来の多神教を尊崇し、キリスト教徒を迫害、とりわけパレスチナとエジプトで激しい弾圧をおこなった。病気で退位後、アドリア海にのぞむサロナの離宮に隠棲し、そこで没した。

★ヴォルテール（一六九四〜一七七八）
　フランスの啓蒙思想家、文学者。百科全書派の一人で、フランス革命を思想面から準備した。自らのイギリス体験をもとにした『哲学書簡、またはイギリス便り』で、フランス絶対王政を批判したため、本書は焼却処分をうけた。小説『カンディード』（一七五九年）は、一七五五年十一月一日（万聖節）にポルトガルの首都リスボンを襲った大地震がきっかけで執筆されたが、そのなかでヴォルテールは神の全知全能を認めすべてを肯定するライプニッツ的な最善説《オプティミズム》を厳しく批判している。

私はむしろ木を植え、種を蒔き、自由でありたい。」

　庭師が長生きする傾向にあるのは物の道理、否、庭の道理といえるかもしれない。偉大な造園家ル・ノートルは大胆にも自然に手をくわえ、気の向くままに風景を創造したが、彼は九十歳ちかくまで生きた。大プリニウスの植物・園芸の師であったアントニヌス・カストルは百歳を超えていた。ラッセル・ルピナスの生みの親で、ヨークシャー出身の有名な品種改良家ジョージ・ラッセル★は、九十三歳になっても庭仕事に精を出していた。バーナード・ショー★は、園芸や菜食主義に対する情熱と都会的ともいえる機知に富んだ辛辣さを併せ持っていたが、剪定作業に熱心のあまり罹病し、九十四歳で亡くなった。チャールズ・ダーウィンが三十年間にわたって指南を受けた庭師レイクマンは九十六歳で他界した。ちょうど早朝の紅茶をすすりながら、部下の庭師に次のような指示を出した直後のことであった。「彼に告げてくれ。」とレイクマンは言った。「セキチク類を植えるためにチューリップを掘り起こし、そのあとは」（とウィンクしながら）「鍬《くわ》を持ってぶらぶらと、やりたいことをやればよい。」――こう言うと、レイクマンは枕に深く身を沈めた。ほどなくして、彼の園芸人生は終わりを告げた。

　人間が花を愛でなかったならば、実際、奇妙なことであろう。というのも、人間の一生は季節の移り変わりと多くの共通点をもっているからである。人は二月に生まれ、三月に幼少期を迎える。十四歳で世に出始める若者は四月に足を踏み入れ、五月には結婚する。六月、七月は三十代、四十代で、最も充実した時期である。八月、九月は人生の収穫期にあたり、冬にそなえて蓄える。引退して知恵者となる前に、ひと花咲かせる時でもある。十月は六十代、十一月、十二月はそれぞれ七十代、八十代に相当し、身心ともに穏やかに衰弱してゆく。そして、ついに一月を迎え、人間も自然も白い衣で包まれる。

★ジョージ・ラッセル　→二九九頁参照

★バーナード・ショー（一八五六〜一九五〇）
　アイルランド出身の劇作家、批評家。『男やもめたちの家』（一八九二年）をはじめ多数の戯曲を発表、イギリス近代演劇の確立者といわれる。美術批評や音楽評論でも活躍する一方、イギリス労働党の前身であるフェビアン協会の設立と同時に会員となり、社会主義思想の普及につとめた。同協会のウェッブ夫妻と親しく交わり、夫妻とともに経済学をはじめ社会科学の教育機関として世界的に有名なロンドン・スクール・オブ・エコノミクス（LSE）の創設にも加わった。一九二五年、ノーベル文学賞を受賞。

果実の成る木で囲まれた池のある古代エジプトの庭。池には睡蓮が咲いている（テーベ、ネブアメンの墓壁画／前 1400 年頃／大英博物館蔵）

青紫の熱帯性睡蓮

睡蓮を手にした夫妻の肖像
（テーベ、ラーメスの墓浮彫り／前 1370 年頃）

クレタ島、アムニソス出土のユリを描いた壁画
（前 1550- 前 1500 年頃／イラクリオン考古博物館蔵）

クレタ島、クノッソス出土のバラを描いた壁画
（前 1550 年頃／イラクリオン考古博物館蔵）

聖書の「シャロンのバラ」とされる、イスラエル北部の海岸に自生するチューリップ

ユリらしき花を描いたビザンティンのモザイク
（ラヴェンナ、サンタポリナーレ・イン・クラッセ聖堂／ 549 年）

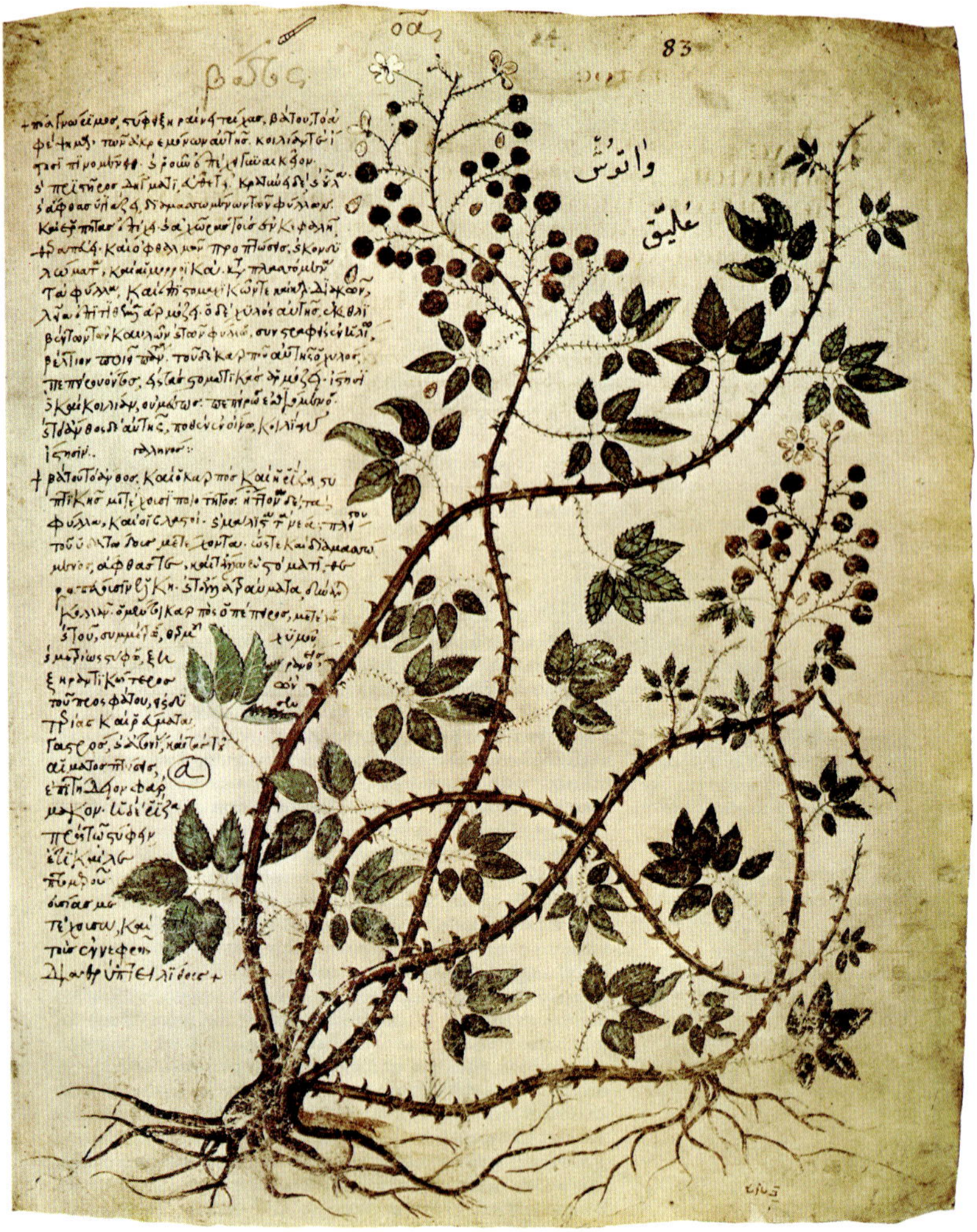

ディオスコリデス『薬物誌』。ビザンツ皇帝妃ユリアナ・アニキアに献じられた写本のブラックベリーの頁（512年頃／ウィーン国立図書館蔵）

右：ブラックベリー（セイヨウヤブイチゴ）

ポンペイ「黄金の腕輪の家」壁画の一部分（1 世紀中頃／ 1979 年に出土）。支柱に結ばれたバラ、ヒナギク、ケシなどの草花やナイチンゲールが念入りに描かれている。

左：ローザ・ガリカの栽培品種「オフィキナリス」。ガリカ種のバラは、古くから香料採取や観賞に用いられていた。

サンドロ・ボッティチェリ《ヴィーナスの誕生》（1485 年頃／フィレンツェ、ウフィッツィ美術館蔵）
画面に舞うバラは、この花がヴィーナスと共に誕生したという伝説を踏まえて描かれた。

シュテファン・ロッホナー《バラの園亭の聖母子》部分（1448 年／ケルン、ヴァルラフ＝リヒャルツ美術館蔵）
古代アフロディテ（ヴィーナス）にささげられたバラは、後に聖母マリアの花となった。

アルハンブラ宮殿（スペイン、グラナダ）
夏の離宮ヘネラリーフェにつくられた
「アセキアのパティオ（水路の中庭）」

庭園での団欒を描いた、インドのムガール王朝時代の細密画
（1610-15年頃／ロンドン、ヴィクトリア＆アルバート美術館蔵）

トルコの細密画に描かれたムハンマドのバラ（1708年／ベルリン国立図書館蔵）。イスラム教において、バラは預言者ムハンマドの汗から生じた特別な花とされる。

ボッカチオの物語を題材にしたこの写本の挿絵には、赤白のバラの花垣に囲まれた「閉ざされた庭」が描かれている（1460 年頃／ウィーン国立図書館蔵）

赤白のバラの花輪をあしらった写本の縁飾り（『ベッドフォードの時禱書』1423 年頃／大英図書館蔵）

『サレルノ養生訓』ラテン語写本の一頁。上から、コミヤマカタバミ、イチゴノキ、スイバ、バルサムを採集する様子が描かれている（1300 年頃／大英図書館蔵）

上：イタリア・ルネサンスの庭園。フィレンツェ郊外に現存する（右写真）メディチ家の別荘ヴィラ・ペトライア（ジュスト・ウテンス画／ 16 世紀末 -17 世紀初頭／フィレンツェ郷土史博物館蔵）

下：迷路のある庭園（ロドヴィコ・ポッツォセラット画／ 1579-84 年頃／英国王室コレクション）

ルネサンス時代の姿をとどめるローマ郊外のランテ荘。庭園が邸宅よりも重視された最初の例といわれる。

建築家としても活躍したハンス・フレーデマン・デ・フリースが描いたルネサンス風の庭園
(《富める男の宮殿の前のラザロ》部分／ 1606 年／アムステルダム国立美術館蔵)

右上：レオンハルト・フックスの『植物誌』に用いられた図版の原画と目される手稿本より、ナツメグの図（ウィーン国立図書館蔵）

右下：コンラート・ゲスナーによるナデシコ属の一種などの水彩画（16 世紀中頃／エアランゲン、大学図書館蔵）

左：ドドエンス『本草書』（1554 年、フランドル語初版）の扉頁（アムステルダム国立美術館蔵）

ロバート・ファーバー『花の 12 ヶ月』（1730 年）より、「3 月」
（ピーテル・カステールス原画）

ヨウラクユリとマルタゴン・リリー（右端）の図
（ハンス・シモン・ホルツベッカーによる水彩画／ 1600 年代／大英図書館蔵）

ヨウラクユリの花と球根の図
（ハンス・シモン・ホルツベッカー『ゴットルプ家の写本』1649-59 年
デンマーク国立美術館蔵）

上図の中央：ブルーベル、
左：マルバアサガオ、右：アサガオ
（ベスラー『アイヒシュテットの園』1620 年版
ハールレム、テイラー博物館蔵）

左の写真は本を開いたところ。
（1613 年／ドイツ、
ヴィースバーデン州立図書館蔵）

『ジュリーの花飾り』（1641 年／フランス国立図書館蔵）より、ニコラ・ロベールの水彩画（上図は表題頁）

ニコラ・ロベール画、通称「王のヴェラム」より、ホンアマリリスとマユハケオモト
（パリ、国立自然史博物館蔵）

ヴェルサイユ宮殿と庭園の眺望
（ピエール・パテル画／ 1668 年／ヴェルサイユ宮殿蔵）

「古代のギャラリー」と呼ばれるヴェルサイユの小庭園
（ジャン＝バティスト・マルタン画／ 1688 年／ヴェルサイユ宮殿蔵）

1695年頃のヴェルサイユのオランジェリー（オレンジ園）と宮殿
（ジャン＝バティスト・マルタン画／ヴェルサイユ宮殿蔵）

現在のヴェルサイユ。オランジェリー（上）と王の菜園（下）

ヤン・ブリューゲル（父）《大きな花束》
（1607 年／ウィーン美術史美術館蔵）

17 世紀のチューリップ「ゼンペル・アウグストゥス」（ピーテル・ホルステイン（子）による水彩画／ 1645 年頃／個人蔵）

左上：アンブロジウス・ボスヒャールト《万暦花瓶のチューリップ》部分（1620 年頃／個人蔵）

左下：17 世紀中頃のチューリップ（ホルツベッカー『ゴットルプ家の写本』1649-59 年／デンマーク国立美術館蔵）

栽培品種「ケイゼルスクローン」

スルタンの宴席に飾られたチューリップ（トルコの細密画／1639 年頃／トプカプ宮殿美術館蔵）

右：チューリップを手にしたイランの若者（18 世紀前半の細密画／トプカプ宮殿美術館蔵）
中 2 点：アフメット 3 世がハーレムに作らせた食堂のパネル画（18 世紀前半／トプカプ宮殿）
左：トルコのチューリップ「ザクロ赤の槍」（『チューリップ誌』1725 年／個人蔵）

17 世紀中頃のヒアシンス（ホルツベッカー『ゴットルプ家の写本』1649-59 年／デンマーク国立美術館蔵）

カーネーション（レオンハルト・フックス『新本草書』1543 年／ストラスブール大学図書館蔵）

19 世紀のヒアシンスの栽培品種
上段左より：アンナ・カロリナ、ブーケ・ロイヤル、ル・フランコ・デ・ベルケイ、ロード・メルヴィユ
下段左より：ファン・スペーク、ネムロド
（ルイ・ファン・ウーテ『ヨーロッパの温室と庭の花』1845-88 年／ミズーリ植物園蔵）

上右：カーネーションを手にしたパルマのマリア・ルイサ（スペイン王太子妃）の肖像
（アントン・ラファエル・メングス画／ 1765 年頃／マドリッド、プラド美術館蔵）
上左：カーネーションを伴うオランダの少女の肖像
（ヤン・アルベルツゾーン・ロティウス画／ 1663 年頃／オンタリオ・アートギャラリー蔵）
下右：コーンウォールのサイモン・ジョージの肖像
（ハンス・ホルバイン（子）画／ 1536-37 年／フランクフルト・アム・マイン、シュテーデル美術館蔵）
下左：ドイツ人画家の自画像
（ミヒャエル・オステンドルファー画／ 16 世紀／ウィーン、リヒテンシュタイン美術館蔵）

18 世紀初めの英国庭園はクロード・ロランの描く理想的な風景を模範とするようになった。
(《「エウロペの誘拐」を伴う海岸風景》1645 年／カリフォルニア州、J. ポール・ゲティ美術館蔵)

英国の風景庭園を代表するバッキンガムシャー、ストウの庭園

マルメゾン庭園のナポレオンとジョゼフィーヌ
（ヴィガー・デュ・ヴィニョー画／ 1867 年頃／国立マルメゾン城美術館蔵）

マルメゾンの温室
（オーギュスト・ガルヌレイ画／ 1815-20 年頃／国立マルメゾン城美術館蔵）

ローザ・ガリカの栽培品種「プルプロ・ヴィオラケア・マグナ」
（P.-J. ルドゥテ『バラ図譜』1817-24 年）

クリムソン・パーペチュアル

ラ・フランス

マルメゾンの思い出

ニエル元帥

マダム・カロリーヌ・テストゥ

カール・ドルシュキ夫人

ピース

イレーネ・オブ・デンマーク

左：ローザ・ダマスケナ（ダマスク・ローズ）（P.-J. ルドゥテ『バラ図譜』1817-24 年）
右：ローザ・キネンシス（チャイナ・ローズ、コウシンバラ）
（『エドワーズ・ボタニカル・レジスター』1837 年）

温室で栽培されるキク（チャールズ・コートニー・カラン画／ 1890 年／個人蔵）

ツバキの品種「大公夫人マリー」（L. ファン・ウーテ『ヨーロッパの温室と庭の花』8 巻／ 1853 年／ミズーリ植物園蔵）

ツバキの品種「ジアルディノ・サンタレッリ」（L. ファン・ウーテ『ヨーロッパの温室と庭の花』20 巻／ 1874 年／ミズーリ植物園蔵）

開花中のオオオニバス（W.J. フッカー『ヴィクトリア・レギア』1851 年／ウェルズリー大学図書館蔵）

フクシアの鉢を手にしたヴィクトリア時代の花売り娘（ヘンリー・インガム画／ニューヨーク、メトロポリタン美術館蔵）

サリー州、ゴーダルミングのガートルード・ジークル邸の庭（ヘレン・アリンガム画／ 1903 年頃）

色とりどりのラッセル・ルピナス

図説
花と庭園の文化史事典

目　次

ヨハン・クリストフ・フォルカマー『ニュルンベルクのヘスペリデス』(1708年) より、インゲンマメ属の一種

ニコラ・ド・ラルメサン3世『グロテスクな服装と職業』（1695年）より、「庭師」

◇本書は Gabriele Tergit, *FLOWERS through the ages*, Oswald Wolff (Publishers) Limited, London, 1961 の抄訳である。詳細は「訳者あとがき」参照。

◇原著には四点のカラー図版と八点のモノクロ線画が掲載されているが、日本語版ではさらに多くの図版をこれに補った。

◇本文中の訳注は、〔 〕内に入れるか、★または＊＊印を付して欄外に小文字で記した。訳注が本文の記述と同頁に収まらないときは、前後の頁に記載した場合もある。

中国のボタンとエジプトの睡蓮

［口絵 1］

有史以来、人間は食料、治療、悪霊の駆逐のためにハーブを用いてきたが、装飾用に花を使うようになるのは、人間の生活が安定し、富の増大によってまがりなりにも贅沢ができるようになってからのことであった。ローマ時代の後期、ラティウム★の丘に住む農民たちは、バラを栽培するために、オリーブの木を根こそぎにし、小麦の播種もやめた。十九世紀には、フランス地中海沿岸の農民たちもバラを栽培しようと、同じようなことをおこなった。中国の漢の時代（前二〇六～後九）には、あちこちで造園がおこなわれ、庭が相当の面積を占めたため、人びとは飢饉におびえていた。同じように、アウクスブルクの市民は、一五九四年にフッガー家の花壇が市民の菜園を蚕食していると不満を訴えた。困窮すると、事態は逆転し、庭は菜園に切り替えられた。三十年戦争★や二つの世界大戦の時期には、こうしたことが実際に起こったのである。

五千年前、中国の庭園には次のようなものが備わっていた。滝の流れ落ちる小高い丘、小さな橋、花に覆われた岩、「常若の島」や「永遠《とわ》に続く至福の島」、釣鐘が掛けてある小塔、それを映し出している静謐な水面、金製の雉、銀製の雉や孔雀。花の栽培をはじめたのは神農（前二七三七～前二六九七）であった。北京にある寺院の庭には樹齢数百年のボタンの木がある。その花名は千四百年前に中国人によってつけられた。ボタンの新種はか

★ラティウム
イタリア半島の中西部、都ローマを含むテベレ川流域の地方。古代ローマ文明発祥の地。ラテン語はもともとこの地方に住んでいたラティーニ族の言語であった。

★三十年戦争
一六一八～四八年にかけて、ドイツを主戦場としておこなわれた旧教徒《カトリック》と新教徒《プロテスタント》による宗教戦争。一六四八年、ウェストファリア条約によって終止符が打たれた。ドイツではルター派、カルヴァン派ともに旧教徒と同一の権利をもつようになった反面、各諸侯に領邦主権が認められたため、神聖ローマ帝国は有名無実化した。

中国・雲南省、四川省、チベットの高地に分布するシボタン（紫牡丹）。

なりの高値を呼び、一輪百オンスの金と取引された。大プリニウス★は、ローマ人が目にした自然界のあらゆる事柄について書き残しているが、ボタンは栽培植物のなかでは最古のものであると記している。これが本当かどうかは定かではない。ヨーロッパ人が花の品種改良を開始するのは十七世紀以降のことであるが、日本や中国では数百年前、ことによると数千年前から改良の技術は知られていた。アスター、キク、ツバキ、ナデシコはかなり品種改良が進んでおり、十七〜十八世紀にヨーロッパに持ち込まれたときには洗練されたものになっていた。バラも中国では数千年前に栽培されていた。

古代エジプトでは、ヒナギクは自然の再生を司る女神にささげられた。ワスレナグサとキンポウゲで花冠がつくられた。考古学者たちは墓のなかから野生の花や庭花の大きな束をいくつも発見したが、そのなかにはゼニアオイ、バイカウツギ、ヒエンソウ、黄色がかったアカシアの花も含まれていた。ついでながら、マーガレットのようにわれわれの知っている白い花の多くが、東地中海諸国では黄色になっているのは奇妙なことである。葬式用ブーケは一本の棒に束状に配列され、靭皮で縛られたが、この習慣はいまでも極東や中央アメリカに残っている。

歴史の父ヘロドトス★は、エジプトの花では唯一ロータス、すなわちナイル川の芳香漂う

★大プリニウス（二三／二四〜七九）
ローマの政治家、文筆家。その著『博物誌』（全三十七巻）は自然界のあらゆる事象を網羅している。西暦七九年、ヴェスヴィオ火山の噴火の際に艦隊総司令官として現場に赴き、視察・調査中に窒息死したといわれている。

★ヘロドトス（前四八五／四八四〜前四二五頃）
小アジア出身の歴史家。エジプト、メソポタミアを旅行して見聞を広め、ギリシアのアテネに長く滞在した。主著『歴史』において、ペルシア戦争を物語風に叙述し、古来「歴史の父」と呼ばれている。

★豊穣の角
ギリシア神話で、幼いゼウスをその乳で養っていた牝山羊アマルテイアの角に由来する。すべての願いをかなえる魔力をもつという、豊穣のシンボル。

青い睡蓮しかとりあげていない。睡蓮は聖なる植物で、神々への供花として欠かせなかった。象形文字では睡蓮の形象は「ケーミ」の国、すなわちエジプト全土を意味した。「ケーミ」にはナイル川の氾濫によって堆積した肥沃な黒土の意味もあった。

睡蓮の花は部屋の装飾、花輪飾り、花瓶に入ったブーケとしても使われた。時に豊穣の角★の形をしていた。また、素焼きの壺に二、三箇所小さい穴が開けられ、そこに睡蓮の花が差し込まれることもあった。そうした壺には、よく睡蓮の絵柄が描かれていた。睡蓮は花模様として彫り込まれ、描かれたが、ルクソール神殿の列柱の柱頭にも刻まれた。恋人たちは睡蓮の花を交換しあい、木製もしくは素焼きのお守りに睡蓮は描かれた。睡蓮の形をした宝飾品もつくられたが、それは金で縁取りされ、トルコ石が帯状にはめ込まれていた。

古代エジプトでは、招待客は花を持参せず、訪問先で召使から睡蓮の花を手渡されるか、もしくは睡蓮の花輪を肩か頭にのせられた。婦人の場合は、黒髪に一輪の睡蓮がピンで留められることもあった。客は睡蓮を手にして、睡蓮の花が活けてある花瓶以外さしたるものもない部屋に座った。コースの食事が出されるたびに、奴隷は生花の花輪を運んできた。デザートといっしょに、芳しい香りの軟膏も出された。

自分の親切心と花好きがたたり、王位を失ったエジプト王の物語が残されている。ポリクラテスの友人で卑賤な生まれのアマシスは、エジプト王パルタミスの誕生日のお祝いに春の花々を編んでこのうえなく美しい花輪をつくり、それを王に贈った。パルタミスはいたく感激して、アマシスを招待し、彼の友人になった。そしてアマシスを軍隊の長に任じ、反乱を鎮圧するために彼を指揮官として派遣した。ところが、反

左：睡蓮を活けた花瓶を描いた壁画
（前 2500 年頃）
中：睡蓮模様の花瓶（前 2400-1800 年頃）
（共にメトロポリタン美術館蔵）
右：睡蓮をあしらった神殿の柱頭

乱軍はアマシスを自分たちの王にしてしまったのである。

エジプト人の最大の願いは、太陽神ラーの庭で光輝く睡蓮になることであった。デンデラにある神殿には次のような碑文が残されている。「この世は喜びに満ちあふれている。デンデラの人びとはワインで祝杯をあげ、額には花輪をつけている。」

自分たちの宗教的秘儀を極秘にしていたエジプトの神官たちは、同時にすぐれた化学者であり、医師でもあった。モーセの時代〔前十三世紀〕、エジプト王に鉄さびを食べさせて治療をほどこしていた医師は、クリスマスローズが精神異常の治療に効くと説いていた。こうした俗信は近代になっても広く流布していた。クリスマスローズは家から悪霊を追い払うのにも効果があると信じられており、家畜はクリスマスローズで清められた。紀元前十六世紀のパピルス文書には、イヌサフランは婦人病、心臓病、眼病の治療に使われたと記されている。アイリスも古代エジプトの花であった。モーセはキショウブのなかで見つかった。

古代エジプトの庭園は中庭の形式をとっていたが、邸宅の周囲に並木が配されることもあった。邸宅の前には池があり、その水面には睡蓮が咲き、水鳥たちが遊び、さまざまな魚も泳いでいた。ボートを浮かべることができるほど大きな池もあった。池にはナイル川から水が引かれ、華美な彩色のあずまやや、ブドウのつるを這わせたつる棚も

饗宴の席の女性たちを描いた壁画（前1400年頃／ベルリン、国立エジプト博物館蔵）

あり、池の縁にはイチジクの木が植えられていた。ある書記はパピルスに次のように書き記している。

「汝は水庭をつくり、そのまわりに柵を巡らした。邸宅の周囲にはカエデの木を整然と植え込んだ。汝は目につく花という花を手にしている。」

エジプトの庭園のなかには壮麗なものもあった。ルクソールの彩色神殿はヤシの木々のまんなかに立っていた。列柱や塔門には金箔がかぶせられ、床には銀のタイル張りがほどこされていた。熱帯性の灌木や花々は神殿に付属する池の水面に映しだされ、銅めっきされたオベリスクはさんさんと陽光に輝き、はるかかなたの大地まで照らしだしていた。神殿の敷地内には羊の頭をもった石造のスフィンクスやナツメヤシが立ちならぶ参道もあった。この壮大な建造物は一千年もの長きにわたって存続していた。

ラムセス三世治下では、テーベにある神殿付属の庭を維持するだけでも、八千人もの奴隷がかりだされたのである。

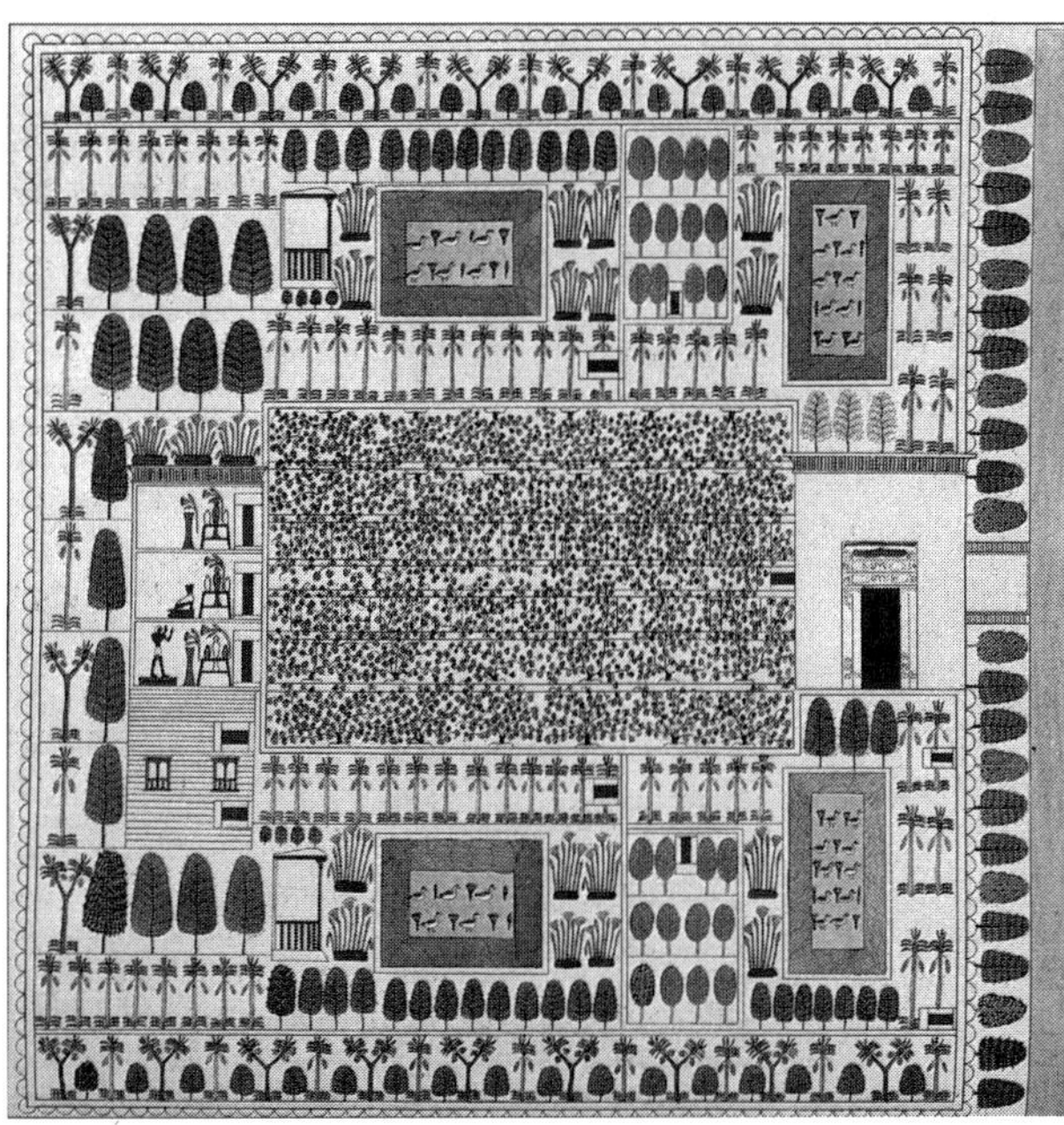

アメンヘテプ3世時代の重臣の墓出土の壁画に描かれた庭園。中央に大きなブドウ園がある（前1400年頃の原画は消失、本図は19世紀の複製／大英図書館蔵）

蓮　インド文化の象徴

インド人の生活において、蓮はどのような位置を占めているのであろうか。この問題を扱うにあたり、私はマドラス大学のサンスクリット学科教授であるラグハヴァン博士に教えを乞うた。ここでは教授の返答をそのまま引用するのが一番よいであろう。私のつたない質問に対し、碩学の博士は多くの時間と労力をさいてくださった。心より、感謝の意を表したい。

「実際のところ、蓮華ほどインドの文化を象徴するものはありません。自然界に存在するもので、これほどまでにインドの思想家、哲学者、美学者にすばらしい着想を与えたものはないといってもよいほどです。蓮華は肉体美の基準、宇宙の象徴、深遠な霊的概念の源泉になりました。この大輪の花は白色、もしくは多くの場合ピンク色で、インドの熱帯地方の沼沢地や川に群生しており、インドの文学作品にも随所に登場します。」

「蓮は宇宙の揺籃です。大洪水によって万物が一掃されたとき、三大神格のひとつであるヴィシュヌ神が水面に横たわっていると、そのへそから蓮の花が咲きました。そしてその花から創造神であるブラフマーが出現し、世界を創造し始めたのです。」

「大昔にインド最古の聖典ヴェーダは心臓、すなわち人体の核心部分について述べ、それは蓮の形をしており、精神が宿ると記しています。神の住処である心臓は、つねに〝心

古代の蓮（大賀蓮）。およそ2000年前の遺跡で発見された種子から発芽、育成したもの。

の蓮〟と呼ばれています。」

「深遠な伝承によれば、人間の体には、骨盤のあたりから頭部にかけて六つのエネルギーもしくは力の中心があると考えられています。基底部にまどろんでいる力を奮い立たせ、中間部にある四つの中心を通って、一番上の頭頂部にまで押し上げていくこと、これがヨガのめざすところなのです。六つの中心はそれぞれ何枚かの花弁をもつ蓮華で描かれ、頭頂部にある中心は千枚の花弁をもった蓮華で図示されています。そこに力が到達すると、不死の花蜜が流れ出し、悟りをひらいた者は至福の境地にいたるのです。」

「ヒンドゥー教では、人間の精神的な願望や心像についても多くの難解な教義がありますが、それらはきまって満開の蓮華の形をしています。少なくとも、核心部分はそうです。花弁の一枚一枚に神秘的な教義の文字が大切にしまってあり、もっとも重要な一句は花芯にあって、果皮に被われています。」

「ヨガの姿勢のひとつに座って瞑想にふけるポーズがありますが、これは蓮にちなんで蓮華座《パドマ・アーサナ》と呼ばれています。」

「インドの建築や装飾において、蓮ほどよくみかける模様はありません。」

「川や池がなければ、村あるいは町として完璧とはいえませんが、蓮のない水面も然りです。水槽を意味する名称プシュカリニは蓮の槽なの

眠るヴィシュヌ神のへそから生えた蓮の上に発現した創造神ブラフマー
（インドの細密画／1775-1800年／ボルチモア、ウォルターズ美術館蔵）

です。」

「まどろんでいる水面を揺らす金色の陽光と、ちょっと触れただけで目覚め、開花する蓮はインドの文学では繰り返し登場するテーマです。陽光と蓮は万物を覚醒させ、開花させ、優雅さと美しさをもたらす原像なのです。太陽の別名は蓮の友、ないしは蓮の恋人です。太陽と蓮はともに、われわれからどんなに離れていても、永遠の愛の象徴なのです。」

「インドの美学では、蓮は最高位に君臨しています。美の様相が話題にのぼるときは、たいてい蓮が引き合いに出されます。男女を問わず、美しい人の足、手、顔、目、顔色は蓮になぞらえられます。蓮華の優雅さと美しさによって、人間の顔にみたてられた蓮は最高の微笑を浮かべます。なかでも眼に浮かべる微笑は最高のものです。外観の美しさに加えて、蓮は芳しい香りを放ち、白鳥のように高貴な生き物に好まれます。そのため、白鳥はもっとも高尚な精神と魂の象徴になっています。愛についての論文をみると、女性は四つの類型に分類されますが、もっとも高貴で美しい女性は蓮と同等視されています。そのような女性はパドミニ、すなわち蓮女〔絶世の美女〕と呼ばれています。彼女の吐息そのものが蓮の芳香なのです。」

「ヒンドゥー教では美と繁栄の女神は蓮の中にすんでおり、蓮を手にしていますが、実際、蓮そのものなのです。サンスクリット語でパドマサナ〔蓮華座〕、パドマヴァティ〔蓮

蓮華に立つ美と豊穣の女神ラクシュミー
（ラジャ・ラヴィ・ヴァルマ画／19世紀後半）

を持つ女性〕、パドマ〔蓮〕、あるいはヒンディ語でカマラ〔蓮〕と呼ばれています。」

「あらゆる美の源泉はかの偉大なる神ヴィシュヌであり、彼のへそから蓮が出現します。ヴィシュヌは全世界に対して、彼自身に対する献身と愛情を吹き込みます。彼は蓮の眼を持った者、すなわちプンダリカクシャと呼ばれ、その眼で神に祝福された者を魅了するのです。」

以上が、ラグハヴァン博士の話である。

「私は女王様が朝お歩きになる、草ぼうぼうの小径をいつも青々とした状態にしておきます。女王様のおみ足が、歩くたびに死にたいと願う花々によって、歓呼の声で迎えられますように。」ラビンドナラート・タゴール★の詩のなかで、召使は女王に向かってこう語りかけている。

「私は七葉樹《サプタパルナ》の枝にかけたぶらんこで、女王様をお揺すり申し上げましょう。そこでは早出の夕月が、葉群ごしに女王様のスカートに口づけをしようともがくでしょう。」

「私は女王様の寝床を照らす燈火《ランプ》に香油を満たしましょう。それから女王様の足台に白檀とサフランのペーストで奇抜な模様を描きましょう。」

女王「汝は褒美に何をお望みか?」

召使「もしもお許しいただけるなら、やわらかい蓮の蕾のような女王様の小さな手をとって、手首に花の鎖をかけ、さらに女王様の足の裏を無憂樹《アショカ》の花弁の赤い汁で染め、そこに一片のほこりがついていたならば、口づけをしてそれを拭い去りたいと存じます。」

女王「お前の望みは叶えられた。召使よ、お前は私の花園の園丁だ。」

★ラビンドナラート・タゴール（一八六一〜一九四一）
インドの詩人、思想家。当初法律を学ぶために渡英したものの、目的を果たせず帰国。その後、詩作に専念し、一九一三年アジアで初めてノーベル文学賞を受賞した。また、マハトマ・ガンディの指揮するインドの独立運動を支援した。インド国歌の作詞者でもある。

聖礼のユリ

［口絵2・3］

エジプトや古代の中東諸国では、バラは知られていなかった。旧約聖書のイザヤ書に記されているバラは、実際にはバラではなく、スイセン、ヨウラクユリ、あるいはイヌサフランであった可能性がある。ヘブライ人の名前スーザンはバラと翻訳されているが、じつはユリなのである。ペルシアの都市スサは、あたり一面におびただしいユリの花が咲いているところから命名された。最古のユリの絵は紀元前一五五〇年のものだが、ことによるとそれよりも五十年から二百年ほど古いかもしれない。ユリの絵はクノッソスの港町アムニソスのフレスコ壁画に残されている〔口絵2〕。「野のユリ」〔新約聖書「マタイによる福音書」第六章、第二八節〕については、これまで聖書の注解者や科学者はアネモネであると推測してきたが、実際にはユリであることが判明しており、いささか驚きである。しかしながら、最近の調査によって、一九一三年、ヴァルブルク教授が唱えた説、すなわち「野のユリ」はマドンナ・リリーであるとの主張が裏づけられた。他方、シャロンのバラ〔旧約聖書「雅歌」第二章、第一節〕は、じつはシャロネンシス種のチューリップであった。この花は、今日でも春になると燃えるような真っ赤な色でパレスチナの砂漠を明るく染め上げている。

ユリはアッシリアでは王位の象徴であった。旧約聖書や新約聖書にも出てくるし、ギリシアの詩人ホメロス★や古代ローマのプリニウス、ウェルギリウス★も言及している。ローー

★ホメロス（生没年不詳）
前八世紀頃に活躍した盲目の詩人。『イリアス』及び『オデュッセイア』の二大叙事詩の作者とされる。

★ウェルギリウス（前七〇〜前一九）
古代ローマ最大の詩人のひとり。北イタリアのマントヴァ近郊の生まれ。長編叙事詩『アエネイス』のほか、『牧歌』、『農耕詩』などの作品がある。

マの貨幣にはユリの図柄と王位継承者の肖像が刻印され、「ローマ人民の希望 Spes populi Romani」という銘が刻まれていた。エルサレムにある神殿の列柱には、ユリとザクロの

上右：ユリを手にした天使、ビザンティンのモザイク
(6世紀／エルミタージュ美術館アムステルダム蔵)
上左：クレタ島、アムニソス出土のユリを描いた壁画
(前1550- 前1500年頃／イラクリオン考古博物館蔵)
下右：「シャロンのバラ」といわれるチューリップ
下左：「野のユリ」、マドンナ・リリー

柱頭模様が彫り込まれており、神聖な社《やしろ》の蜀台はユリで飾られた。ビザンティンの芸術作品をみると、受胎告知の絵に描かれている天使は頭頂部にユリの模様がついた笏を手にしている。オベロンや他の妖精たちはユリの杖を持っている。

ユリの形は変わることがなかった。ビザンティンのモザイク画でもわれわれ自身の庭でも、ヤン・ファン・エイク★やフィリッポ・リッピ★が描いた受胎告知の絵でも、みな同じである。一方、バラはつねに形を変えて表れる。この現象は動物界にもあてはまる。ユリと同じように、猫は古代エジプトの芸術家たちがその永遠なるイメージをつくり上げて以来、変わることがない。これに対して、犬はバラと同じように、つねに変化しているのである。

★ヤン・ファン・エイク（一三九五頃〜一四四一）
初期ネーデルラントを代表する画家。透明な色彩と緻密な描写で新時代を画した。

★フィリッポ・リッピ（一四〇六〜六九）
フラ・アンジェリコとともに、十五世紀前半のフィレンツエ派を代表する画家。ボッティチェリの師でもあった。

フィリッポ・リッピ《受胎告知》部分
（1445 年頃／ミュンヘン、アルテ・ピナコテーク蔵）

ヤン・ファン・エイク《受胎告知》
（1434-36 年頃／ワシントン、ナショナル・ギャラリー蔵）

中東における古代の庭園

エルサレムでは、庭づくりは市門の外でしか認められなかった。なぜならば、市内に堆肥やその他の汚物を持ち込むことが、かたく禁じられていたからである。しかし、ソロモンの神殿★の壁は「智天使《ケルビム》やヤシの木、それに開花した花々の」彫刻で覆われていた。

バビロンの空中庭園はネブカドネザル★によって、王妃アミティスのためにつくられた。王妃が故郷の山々を恋しがっていたので、慰めるためであった。この庭園は高さ約五十メートル、幅四百メートルのピラミッド型の建物で、いくつかの露壇《テラス》があり、そこには高木や灌木が植え込まれていた。樹木に覆われたこの人工の丘には、ユーフラテス川からポンプで水が汲み上げられていた。露壇の内部には部屋や浴室があった。

メディアやペルシアにも露壇や滝の流れる庭があった。駅伝制をしいていた古代ペルシア帝国の街道は地方のすみずみに及び、一大猟園《パーク》（ヘブライ語のパルデス、ギリシア語のパラディソス）と化した。そこには王とその従者が利用する狩猟館、納屋、厩舎があり、あちこちの泉で水がぶくぶく湧き出ており、鹿が放牧されていた。国事もこの猟園で執り行われることが多かった。バラ園は数えきれないほどあった。なんといっても、ペルシアはバラの国であった。花もバラもペルシア語ではひとつの単語「グル」で表した。都市はバラの中につくられ、山々もバラで覆われていた。スミレは「バラの予言者」と呼ばれていた。ス

★ソロモンの神殿
紀元前十世紀にソロモンによって築かれたユダヤ教の唯一神ヤハウェをまつる神殿。最初のエルサレム神殿で、その建設には七年の歳月を要したという〔旧約聖書「列王記上」第六章、第三八節〕。建築資材として、レバノンから運ばれた香柏（レバノン杉）がふんだんに使われた。ソロモンはダヴィデの子で、第三代イスラエル王（在位前九七一頃～前九三二頃）。その領土はユーフラテス川からガザにまで及び、イスラエルを他の近東諸国に匹敵する王国にのしあげ「ソロモンの栄華」を誇った。

★ネブカドネザル（在位前六〇五～前五六二）
新バビロニアの王。首都バビロン（現在のバグダット辺り）に「空中庭園」付きの宮殿を建設した。

19 世紀に描かれたバビロニアの空中庭園
（フェルディナント・クナープによる版画／ 1886 年）

ミレからつくられるシャーベットという飲み物は、のちにイスラム世界の清涼飲料水として人気を博した。

　ペルシア人は花と庭の愛好者であった。キュロス大王ですら、庭の手入れをみずからかって出たほどである。われわれ西洋人の花に対する愛好心は、ペルシアに由来するといわれている。確かに、ペルシア人は古来、樹木好きである。ペルシア王クセルクセス★はギリシア征服に赴く途中で、並はずれて立派な木を見つけると、黄金の鎖と花輪をかけるよう命じ、歩哨を立たせてその木を守った。今日でも、ペルシアにはバハーイー教と呼ばれる教団があるが、そのメンバーは行く先々で木を植え、庭をつくっている。先にも述べたように、英語の楽園《パラダイス》は庭園を意味するペルシア語に由来するのである。**

★クセルクセス（在位前四八六～前四六五）
　アケメネス朝ペルシア帝国第四代の王。ダレイオス一世の遺業を継いで紀元前四八〇年にギリシアへ侵攻。テルモピュライの戦いでギリシア軍を破ったものの、サラミスの海戦で敗北し、撤退した。

**古代ペルシアでは壁や塀で「囲われた庭・土地」をパイリダエーツァと呼んだ。具体的には、囲い込まれた庭や王のハンティング・パーク（猟園）を意味した。古代ペルシア人にとって、囲壁、四分割された水路、水槽などから成る庭園は、地上に再現された天国そのものであった。英語のパラダイスは、これに由来するといわれる。

古代ギリシアの庭と花

ギリシアはこじんまりした小国で、オリエント諸国の壮麗さは望むべくもない。庭はほとんどなかったが、これはギリシア人が市場に集まることを好んだからである。だが、木立は見かけないわけではなかった。たとえば、プラトンの学園アカデメイアの木立やアリストテレスの学園リュケイオンもそうである。アリストテレスはこの学園をテオフラストスに遺贈した。そうした木立には、神々の祭壇や彫像はもとより、運動場まであった。プラトンの木立は紀元五二九年までアカデメイアの資産となっていたが、その年に皇帝ユスティニアヌス★に没収された。

アテネの町に最初につくられた庭は、快楽主義の哲学者エピクロス★の庭であった。彼は毎日摘んできたばかりのバラを欲しがったといわれているが、プリニウスはこれに賛同しなかった。プリニウスはエピクロスを遊びの達人と呼び、「これまで、都市のなかに田舎を持ち込む習慣はなかった」と付言している。いまでもラテン系の人びとは、自分たちの都市が田舎に堕するのを好まない。エピクロスは、庭にレモンの大鉢、彫像、大理石のベンチなどを置いていた。端的にいえば、その多くは、今日われわれがイタリア式庭園の特徴的な置物と称しているものである。エピクロス学派の哲学は「庭園」として知られるようになった。ちょうど「アカデメイア」や「歩廊」が、それぞれプラトン哲学、ストア哲

★皇帝ユスティニアヌス（在位五二七〜五六五）
東ローマ皇帝。聖ソフィア聖堂を建立し、ローマ法大全を編纂させた。

★エピクロス（前三四二／三四一〜前二七一／二七〇）
哲学者。心の平静が快楽であり、幸福であるという快楽主義の哲学を説く。

レモンの大鉢が置かれたイタリアの庭園
（フィレンツェ、ジャルディーノ・ディ・ボボリ）

学を意味するのと同様である。

ホメロスが言及している花は六十三種で、さほど多くはない。「ふわふわした新緑の草地は、スミレで紫一色に染められていた。」あるいは「スイセンは不思議な輝きを放ち、だれが見ても高貴な光景である。」「スイセン、クロッカス、愛らしいスミレを野原で摘んでいた」プルトンはペルセポネが、ときに驚かせて、彼女を誘拐した。スミレ、スイセン、ユリ、ヒアシンスはよく登場するが、サッフォー★が花の女王と呼んだバラについては、ホメロスはひとことも触れていない。花輪についても何も語っていないが、当時は花輪がひじょうに流行した時代であることを考えると、驚くべきことである。事実、花輪と花飾りは古代ギリシアとローマの双方において、生け花の唯一の形態であった。花瓶に切り花を飾ることは知られていなかった。花輪はおきまりのプレゼントであった。頭につけたり、最愛の人の住む家の戸口に掛けたり、男の子が誕生した家でも戸口に掛けた。花輪はスパイスの効いたハーブ、たとえばマジョラム、タイム、セージ、ローレル、ギンバイカ、サフランでつくられることもあれば、ユリ、バラ、スミレ、アネモネ、スイセンなどの花でつくられることもあった。人生を思う存分に謳歌したシバリス人★は、料理人がとびきり美味しい料理をこしらえたときには、頭上に花輪をのせてやった。頭にかぶる花冠作りの名人としてグリセラという女性の名前が伝わっているが、さしずめ婦人用帽子作りの名人といったところであろう。彼女のつくる花冠はその配色と形のすばらしさから、パウシアス★の絵に描かれた。だが、その花冠は、芳香を放つことでも有名であった。医師はどんな種類の花輪が心を落ち着かせるか、どんな種類の花輪が脳神経に良くないかをつきとめた。金色の花冠は、とくに優美であるとされていた。紀元前二〇〇年、シリアでは約三千人の

★サッフォー（前六一二頃～前五七〇頃）
古代ギリシアの女性叙情詩人。レスボス島生まれ。乙女を賛美する作品が多い。少女たちに詩作や音楽、舞踊を教えた。

★シバリス人
シバリスはイタリア半島の南部カラブリア州にあったギリシア植民都市。紀元前六世紀に繁栄を極め、シバリス人は快楽と贅沢の同義語になったほど。

★パウシアス（生没年不詳）
紀元前四世紀前半に活躍した古代ギリシアの画家。

★イピゲネイア
ギリシア神話に登場するミュケナイの王女。父アガメムノンによって、アウリスにおいて女神アルテミスの生贄に捧げられた。

★ピンダロス（前五一八～前四三八）
古代ギリシアの叙情詩人。特に競技会における勝利者への讃歌で有名。

軽騎兵、紫色の外套を羽織った二千人の重騎兵、それに八百人の従者がみな金色の花輪をつけて、おごそかな行進に参列した。花輪は神殿の扉にも掛けられ、神官や供物として神々にささげられた家畜の飾りにも使われた。イピゲネイア★はアウリスで生贄に供されたとき、花輪をつけていた。インドでは、その昔未亡人が夫の遺体とともに焼かれる風習があったが、そのときにも花輪が添えられた。

　ピンダロス★は「スミレの花冠をかぶった」とアテネを形容した。アッティカにはスミレの苗床がいくつもあったし、スミレの花冠は冬でもアテネの市場で求めることができた。祝祭日ともなれば、スミレの花飾りをつけて祝った。春のある日に、三歳以上の子供はみなスミレの花冠をかぶる習慣があった。古代には幼児の死亡率が驚くほど高かったが、そうした時代にあって、生き残った少数の子供たちが花冠をかぶる習慣があったのは、なんともいじらしい。スミレはヨーロッパでは無垢《イノセンス》の象徴であった。ギリシア人、ガリア人、ゲルマン人はもとより、のちにはイスラム教徒にとってもそうであった。豊穣の女神デメテルの祝祭日には、少年たちはランの一種を頭上にのせた。そのため、その植物はドイツ語でクナーベンクラウト、すなわち「少年たちのハーブ」と呼ば

古代ギリシアの壺に描かれた植物を手にするニンフたち
（前4世紀頃／ナポリ、国立考古学博物館蔵）

ソロモンズ・シール

ツルニチニチソウ

パキスタン、カンプール渓谷のケシ畑

れた。たいていのランがそうであるように、クナーベンクラウトも催淫性の植物であった。
　アフリカ北岸の植民都市キュレネとエーゲ海のロドス島は、ともにギリシアのバラ園であった。バラはアフロディテが豊穣多産の女神として小アジアで崇拝されていたときから、アフロディテにささげられていた。アフロディテの巫女たちは白バラの花冠をかぶり、聖域にある小径にはバラがまき散らされていた。
　ギリシア人に知られていた植物には他にザクロ、ヒソップ、ローズマリー、ソロモンズ・シール（アマドコロ属の一種で、傷口に塗られる）、食べると陽気になるアザミ（アーティチョークはアザミである）、ツルニチニチソウなどがある。ツルニチニチソウは男女がいっしょに口にすると、媚薬として効くと思われていた。今日でもナイジェリアでは男性がツルニチニチソウを手にして妊婦に触れ、次のように言う。「わが子が男の子なら、私の友達になるだろう。女の子なら、私の嫁にしよう。」

スズランとスノードロップはヨーロッパのいたるところに自生していた。今日では化学除草剤で根絶されるケシは、天然の肥料として必要とされていた。それゆえ、豊穣の女神デメテルへの供物には小麦と大麦に加えて、ケシも含まれていた。ケシの種子には脂肪分が豊富に含まれている。ギリシア人やローマ人は卵黄を塗った薄切りのパンにケシの種をまぶして食べた。また、ケシの種と蜂蜜を混ぜることもあった。古代オリンピック★への出場をめざして日々練習に励む選手たちは、ケシの種に蜂蜜やワインを混ぜて食べた。ペルシア人は米にケシの種をまぶした。プラハであれウィーンであれ、中央ヨーロッパの東部地域では、ケシの種は丸パン、ロールパン、それにケーキにも使われた。

現在ではギンバイカとゲッケイジュはイタリアを代表する植物になっているようであるが、ギリシア人入植者がそれらを持ち込むまでは、イタリアには自生していなかったのである。同じことはスミレにもあてはまる。リュウゼツランは言うまでもない。これは一六二五年にアメリカから持ち込まれた。

★古代オリンピック
古代オリンピックは最高神ゼウスにささげられた祭典で、紀元前八世紀にペロポネソス半島西部に位置するオリンピアで始まった。競技種目は基本的に格闘技と陸上競技で、団体競技はなかった。槍投げ競技で使う槍には革紐の輪が取り付けられ、指掛かりとしていたほか、走り幅跳びでは、競技者は反動をつけて飛ぶため両手に重石を持って跳躍するなど、近代のそれとはかなり趣を異にしていた。参加者は全員男性で、競技はすべて全裸でおこなわれたことも、近代オリンピックとは大きく異なる点である。

ギンバイカ

花の起源にまつわる伝説

エジプト人のオシリス信仰やギリシア人のアドニス信仰は有史以来のものである。エジプトではオシリス崇拝は再生崇拝であった。他方、ギリシアではアドニス信仰は死崇拝であった。

エジプト人は内部が空洞になった黄金のオシリス神像に砂や脱穀した穀物、十四種類の香辛料の種子、十四種類の宝石を詰め、それを埋葬した。種子からの発芽はオシリス神の再生のしるしで、神像を埋めた場所は「オシリスの園」と呼ばれた。

ギリシアでは、フェンネル、大麦、レタスのように発芽のはやい種子は瓶のなかで播種された。それらは生長もはやいが衰弱もはやく、若いアドニスの死を象徴するものであった。のちにこの習慣は子どもの遊びとなったが、花瓶をギリシアやローマに導入するのに一役買った。

花の起源については多くの伝説がある。赤いバラの起源は、アドニスの死にまつわる物語のなかで説明されている。アフロディテは愛するアドニスのもとに急行した。するとアドニスは木立のなかで、猪に襲われ、深手を負って横たわっていた。アフロディテがとげとげしいバラの生垣を猛然と走り抜けると、白いバラは彼女の鮮血で赤くなった。アドニス自身はアネモネに姿を変えた。オルフェウスが横笛を落とした場所から、スミレが生え

古代エジプトのオシリス像
（ボルチモア、ウォルターズ美術館蔵）

出た。ヘラがヘラクレスに乳を飲ませていたときに、ヘラの胸から乳がぽたぽた落ち、そこからユリが発芽した。アポロが愛するヒヤキントスに不死を授けようとすると、嫉妬した西風ゼフィルスが鉄の円盤をヒヤキントスの頭にぶつけ、彼を殺した。すると、したたり落ちたヒヤキントスの血からヒアシンスが生え出た。神がアダムを許したとき、アダムが流した後悔の涙からスミレの花が咲いた。トルコ人は、バラの花びらを地面に決して置かない。なぜならば、白いバラはムハンマドが神の啓示を受け、夜間天に伴われるときに落とした汗から生え出たといわれているからである。奇跡をもたらす赤いバラは、ムハンマドの娘婿の血から誕生した。

イタリアの画家ジャンバッティスタ・ティエポロ作《ヒヤキントスの死》(1752-53年／マドリッド、ティッセン＝ボルネミッサ美術館蔵)。上はヒアシンスの部分の拡大図。

植物学のはじまり

アリストテレスとディオスコリデス

[口絵4]

人間の探究心は、生命の大いなる神秘、生と死の神秘、世界の神秘とその継続を解明するもっとも容易な方法として植物を選んだように思われる。

西洋では、これらの問題はまずもって古代ギリシアの哲学者たちによって探求された。もっとも、彼らは世界を観察したというよりも、世界について瞑想したのであるが。プラトンは、世界はすべての被造物のなかでもっとも美しく、その創造者はあらゆる達人のなかで、最良にして最優秀者であると述べているが、これは旧約聖書の創世記〔第一章、第三一節〕に記されている考えである。「神が造ったすべての物を見られたところ、それは、はなはだ良かった。」同様に、世界の創造者はすべてのものが彼自身のイメージに沿ってあるべきことを望んだが、これは創世記〔第一章、第二六節〕の次の言葉に対応している。「そして神は言われた。われわれに似るように、われわれのかたちに人を造ろう。」

自然の観察はアリストテレス（前三八四〜前三二二）から始まった。アリストテレスは植物学に関する著書を二冊書いたが、いずれも現存しておらず、彼の友人で弟子のテオフラストス（前三七〇〜前二八五）の著作だけが残っている。しかしながら、テオフラストスが記している四百五十種の植物は、アリストテレスの失われた二冊の書物を仔細に検討したものと考えられている。というのも、多くの文章が、アリストテレスが他のところで記している文章と一致しているからである。テオフラストスの著作には植物の組織—もちろん、当時顕微鏡はなかった—に関する記述のほか、自生種の植物とそれよりも重要な外来種の植物がいくつか挙げられている。

キリスト生誕の頃、ダマスカスのニコラオス★はアリストテレスとテオフラストスの著作の概要をまとめた。これは、その後フナイン・イブン＝イスハーク（八〇八／九〜八七三頃）の手でシリア語に翻訳され、その息子イスハーク・イブン＝フナイン（九一〇／九一一没）によってアラビア語に翻訳された。アラビア語版は、その後ラテン語に翻訳され、一三五〇年にふたたびギリシア語に翻訳された。「アリストテレスの著作集」として知られているのは、この重訳されたギリシア語版であった。テオフラストスから四百年後に、もうひとりのギリシア人ディオスコリデスが薬の材料に関する著書『薬物誌』を著し、六百種の薬用植物を記載している。ディオスコリデスは小アジア出身であるが、偉大なギリシアの医学者ガレノス★およびヒポクラテス★も同じ小アジアの出身であった。五一二年に製作された『薬物誌』の写本は、ウィーンに現存している［口絵4］。本文に記載されている四百種の植物について、美しい彩色図が各頁いっぱいに描かれているが、その高い技能水準にふたたび到達するのはルネサンスになってからのことである。十一世紀後にすぐれた画家によって貴婦人への贈り物として『ジュリーの花飾り』**が描かれたが、それとまったく同じように、このディオスコリデスの写本も西ローマ皇帝オリュブリウス★の娘で、ビザンティン皇帝妃のユリアナ・アニキアのために製作されたのである。

その後、七世紀につくられた『薬物誌』の写本はナポリに残存しているが、これはあまり美しいものではない。もうひとつの写本は他のギリシア語資料をもとに八〇〇年頃に製

★ダマスカスのニコラオス（前六四頃〜前四以後）
歴史家、哲学者。『アリストテレス哲学概要』などを著す。ヘロデ大王（在位前三七〜前四）の教師としても知られ、大王にさまざまな助言を与えた。

★ガレノス（一二九頃〜一九九／二〇〇）
ペルガモン出身の医師。アレクサンドリアで医学を修め、ローマに赴く。一五〇編に及ぶ医学書を集成。ローマ皇帝マルクス・アウレリウスの侍医をつとめた。ヒポクラテスの四体液説を発展させ、人間の気質・体質は四つの体液のバランスによって決まるという体液理論を唱えた。

★ヒポクラテス（前四六〇頃〜前三七五頃）
ギリシアの医師。人間は四つの体液からできているとする四体液説を唱えた。「医学の父」と呼ばれる。

**一七七頁参照

★オリュブリウス（四三〇頃〜四七二）
ローマ帝国末期の皇帝。四七二年に即位し、同年のうちに暗殺された。

作されたが、さきの戦争の際にモンテ・カッシーノで損壊した。

■二千年間のベスト・セラー

これらの書物のラテン語訳は中世を通して絶大な影響力をもっていた。巻間、書物であふれかえっている現代からみれば、その影響力の大きさを想像するのは難しい。何世紀もの間、アリストテレスとディオスコリデスの著作は何度も書写され、翻訳され、平易な言葉で書き換えられ、要約された。何世代にもわたり、良心的で勤勉な医学者はディオスコリデスの述べるところを説明し、解説するだけであった。ルネサンス以降ですら、ドイツの初期の植物学者は、彼らが発見した花はすべてディオスコリデスのリストに記載されているものと信じて疑わなかった。その一方で、当然のことながら、ディオスコリデスが記載している花はすべてラインの岸辺に生育しているにちがいないと信じていた。

しかし、より深遠で永続的な影響を及ぼしたのはアリストテレスであった。およそ二千年間、この並はずれた天分をもった天才は東洋と西洋の両世界を支配した。

アリストテレスは生命の根源的な現象である生殖と栄養の吸収を論じた。

「生物のもっとも自然な機能といえば、完全で欠陥がなく、自然

ディオスコリデス『薬物誌』写本のケシの頁
（512年頃／ウィーン国立図書館蔵）

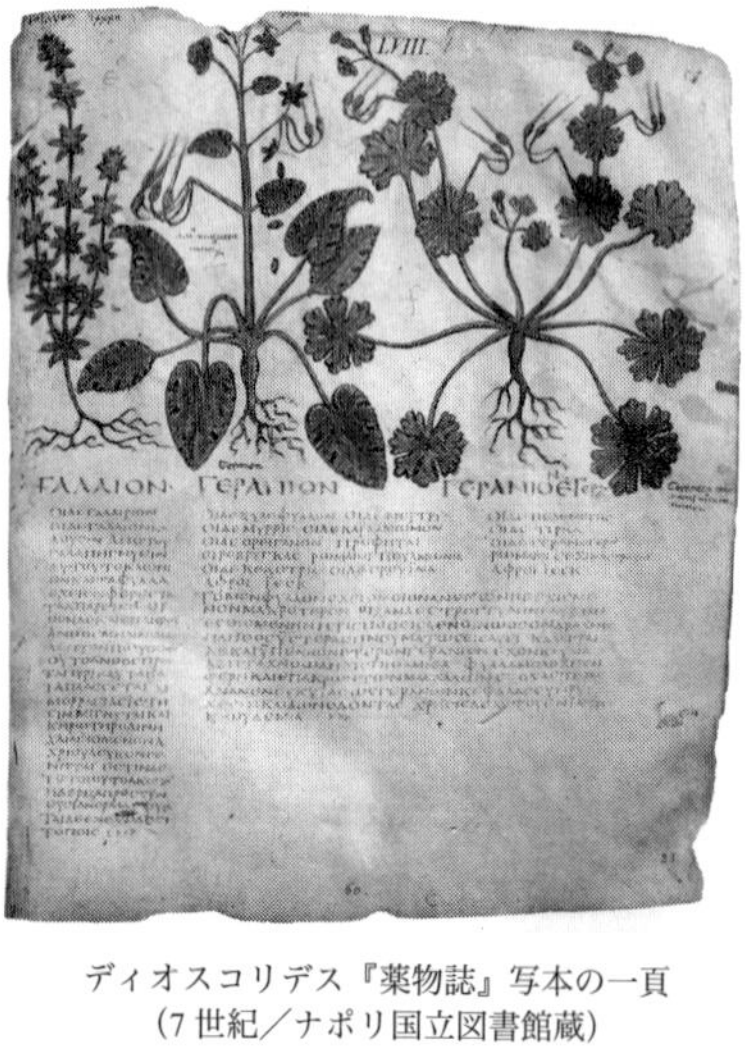

ディオスコリデス『薬物誌』写本の一頁
（7世紀／ナポリ国立図書館蔵）

発生的に生み出されたのであるとすれば、同類を生み出すことである。すなわち、動物は動物を、植物は植物を。それによって、永遠で神聖なものにあずかることになる。というのも、すべての生物が求めているのは、まさにそれにあずかることなのであり、それはまた生物の自然な活動の究極の理由でもあるからである。」

「動物は感覚能力を備えていることで、植物と区別される。植物は分割されると生き残るが、これは各々の植物にある霊魂は、実際にはひとつなのだが、潜在的には複数であることを暗示している。植物は栄養分を土から摂取し、動物のようにそれを胃のなかに運ぶ必要がない。動物の脈管は胃から栄養分を汲みとり、植物の根は土から栄養分を吸収する。動物の場合と同じように、植物の各部分はきわめて単純ではあるが、器官になっている。すなわち、葉はさやの葉鞘であり、果実のさやである。花は鳥の婚衣に似て、繁殖のはじまりを示す。」

「あらゆる動物はある場所から別の場所へと移動することができ、雄は雌と区別されている。すなわち、ある動物は雄であり、別の動物は雌である。これに対して、植物ではこれらの諸力が混じっていて、雌は雄と分かれていない。果実は、この結合の所産である。」

「蛎は植物とほんの少ししか違わない。しかし、植物の性質をほとんど備えている海綿動物に比べれば、より動物らしいところがある。というのも、自然は無生物から動物へと、生物ではあるが動物ではないもの〔植物〕を経て、連続的に移行するからである。甲の段階は乙のそれとほとんど大差ない。」

「霊魂をもった物とまったく霊魂をもたない物を区別するのは生命であるといえよう。思考、感覚、移動は生命の表出であるが、生命はもっとも単純な形態では、栄養の摂取、成長、そして死にのみ存する。」

「霊魂は生命の原因であり、理由である。あらゆる生命活動は霊魂によって喚起される。生命活動は霊魂のためにおこなわれるのであり、生命体の本質は霊魂にある。」

アリストテレスはあらゆる不可思議なことのなかで最大の謎ともいえる新しい植物の生成について、種子、分割した根、古い植物の側枝ないしは球根の支脈、あるいは多層化している茎から観察をおこなった。彼は、栽培はもちろんのこと、土壌や気候も重要な影響を及ぼすと記している。アリストテレスは植物の発達、根の組織、葉の構造、結実の過程を人体の組織と比較し、両者を熱と冷の一般原理から演繹しようとした。彼は接ぎ木についても知っていたし、実験的に木を逆さまにして植え、数年後にはごく普通の木にすることができた。

テオフラストスはバラの栽培について、種子と挿し木による二通りの方法を記している。

アリストテレスもテオフラストスも科学的な道具がまったくない時代に、ヨーロッパの植物学に関する基本的な書物を著したので、当然のことながら、ときには間違いをおかすこともあった。

「人間は他のどの動物よりも明らかに禿《は》げていくが、そのような状態は一般的なものといえる。なぜならば、植物でも常緑樹もあれば、落葉樹もあり、また、冬ごもりする鳥は自分の羽を落とすからである。」あるいは、こうもいわれた。「冬期に植物はみずからの栄養源を集め、蓄えるが、こうして植物はいうなれば子を宿しているのである。そして、春になると新芽を出すのである。」もちろん、実際には葉芽は前年の夏のあいだに芽吹き、秋になると肉眼でもはっきりと見えるほど大きくなる。かくも鋭い自然観察者がこうした間違いをおかしたのは、奇妙なことである。

アリストテレスもテオフラストスも、当時流布していた迷信に敢然と立ち向かった。「同じ畑で小麦から大麦が、大麦から小麦がとれるという者がいるが、これは作り話にすぎない。」あるいはまた、こうも述べている。「薬用植物を掘る者は、自分のからだが腫れないように、自分のからだに油を塗り、夜間、風下に向かって作業をしなければならないといわれている。だが、これは何の根拠もないように思われる。」

■アリストテレスの生涯

ギリシア語が通用していた地域では、どこでもアリストテレスの教えは自由に活用された。

アリストテレスは十八～三十八歳まで、成長期の初期の大半をアテネで過ごした。はじめはプラトンの弟子として、その後はアカデメイアの一員として。紀元前三四三年、アリストテレス四十一歳のときに、当時まだ十三歳の少年であったアレクサンダー大王の家庭教師になった。大王はアリストテレスが図書館をつくる際に援助の手をさしのべたほか、動物を送り届けてはアリストテレスの動物学に関する研究を支援した。

アレクサンダー大王の死後、アテネの学園リュケイオンで「逍遥」学派の学頭をつとめていたアリストテレスは不敬罪で告発された。だが、アリストテレスの哲学ほど敬虔なものはないであろう。「神は第一の動因〔起動者〕である。つまり、神は運動の原因であり、ゆえに生命の原因でもある。神は永遠で、非物質的で、不変で、無感覚である。神は質料のない形相であるのに対して、物質は形相のない質料である。神と物質という二つの終端の間で、質料と形相が混合し、万物が生起する。すなわち、無生物から生物まで、あるいは単に植物の栄養素にすぎないものから動物がもっている感覚の霊魂、そして最終的には理性をもった人間にいたるまで。」

アリストテレスは、アテネ市民によって同じように不敬罪で死刑宣告を受けたソクラテスの運命をのがれるために、エウボイア島★に逃亡した。

アリストテレスの生涯において、これは最初の不幸ではなかった。彼はプラトンと折り合いが悪かった。少年愛の奇妙な輪のなかにうまく入り込めなかったのである。この偉大なる自然観察者は「田舎と樹木は、私に何も教えてはくれない」と喝破したソクラテスのことを、いったいどう思っていたであろうか。アリストテレスの青年時代の親友は謀殺された。アリストテレスはアレクサンダー大王が自分の弟子のひとりを殺害したのを機に、大王と疎遠になった。

アリストテレスはふたたびエウボイア島で教壇に立ったが、一年もしないうちに亡くなった。享年六十三であった。

諸学の基礎を据えたわけではないにせよ、アリストテレスによって発展させられなかった学問領域はひとつもない。植物学についても、然りである。アリストテレスの考える宇宙は球形で、そのなかで地球が動いていたが、地球もまた球形である。彼はカルデア人★が考えた七つの惑星に関する概念を、新たに詩の形式で書き直した。それが中世の宇宙観を支配していたのである。

★エウボイア島
ギリシア東方、エーゲ海に浮かぶ島。アリストテレスの母の故郷でもある。ちなみに、エウボイア島は古代名で、現在の名称はエヴィナ島。ギリシアではクレタ島についで二番目に大きな島である。

★カルデア人
紀元前十世紀以降、メソポタミア南東部の沼沢地帯に定住したセム系遊牧民。紀元前七世紀にバビロンを都として新バビロニア王国を建国した。カルデア人は天文学・占星術に精通し、占星術を司るバビロニアの祭司階級そのものをカルデア人と呼ぶようになった。

ローマのバラ

厳格なローマ人気質からバラの愚《フォリー》まで

　共和政ローマでは、軍功のあった者はゲッケイジュではなく、バラの花輪を褒美に贈られた。スキピオ・アフリカヌス★にとって、第八軍団の盾にバラの図柄をあしらうことを許されたのは、このうえなく名誉なことであった。彼はこの軍団を率いて、アフリカ征服を成し遂げたのである。ところで、たぐいまれな歴史感覚をもっていたチャーチル★は、かつてアフリカはスキピオ率いる第八軍団によって征服されたことを承知で、意図的に第八師団をアフリカに派遣したのであろうか？

　監察官のカトー★は、ささいな成功の見返りにバラの花輪を贈られ、かえって名誉を傷つけられたとして、もちまえの頑固さで抗議した。その一方で、自分が持っていたすべての庭に花冠ならびに花飾り用の花を植栽したいと願っていた。国家存亡の危急に際しては、バラの花輪の着用は禁止された。ローマの共和政初期、第二次ポエニ戦争中に、両替商ルキウス・フラウィウスは元老院の決定によって投獄された。白昼にバラの花輪をかぶり、自分の露店から身を乗り出して、広場の方をのぞき込んだためである。ギリシア人の若者は朝から花冠を頭につけていたため、めめしいとみなされていた。共和政も後期になると、花輪は日常的に使われるようになり、できあいのものを花市場で購入することもできた。ローマのバラの花輪は、バラの花びらを韌皮に通してつくられた。花模様が重なりあい、

★スキピオ・アフリカヌス（前二三六～前一八四）
　古代ローマの将軍、政治家。前二〇二年、ザマの戦いでカルタゴの将軍ハンニバルを破り、第二次ポエニ戦争を終結させた。その後、政界の主導権を握り、シリア遠征に参加したが、元老院保守派と対立し、前一八五年失意のうちに没した。

★ウィンストン・チャーチル（一八七四～一九六五）
　イギリスの政治家、作家。大蔵大臣、海軍大臣などを歴任し、首相（在任一九四〇～四五）をつとめる。『第二次世界大戦回顧録』などを著し、一九五三年ノーベル文学賞を受賞した。

★カトー（前二三四～前一四九）
　ローマの政治家、軍人。中部イタリアのトゥスクルム生まれ。祖先に元老院議員を持たずに政界入りした「新人」の一人。古来の徳を重んじ、ギリシア・ヘレニズム文化の浸透に対して頑強に抵抗した。なお、「監察官」とは古代ローマの政務官職のひとつで、ローマ市民権保持者の戸口調査や都ローマの風紀取締りにあたった。

さながら太い巻物のようであった。早い時期に、バラ園を意味する「ロサーリウム」とバラの種苗園を意味する「ロセートゥム」の区別がなされていた。バラの種苗商は実入りの良い商売であった。

しまいには、元老院に出向く際に、若者はバラの花輪をつけてゆくのが慣わしとなった。また、出征する兵士もバラの花輪で飾られた。勝者には祝福のバラが浴びせられ、凱旋する戦車はバラで飾られるのがつねであった。

プリニウスの時代、ローマでは一族のだれかが栽培し、ことのほか成功を収めた花から家名をとった。これとは対照的に、近代では花は著名な植物学者にちなんで命名された。

皇帝アウグストゥスの時代に、バラは家や食卓を飾る花としてなくてはならないものになった。墓の上にも置かれたし、死者を弔う「バラの忌日」と呼ばれるバラの祭典もあったほどである。しかし、本質的には、バラは愛と慶事の花であった。老いも若きも、食事やダンスのときには、バラの花冠を頭につけた。恋人たちはバラの花輪を交換し合い、宴席で給仕をした奴隷たち、酌人、横笛奏者、音楽家、踊り子たちもみなバラの冠を頭にかぶっていた。

「われわれの額を花輪で飾ろう」とアナクレオン★は歌った。酒杯はバラの花とともにつるされ、友のために祝杯をあげる際には、頭からバラの花びらをひょいと取っては、ワインに入れるのが慣わしとなった。ワインそのものもバラの香りで満たされ、客人もバラの香りにつつまれた。

バラは食用にも供された。バラのゼリー、バラの蜂蜜、そして砂糖漬けされたバラの花びらもあった。アピキウス★があげているローマ風バラのプディングのレシピは、次の通り

★アナクレオン（前五七〇～前四八五頃）
古代ギリシアの叙情詩人。イオニアのテオス出身。詩の大部分は酒と恋愛にかかわり、よく酒宴の席で歌われた。

★アピキウス（生没年不詳）
古代ローマの美食家。その生涯については不明だが、一説によれば、紀元前八〇年から紀元四〇年頃に活躍した人物であったといわれている。著書『料理帖』は四世紀に編纂された。

である。「バラの花びらを乳鉢に入れ、打ち砕いて粉々にしなさい。その後、〔魚醤ソースを加えてよくすり、水漉し器で〕漉しなさい。次に、仔牛四頭分の脳みそ、胡椒、塩、卵八個、グラス一杯半の良質のワイン、スプーン数杯分の油を加えなさい。そして、油をしいた流し型にそれらを入れ、かまどで焼きなさい。」ローズ・ワインも愛飲された。アピキウスは、その製法を次のように書き記している。「赤い花びらを糸に通して数珠つなぎにし、白い部分を取り除きなさい。そして七日間ワインに漬けておきなさい。七日たったら、花びらをワインから取り出し、同じように糸を通して束ねた別の赤い花びらを入れ、さらに七日間漬けなさい。これを三回繰り返し、ワインを漉して、蜂蜜を加えれば、ローズ・ワインのできあがり。しずくが乾いたときに、極上のバラの花びらだけを使うよう留意しなさい。スミレのワインも、同じようにしてつくりなさい。」砂糖漬けしたスミレもあった。スミレの若葉は揚げ物にし、薄く輪切りにしたレモンやオレンジといっしょに口にはこばれた。ケーキや果物は、ワインに漬けて溶かしたサフランのような香料で湿らせた。

ウェルギリウスやオウィディウス★は、パエストゥム★の二度咲きのバラを称賛し、歌にも詠んだ。それらのバラはスミレの絨毯の上に生育していた。人びとは開花したバラをひと目見ようと、パエストゥムに押し寄せた。

のちに花輪が使われる機会が増えてくると、夏場にバラが不足した。セネカ★は、人びとは冬にもバラを欲しがると不平をこぼした。バラを満載した船がアレクサンドリアやカタルヘナ★からやってきた。ローマでは雲母で屋根をふいた温室がつくられ、温水管で暖をとった。こうして、バラやユリは十二月でも花を咲かせることができたのである。花を促成栽培するために採られたもうひとつの方法は、手のひら二つ分の幅の溝を植物のまわりに

★オウィディウス（前四三〜後一七）
古代ローマの詩人。エロティシズムあふれる作品を多く残した。皇帝アウグストゥスの逆鱗に触れ、流刑に処された。代表作は流刑の一因となった『恋の技法』。ほかに『転身物語』『悲歌』などの作品がある。

★パエストゥム
イタリア南部カンパーニア州にあった古代ギリシア人の植民都市。パエストゥムとは海の神ポセイドンの町を意味するポセイドニアが訛ったもの。

★セネカ（前四頃〜後六五）
古代ローマの政治家、ストア哲学者、作家。皇帝ネロの家庭教師としても有名。悲劇を中心に多くの著作を残す。代表作は『幸福論』。

★カタルヘナ
スペインの地中海沿岸にある港町。

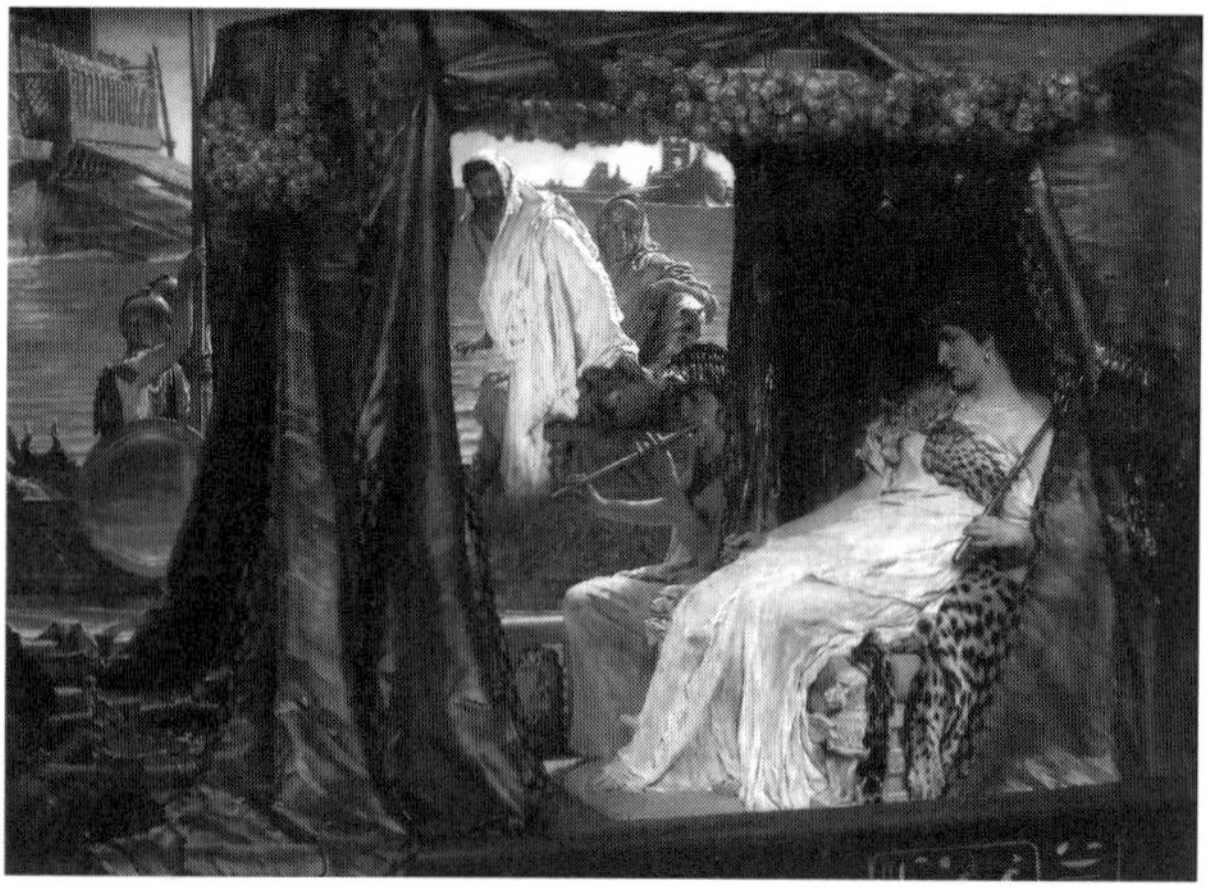

古代ローマの風俗を描いたローレンス・アルマ＝タデマによる《アントニウスを船で訪ねるクレオパトラ》。天蓋にはたくさんのバラがつり下げられている（1883年／個人蔵）

掘り、その溝に一日二回、温水を流し込むというものであった。冬には造花の花輪がつくられた。素材は人工的に彩色された角《つの》の削り屑であった。クラッスス★は金箔をかぶせた葉でできた花輪を贈った最初の人物であった。

シチリアの属州総督ヴェレス★は島民から、十八世紀の貨幣価値に換算して三十万ポンド相当の金品を略奪したかどで告発されたが、告訴人のキケロ★はその放埒な暮らしぶりを活写している。それによると、ヴェレスはシラクサに居をかまえ、バラを詰めたクッションをいくつも積んだ担いかごに乗って、あちこち移動していたという。ヴェレスは頭上にバラの花輪をかぶり、首にもバラの花輪をかけ、さらにバラをぎっしり詰めたきれいな網目模様の麻袋を鼻先につけていた。

こうした後期ローマの贅沢なバラの使用は、エジプトから伝わった。エジプトではクレオパトラの時代に、バラが睡蓮よりも人気を博した。クレオパトラはマルクス・アントニ

★クラッスス（前一一四頃～前五三）
古代ローマ共和政末期の政治家、軍人。前六〇年、ポンペイウス、カエサルと第一回三頭政治をおこなう。前五五年、ポンペイウスとともに執政官に就任する。その二年後にパルティア戦争に出陣し、カルラエで戦死した。

★ガイウス・コルネリウス・ヴェレス（前一一五～前四三）
ローマの政治家。シチリア総督時代（前七三～前七一）、暴政をはたらき、属州民から非道な搾取をおこなった。キケロに弾劾され、マッシリア（現マルセイユ）に追放された。

★キケロ（前一〇六～前四三）
古代ローマの政治家、雄弁家、文筆家。『友情論』、『義務論』などを著す。その文体はラテン語散文の模範とされた。政治家としては、カエサル、アントニウスと対立し、暗殺された。

ウスを誘惑しようとした際、部屋に厚さ四十五センチ余りのバラを敷き詰めて彼を迎え入れた。ついでながら、足をまもるためにバラの上には網が張られていたというが、それでも分厚いバラの敷物はあまり心地よいものではなかったであろう。宴会用の長椅子にはバラを詰めたマットレスが敷かれ、バラを詰めた網の袋がクッションとして使われた。当然のことながら、客人は全員バラの花冠をかぶっていた。クレオパトラは湖にバラをまき散らすよう命じた。皇帝ネロの饗宴では、正餐に招かれた客の頭上にバラがばらまかれ、会場はバラの香りにつつまれた。スエトニウス★は一回の宴会にバラ代として四千五百ポンドも使ったという話を伝えているが、ネロの友人のひとりが一回の祝宴のためにバラに費やした三万ポンドという金額に比べれば、見劣りする。

バラやクロッカスの花輪は酒酔いに効くという迷信があった。一六五〇年当時でも、そう信じられていたことは、次の記述からもうかがえる。「酒好きの騎士仲間が居酒屋にでんと構え、どんちゃん騒ぎをしようというときは、サフランを飲む。そうすれば、飲みすぎ、食べすぎ、それに頭脳の酷使も心配無用である。まことに連中ときたら、サフランが酔いを防いでくれ、おかげで酒もすすむと信じ込んでいるのである。」

泉はバラ水で満たされた。サフラン、ヘンルーダ、バラは家中の各部屋や劇場は言うに及ばず、帝都ローマの往来にもまかれ、芳香を放った。皇帝ハドリアヌス★の時代には、サフランで香りづけされたワインが劇場の観覧席に振りまかれた。サフランはアラビア語で、そのもとになっているクロッカスの語源をたどると、他のほとんどの植物よりもヨーロッパの古い過去にさかのぼる。サンスクリット語でサフランはクンクマ、ヘブライ語ではカルコム、ギリシア語ではクロコスである。ローマ帝国初期には、莫大な量のクロッカスが

★スエトニウス（七〇頃～一三〇頃）
ローマ帝政期の伝記作家。カエサルからドミティアヌスに至る十二人の皇帝の伝記『皇帝伝』（八巻）を著す。小プリニウスの友人でもあった。

★皇帝ハドリアヌス（在位一一七～一三八）
五賢帝の一人で、ブリタニアに長城を築き、スコットランド人の侵攻を防いだ。自ら帝国各地を巡幸して属州の発展に尽くす。ギリシア世界にも援助を惜しまなかった。

栽培されており、一ポンド〔約四百五十グラム〕のサフランを採るのに三万五千〜四万の花が必要とされた。

ヘンルーダは十八世紀に至るまで、床面にばらまくのに使われた。とくに法廷にはよくまかれた。ヘンルーダは灰色の葉をもった奇妙なハーブで、トランプの「クラブ」の図柄のもとになった。匂いがきつく、今日では鶏の病気の特効薬とみなされている。

ホラティウス★は、イタリアの肥沃な畑がバラ園に姿を変えつつあり、オリーブ畑はバラやスミレ、あるいはギンバイカのために放置されていると慨嘆した。彼は自分のあずまやに腰をおろし、ワインをちびちびとやりながら満足にひたっていたが、そのときはギンバイカで作ったやや小さめの花冠があればじゅうぶんだと自慢し、靭皮にバラの花びらを通し、ペルシア風の贅をこらしてつくられた高価な花輪を忌み嫌った。プリニウスは、こう述べている。「現今、花輪の素材はインドやさらに遠方の国ぐにから送られてくる。もっとも珍重されている花輪は、インド産の甘松〔ヒマラヤ山脈中央部に生育〕でつくられたものか、あるいは上等な絹が織り込まれ、香りのよいクリームがふんだんに塗られているものである。それ

サフラン

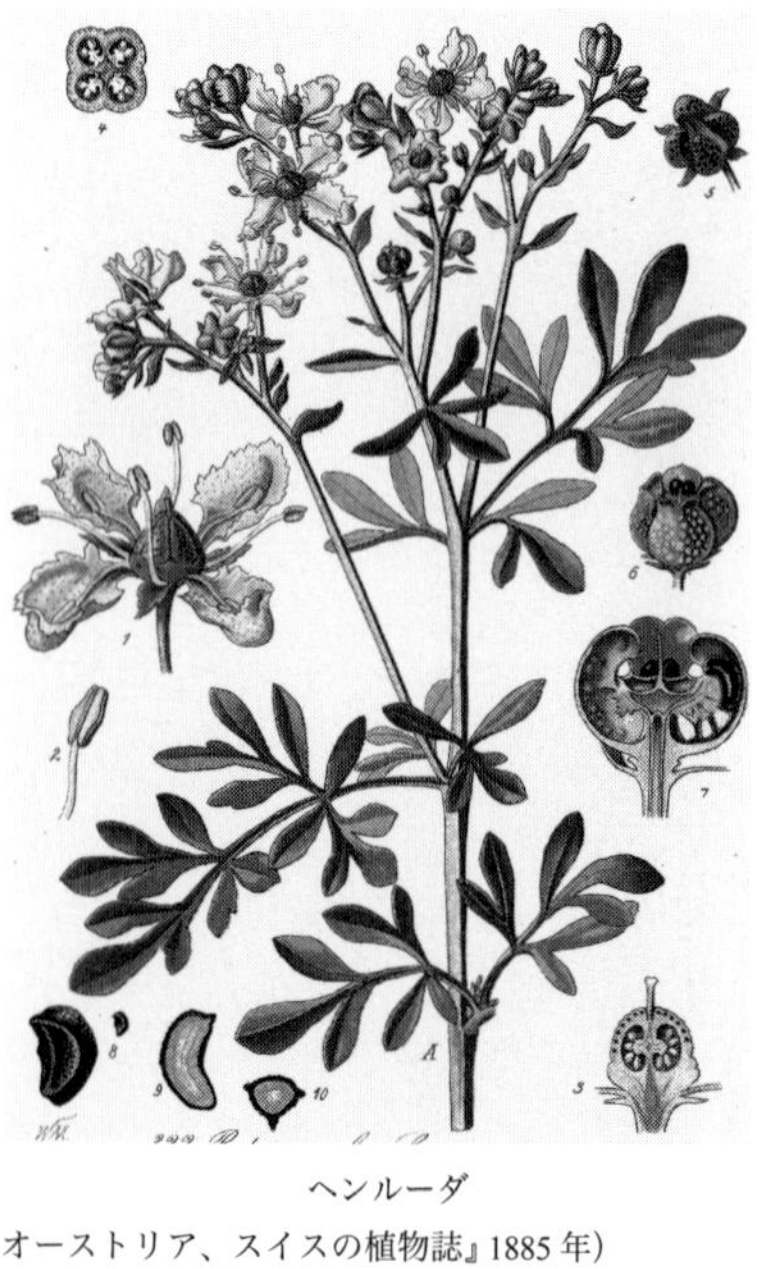

ヘンルーダ

（オットー・ウィルヘルム・トーメ『ドイツ、オーストリア、スイスの植物誌』1885年）

にしても、わがご婦人方は、なんと贅沢になったことか！」そして、マルティアリス★は痛烈に言い放った。「さぁ、エジプト人よ、小麦を送っておくれ。代わりにバラを送ろう。」

花の栽培が優先されるようになると、経済にも影響がではじめた。というのも、ローマ人は食用の野菜を自分の庭で栽培していたからである。

しかしながら、倹約を説いても世の常で、馬耳東風であった。ルキウス・アエリウス・ウィルス★は自分のために新種のベッドをつくらせたが、こともあろうにベッドのまわりをバラで埋め尽くされた大きな網で囲ったのである。そして、自分の身体には芳香漂うペルシアのクリームを塗りたくり、ユリでつくった毛布をかぶって就寝した。

ローマ皇帝の遊覧ヨットには、革紐で一列につながれた花壇がしつらえてあったほか、席と席のあいだにはブドウの木が生い茂っていて、プールやレスリング場も備えてあった。

ドミティアヌス★の時代には、ローマの通りという通りはバラの匂いでむせかえるほどであった。皇帝ヘリオガバルス★は自分の浴槽をバラのワインで満たし、公衆浴場をバラ水で満杯にするよう命じた。バラ、ユリ、スイセン、スミレ、ヒアシンスを敷き詰めた絨毯の上で、ヘリオガバルスは乱痴気騒ぎをくりかえした。酩酊した客の口にスミレやバラを突っ込んで、窒息させたりもした。

しかし、こうした行き過ぎた愚行は別として、パーティや慶事に花を使うという伝統はイタリア全土にしっかりと根づき、長期にわたって残存した。十九世紀になっても、フェスタロリ、すなわち花輪飾りや他の花飾りをつくるのを生業《なりわい》とする職人がまだいたのである。

★ホラティウス（前六五～前八）
古代ローマの叙情詩人。皇帝アウグストゥスの時代に活躍した。『歌集』や『風刺詩』などの作品がある。

★マルティアリス（四〇頃～一〇四頃）
ローマの風刺詩人。機知に富む短い詩をつくり、社会を風刺した。

★ルキウス・アエリウス・ウィルス（一〇一～一三八）
皇帝ハドリアヌスの養子。執政官、元老院議員。養父ハドリアヌスによって皇帝に任命されるも、病弱だったこともあり、皇帝には就任しなかった。私生活では、贅沢三昧の浪費的な生活をおくった。

★ドミティアヌス（在位八一～九六）
兄ティトゥス帝のあとを受けてローマ皇帝に即位。ドナウ方面での軍事行動に成功したが、猜疑心が強く、陰謀により殺害された。

★皇帝ヘリオガバルス（在位二一八～二二二）
ローマ帝国第二十三代皇帝。放縦と奢侈に興じ、常軌を逸した性癖で知られる。ローマ史上最悪の君主ともいわれる。

ローマの庭園

［口絵 5］

ローマの都市の庭は小さく、実際よりも大きく見せるために、フレスコ画の描かれた壁で囲まれていた。その一例として、ポンペイの「サルスティウスの家」の庭が挙げられる。狭い隅にはつる棚が設けられ、その下にベンチが置かれていた。両側には石造の水槽がずらりとならべられ、花が活けてあった。水槽の背後には装飾された壁があり、噴水盤がはめ込まれていた。もう一方の側には列柱が立ちならんでいた。刈り込まれた装飾樹も好まれた。

帝政期には、庭園はますます豪壮なものになっていた。イタリアに桜の木を持ち込んだルクルスは、数多くの庭園を所有していた。ローマのピンキウスの丘にあった庭園では、花壇の絨毯の上にみごとな果樹の並木道がつくられていた。トゥスクルムにあった庭園は、随所にすばらしい見晴らし台があることで有名であった。また、ナポリ近郊のバイエに庭園をつくる際には、山腹にトンネルを掘り、養魚池には海から水を引いた。ルクルスは海上宮殿を建造したともいわれている。彼は自分のことをよくコウノトリかツルのようだと語っていた。季節ごとに住まいを変えていた

★小プリニウス（六一頃〜一一四頃）
大プリニウスの甥で養子。政治家、文筆家。『書簡集』などを残した。
以下の書簡はトスカーナ地方にあった自身の別荘について述べたものである。

上：現存する「サルスティウスの家」の庭
下：壁画が描かれた「フロントーネの家」の庭（ポンペイ）

からである。

小プリニウス★の庭園については、詳細な記録が残されている。その庭には競技場があった。小プリニウスはガルスに宛てた書簡のなかで、次のように述べている。「競走路はプラタナスの木々で囲まれており、耐久性のあるツタがからみついていて、プラタナスを結びつけている。半円形に湾曲している曲馬場の末端部分の園路にはイトスギが植えてあり、バラの花壇には明るい陽光が差し込んでいる。円形の端には大理石のベンチがあり、ブドウが日陰をつくっている。ブドウのつるは、四つの大理石の列柱を這いあがっている。ベンチには水道管が引かれていて、大理石の水盤に水を供給している。水盤はつねに水をたたえているが、つくりが巧妙で決してあふれ出ることはない。反対側には、噴水と園亭がある。園亭にはブドウの木が一面にはびこっていて心地よい。そこでは、あたかも森のなかにいて、雨露をしのぐことができるかのように、安心して休息することができる。」小プリニウスの庭園には芝生もあり、ところどころに円形、長方形、波形の花壇が置かれていたが、どの花壇もツゲで縁取りされていた。噴水と噴水のあいだにはツゲでつくられた動物の刈り込み装飾樹《トピアリー》があった。プリニウス Plinius という名前や彼の庭師の名前もツゲで刈り込まれていた。果樹はピラミッド型に刈り込まれた。大理石の

ポンペイ「黄金の腕輪の家」の庭に面した部屋を飾る壁画（1 世紀中頃／ 1979 年に出土）

ベンチは数多く置かれていたが、その傍にはかならず小さな噴水があった。園路は刈り込まれた緑の壁によって縁取りされていた。「庭園の周囲には外壁がめぐらされていたが、それは階段状に整枝したツゲの生垣で隠蔽されていた。」

偉大なギリシア人の著作を筆写する仕事は、実際には大プリニウスによって着手され、ほぼ一千年にわたって続けられた。大プリニウスは当時知られていた自然界の万物について三十七巻の大作『博物誌』をものしたが、その大部分はギリシア人の書き残したものをもとに編纂したものである。彼の仕事のやり方については、正確な情報が残されている。大プリニウスは大理石でできた横臥食卓《ダイニング・カウチ》に寝そべって食事をしながら、あるいは散歩をしながら、だれかに本を読ませ、口述筆記させたのである。彼は裕福であった。ローマ帝国の官吏として要職にありながら、その一方で自然科学の研究に従事し、自著を皇帝ウェスパシアヌス★の子息に献じた。ギリシアのもっとも偉大な学者アリストテレスは、大理石の横臥食卓もバラ園も持っていなかった。彼はどこにも所属しない、いわば臨時雇いの教師で、ギリシア語が通じる土地であればどこへでも出かけ、亡命先で亡くなった。

ギリシア人は花壇をつくるのによくオリエント地方の召使を使っていたが、それとまったく同じように、ローマ人はシリア人の庭師を雇った。アフリカのティムガッド★にあるローマ帝国の植民都市遺跡には、波状の小壁がいくつもならんだ遺構が残っているが、そのすき間に土が詰め込まれ、花が栽培されていたのである。私は同様の小さな波状壁を中央ア

小プリニウスの記述によく似た特徴をもつといわれる別荘（ポンペイ出土の壁画）

★皇帝ウェスパシアヌス（在位六九～七九）
ローマ皇帝。西暦七五年、有名なローマのコロッセウムの建設に着手した。また、対外的には軍司令官としてパレスチナに赴き、子息ティトゥスとともにユダヤ人の反乱を鎮圧した。

★ティムガッド
アルジェリア北部にあった古代ローマの植民都市。西暦一〇〇年頃、トラヤヌス帝によって建設された。

メリカのアンティグアで見たことがある。アンティグアはもともとスペイン人が建設したグアテマラの古い首都なので、ティムガッドにある波状壁を継承したとしても、なんら不思議はない。

　あらゆる庭園のなかで、もっとも王者にふさわしく、もっとも皇帝にふさわしいのは、皇帝ハドリアヌスがティヴォリの丘につくった庭園であった。そこにはローマ帝国全土の記念物がぎっしり詰まっていた。この庭園は似非《えせ》歴史的なもので、ちょうど十九世紀の建築物や十八世紀の英国庭園が中国の寺院やローマの神殿、あるいはゴシック様式の廃墟をとりこんでいるのと似ている。ティヴォリの庭園にはラテン語やギリシア語の文献を備えた図書館、贅を尽くしたいくつもの宴会場、リュケイオン、アカデメイア、それにアテネの立法者ソロンがアテネの広場につくったドーム型の貴賓館《プリュタネウム》を模した建物があった。人工の谷にはエジプトの彫像がいくつもならべられ、庭園の一部はテッサリア地方の景観を模してつくられた。オリンポスの神々にささげられた神殿やローマの詩人たちがおもいえがいた幽冥界の空想的な世界も再現されていた。人工池に小型の軍船を浮かべ、模擬海戦もおこなわれた。ティヴォリの庭園はいまでも古代ローマの彫像群の宝庫となっている。ルネサンス期にはローマの貴族が、その後はイタリアをはじめ世界各国の博物館が発掘作業に尽力したが、古代ギリシアのポリュクレイトス★やフィディアス★の模作が発見されたのはかなり後で、一九五五年のことであった。

★ポリュクレイトス（前五世紀頃活躍）　古代ギリシアの彫刻家。厳密な比例による肉体の均斉美を追求し、すぐれた青銅の男性立像を制作した。

★フィディアス（前四九〇頃～前四三〇頃）　古代ギリシアの彫刻家。パルテノン神殿建設の総指揮をとった。

ハドリアヌス帝の別荘内にエジプトのナイルデルタをモチーフとして作られた海浜劇場の遺構

変化するバラの意味

花の祭典と五月祭《メーデー》

［口絵6］

ローマ創建のかなり前から、花の女神フローラはフォキス人★やサビニ人★によって崇拝されていた。創建後、五一六年よりフローラの祭典サクラ・フローラリアは、四月二十八日すなわち五月一日の四日前に開催された。五月および六月を通して、バラの祭典が催され、宴席では客にバラがくばられた。この期間、墓もバラの花で飾られた。

バラの祭典はずっと後になって、はるか遠方のドナウ川東部地域でも開催された。当時、初期のキリスト教徒たちはバラ崇拝の弾劾にやっきになっていた。彼らにいわせれば、バラは非難されるべきもので、墓地の供花としても認めなかった。教父たちはギンバイカの花輪をつけることすら禁じた。ギンバイカはアフロディテ（ヴィーナス）にささげられた花であるというのが、その理由であった。

バラの園あるいは木立はヴェーヌスベルク★の山と同一視され、魔女はドイツ語では「木立の訪問者」と呼ばれた。ユダヤ人も公共の庭を嫌悪していた。そうした庭で、異教徒たちがよく不道徳な遊びに興じていたからである。ピューリタンの伝統が根強いイギリスでは、たいていの公園が同じ理由から日没と同時に閉鎖されたが、それも意味深である。しかしながら、同じことはパリでもおこった。ピューリタンの一派コカラーズ★は、いまでもかなりの尊敬をあつめ、暮らしぶりも豊かであるが、他のピューリタンと同じように、演

★フォキス人
古代ギリシアの一種族。コリント湾の北方に位置するフォキス地方に居住し、当時はポーキス人と呼ばれていた。

★サビニ人
古代ローマの一種族。ローマの北東、ティベリス川一帯に住んでいた。

★ヴェーヌスベルクの山
愛欲の女神ヴェーヌスが棲むとされた魔界。魔女たちが集まって宴を催した魔女の山でもある。

★コカラーズ
アルコールの代わりにココアを愛飲した一派。

劇、ダンス、俗謡を糾弾した。だが、それだけでは満足せず、花も禁じたのである。花は人に喜びを与えるからというのであるが、それも一理あるといわざるを得ない。

しかし、伝統は想像以上に根強いものであることが判明した。ほどなくして、かつてアフロディテにささげられた神秘のバラは聖母マリアの花となり、マリア自身が「神秘のバラ」になった。ユピテル・カピトリヌスの神殿はサン・ピエトロ大聖堂になり、ユノ・ルキナ神殿はサンタ・マリア・マッジョーレ大聖堂になった。聖母をたたえる人びとはバラの花びらを敷き詰めた往来をねり歩いたが、それはちょうど異教徒たちが神像を手にして行進したのと同様であった。墓地にバラを植えることが禁じられてからまもなく、バラが墓から生え出ているという伝説がひろまった。それとまったく同じように、聖ニコラスのパンかごの中から奇跡的にバラが出現した。別の伝説によれば、大天使ガブリエルは百五十輪のバラの花を使って、聖母マリアのために三つの花輪をつくったという。かつてアフロディテの悲しみの象徴であった赤いバラは、聖母マリアの悲しみの象徴となった。白いバラは聖母マリアの喜びの象徴であり、黄金のバラは処女マリアの栄誉を意味している。教会はバラで飾られ、バラは殉教の象徴となった。バラの花輪をかぶり少年ホルスを連れたイシスは、幼子イエスを抱えた聖母マリアになった。はなはだしい混乱が生じたため、紀元四四〇年、ペルシウムのイシドール★は声を大にしてこう言った。「異教徒のいう大地母神とわれわれの偉大なる聖母マリアとの区別をはっきりさせるよう、これまで以上に細心の注意を払わなければ

★ペルシウムのイシドール（四四九頃没）
古代エジプト東部、ペルシウム近郊のリュクノス修道院の修道士。多くの書簡を残したことで有名。ペルシウムはアレクサンドリアに次ぐ古代エジプト第二の都市で、かつては軍事的にも商業的にも重要な都市であった。

ピンクのバラを手にした聖母マリア像（ロレンツォ・ヴェネツィアーノ《聖母子》1372年／パリ、ルーヴル美術館蔵）

ならない。」

スコラ哲学者によれば、バラの起源は茨の藪に落ちるキリストの血のしたたりにあった。ある民謡では、この情熱の花はゴルゴダの丘で最初に芽吹いたと謡われている。「その丘で、神の子キリストは磔にされ、贖いの血が流れ出た。」

教会が実際に処女マリア崇拝を始めるのは六世紀になってからであった。その後、バラはダヴィデの出身部族の麗しい花になった。救世主キリストとその母マリアも同じ部族の出身であった。神にささげられた処女は「バラ」と呼ばれた。

しかし、意味を変えた花あるいは植物はバラだけではなかった。同じことはヒイラギにもあてはまる。十二月に開催されるケルトの異教的な祭りの際に、ドルイド僧は赤い実をたわわにつけたヒイラギの枝をくばった。ヒイラギはブリテン諸島ではクリスマスの植物となっている。その枝は往来で販売され、今日、ロンドンの花屋はクリスマスの食卓を飾るヒイラギの飾り物を互いに競い合ってつくっている。バラ同様、ケルト人が崇拝したヤドリギも当初、教会によって禁じられていた。なぜならヤドリギは豊穣・多産の象徴とされ、ケルトの儀式に欠かせなかったからである。この風習は洗練されて今に残り、ヤドリギでつくった飾りの下で、男女が口づけを交わすと縁起がよいとされている。また、ヤドリギは現在、飾りものとしてイギリスのクリスマスには欠かせないものになっている。ヴィクトリア女王の夫君アルバート公はクリスマス・ツリーをイギリスに導入しようとしたものの、当初はうまくいかなかった。だが、今日で

ドイツから取り寄せたクリスマスツリーを囲むヴィクトリア女王とアルバート公(『イラストレイテド・ロンドン・ニュース』1848年)

はクリスマス・ツリーはどの家庭にもある。
ローマの花の祭典は帝国のすみずみにまで普及した。どこでも、だれでも、五月一日近くになると、田舎にくりだした。ヘンリー八世の時代、五月祭《メーデー》の日にはロンドン市民が近郊の森や草原に出かけて気をまぎらわせることが大流行した。「その結果、一五一五年にはあの虚勢を張って威張りちらしているヘンリー八世の関心を引き、王は妃を連れ立って馬を駆り、グリニッジからシューターズ・ヒルのてっぺんまで、サンザシの枝や野バラを摘みに出かけた。」ロンドンであれ、バイエルン地方の村であれ、五月柱《メイポール》のまわりでダンスがくりひろげられた。バイエルン地方の人びとは、いまだにこの慣習を維持しているが、十八世紀はじめのポウプ★にとっては、それは思い出にすぎなかった。

この広々とした土地の真ん中で、人びとは輪になった。
そこにはかつて背の高いメイポールが立っており、ストランド街を見下ろしていた。

五月十一日の「バラの日」も、あたかも聖霊降臨節になったかのようである。十九世紀という遅い時代にあって、ローマでは聖霊降臨祭は一般的にパスクワ・ローザ〔バラのイースター〕の名で呼ばれていた。ローマ皇帝の宴会のときと同様、ドメニカ・デ・ローザ〔バラの主日〕、すなわち四旬節の第四日曜日には、教会に集まった会衆の頭上にバラの花びらがまき散らされた。

★アレクサンダー・ポウプ（一六八八〜一七四四）
イギリスの詩人。独学で古典に親しみ、幼少の頃から詩作をおこなっていた。詩集『牧歌』や『批評論』を著す。ホメロスの『イリアス』、『オデュッセイア』を翻訳して大好評を博し、経済的には恵まれた生活を送った。

ヴィクトリア時代（19 世紀）に再現された古き良き時代の五月祭

イリュリア★やバルカン諸国では、バラの祭りはその後も開催された。こうした春の祭典は聖霊降臨祭と関連づけられ、「ルサーリヤ」と呼ばれる自然の祭りになった。この祭りはセルビア人、スロヴェニア人、ロシア人のあいだで一般的におこなわれている。ある民話のなかでは、春になると豊穣と多産をもたらす妖精たちが畑のあちこちをうろついている。シチリアのパレルモでは、バラ祭りは処女マリアにささげられた。十九世紀のイギリスでは、煙突の掃除夫だけがバラの祭典の伝統をまもっていた。彼らにとって、五月一日は特別な休日なのである。

ギンバイカがアフロディテの花であることも忘れられていた。一七八九年一月十七日、ローマ教皇はローマの往来にギンバイカをまき散らすよう命じた。

一二〇八年にはドミニコ会士が祈りのときに使った数珠がロザリオと呼ばれた。ついには教皇によって黄金のバラ勲章が創設された。教皇ヨハネス二十三世はコンスタンツ公会議でそれを聖別し、神聖ローマ皇帝ジギスムントに授けた。一三六七年、教皇ウルバヌス五世は黄金のバラ勲章をシチリアのジョアンナに与えたが、この貴婦人は自分の夫を絞殺していた。ザクセン賢明公フリードリヒ三世、フランス皇后ウジェニー、そしてメキシコ皇后シャルロッテもこの勲章を授与された。最後にこの勲章を受け取ったのはスペインのイサベラ王女で、一八六七年のことであった。

プロテスタントの信徒も、古来のアフロディテの花をないがしろにしなかった。マルティン・ルターは自分の印章にバラを描いていたが、そのまわりには次のような銘が添えてある。

バラの上に置かれたキリスト教徒の心臓は、

★イリュリア
アドリア海の東岸、ドナウ川流域一帯に広がっていた古代ローマの属州。カエサル（前一〇二頃～前四四）は、ガリア以外にイリュリアも自己の属州として手中に収めていた。

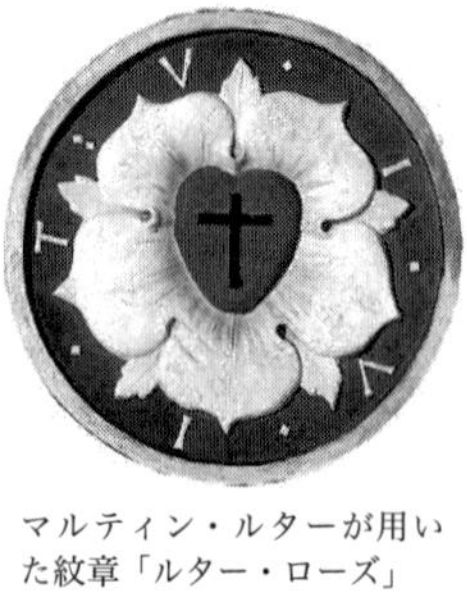
マルティン・ルターが用いた紋章「ルター・ローズ」

十字架の真下にあるときに脈打つ
しばしば古い信仰が頭をもたげた。一世紀半前、ニーム★の売春婦は「バラ」として知られ、そのしるしにバラをつけなければならなかった。多くの町や都市では、赤い照明が取り付けられている地区は、「バラ小路」あるいは「バラ通り」という名称がつけられた。ローマ文明からはほど遠い東プロシアのケーニヒスベルクのような都市でもそうであった。

一九三三年五月一日、私はプラハで古来の花の祭典の極致ともいえる楽しい光景に出くわした。教会という教会、とりわけ処女マリアの像はすべて、あふれんばかりの花で飾られていた。メーデーの日の社会主義者たちの集会に劣らず、教会のなかは人びとでごった返し、多くの少女や婦人たちは、頭のてっぺんからつま先まで、カーネーション色の紅い服を着ていた。同時に、ヒトラー統治下のドイツでは、五月一日は「労働の日」と定められ、式典が挙行された。これらはすべて、花の女神フローラの祭典のなごりなのである。

★ニーム　南フランスの古都。ガール県の県庁所在地。

サンドロ・ボッティチェリ《春》に描かれたフローラ（1482年頃／フィレンツェ、ウフィッツィ美術館蔵）

神秘のバラ

バラは愛の女神、すなわち生命の継続という永遠の神秘にささげられた。そうしたバラは神秘と秘密厳守の象徴でもあった。「神秘はバラの花壇に生育し、秘密はバラのなかに隠されている。」ペルシアの詩人で香水製造者でもあったファリード・ウッディーン・アッタール★は、十二世紀にこう詠んだ。より散文的な説明をすれば、バラは幾重にも重なっている構造そのものが秘密の内核を覆い隠しているということになる。もうひとつの説明は、次のような伝説にもとづいている。「バラの下で sub rosa」という表現は、ギリシアとペルシアが交戦状態にあったときのある逸話に由来するという。すなわちクセルクセス大王に対する決定的な勝利は、バラの木陰で内密にめぐらされた陰謀によるという。「バラの下で」という表現は、秘密を守るという固い約束のもとに、という意味である。十七世紀にジョン・フレッチャー★は「これでわれわれが腹蔵なく会話をしても、すぐに一切はバラの下で忘れ去られる」と述べている。それより後に、バッキンガム公爵は「説教壇の下では、換言すれば、バラの下では、われわれは好き勝手に国家や教会の悪口を言ってもかまわない」と述べている。ドイツでは、十五世紀後期に書かれたセバスティアン・ブラント★の『阿呆船』の一節に、「ここで語られることは、バラの下で、と心得よ」とある。部屋の天井にバラをつるし、そこで客人を迎えるという古来の慣習があったが、これはそこで

★ファリード・ウッディーン・アッタール（一一四五頃～一二二一頃）
　イランの詩人、薬物商。さまざまな神秘主義者と交流し、イラン文学史上、神秘主義的な詩を創作した先駆者の一人にかぞえられる。薬屋を生業とし、毎日何百人もの患者に薬を処方したといわれる。

★ジョン・フレッチャー（一五七九～一六二五）
　イギリスの劇作家。有名なウィリアム・シェイクスピアとも合作で戯曲を書いた。

★セバスティアン・ブラント（一四五七～一五二一）
　アルザス生まれの風刺詩人で、バーゼルで活躍した法学者。『阿呆船』はルネサンス期の最もすぐれた風刺詩集で、各国語に翻訳され、ベストセラーになった。

交わされる会話は内々のものであることを意味した。中世では、この慣習はすぐさまヨーロッパ中にひろまった。バラはドイツ人のあいだでは酒盛りの象徴となり、宴会はバラの下でおこなわれた。われわれの時代、あるいは少なくともわれわれの祖父の時代まで、天井には石膏でできたバラが残っていたが、そこにはかつて部屋の中央の照明が取りつけられていたのである。

中世の石工組合の集会所でも、バラは秘密厳守の象徴であった。なぜならば、バラの蕾の萼片《がく》は五芒星形、すなわちケルトの連続する渦巻文様にみられる「ドルイド僧の足」（五角の星形）をしているからである。「ドルイド僧の足」はピタゴラス学派の秘密の合言葉であったが、これはおそらく古代エジプトに由来するものであろう。「ドルイド僧の足」はケルト人の神聖な象徴で、ガリア地方の貨幣にも打刻されているのが少なからず見うけられる。この渦巻文様の幾何学的な比率は、古代人には黄金比として知られていた。

「ヴェームゲリヒト」として知られている中世ドイツの刑事裁判所の手斧はバラの束をもった騎士に似ており、そのメンバーは目にしたバラに口づけをする義務があった。

教皇ハドリアヌス六世（在位一五二二～二三）は、秘密厳守の象徴として懺悔室にバラを刻ませた。これは懺悔室に摘んできたばかりの聖別されたバラをつるすという古来の慣習を踏襲したものである。

トルコ人は、バラにはアラーの神の五つの秘密が隠されていると信じていた。

ルネサンス期に成立した秘密結社「薔薇十字団」のシンボルとしてのバラ。十字の形をした茎の上に花を咲かせ、ミツバチに蜜を与えている（R. フラッド『至高善』1629 年）

バラと古代ゲルマン民族、ローズマリー

古代ゲルマン民族のあいだでは、野生のバラはバラと呼ばれていなかったし、そのように認識もされていなかった。野生のバラはホーソン、メイ、あるいはブライアという名をもっていた。これらの名称のうちの一部は、かなり古い時代にまでさかのぼる。ソーン〔イバラ〕はブラマであった。ここから英語のブラムブル、ドイツ語のブロムベーレ、あるいはヒンホーが派生し、さらに英語のヒップ、ドイツ語のハーゲブッテ、デンマーク語のヒィービントゥオーンが派生した。

ドイツの太古の森にはラベンダーの一種やイバラが密生しており、人間はイバラを取り除くのに素手で立ち向かうほかなかった。それゆえ、花よりもイバラが目につくのは当然である。古代ゲルマン人が神々を崇拝した神聖な木立はバラの木立で、イヌバラで囲まれていた。ゲルマンの森のイヌバラは愛とはまったく無関係であった。人類の歴史のはじめの頃、花は何の役割も果たしていなかった。もっとも男らしい徳目は人を殺し、殺される勇気であり、最大の英雄は最大の殺人者であった。イヌバラは生贄の血で染まった場所や塚の上に生え出た。ぞっとするような話だが、傷は「バラ」と呼ばれた。そして中世の詩人が戦場をバラの園と呼び慣わしていたのとまったく同じように、ラウリンのバラ園は戦場であり、死に場所なのである。雅な騎士道全盛の時代、矢来で囲まれていた騎士の馬上

★クリームヒルト
ドイツ中世の叙事詩『ニーベルンゲンの歌』に登場する英雄ジークフリートの妻。

槍試合場はバラの園として知られていた。

ヴォルムスにあったクリームヒルト★のバラ園は、長さ約一・六キロメートル、幅約八百メートルのれっきとした庭であった。そこには大きな菩提樹があり、その木陰に五百人もの婦人が座ることができた。それを見守っていたのは十二人の英雄たちで、なかでも最も有名なのがジークフリートであった。テオドリック大王がジークフリートと一戦を交えることに同意した際、王はことづてに自分と家臣の望みはクリームヒルトの庭の美しいバラであり、それを踏みつけて、草地を血でぬらす覚悟であることを告げた。ところが、戦いが始まらないうちに、家臣のひとりがバラを踏みつけてしまった。このいわば非公式の破壊行為に、だれもが困惑した。この粗野な物語は、次のことばで終わっている。

麗しき乙女クリームヒルトに
もはやいかなる庭もまかされなかった。

眠れる森の美女への最初の言及は十四世紀のことで、騎士道の時代につくられたものかもしれない。バラの生垣で囲まれているミンネブルク城が登場するのは、珍しいことではなかった。この城は恋愛遊戯のために騎士たちの手によってつくられた。貴婦人たちは敵兵めがけてバラや果実、ケーキを投げつけた。攻城兵の頭上には熱湯に代わって香水がかけられた。貴

エドワード・バーン＝ジョーンズ《眠れる森の美女》
（1890年年頃／プエルトリコ、ポンセ美術館蔵）

顕紳士は花を浴びせかけられながらも、その城を襲撃し、貴婦人たちを捕虜にした。

しかしながら、眠れる森の美女の伝説はさらに古い可能性もある。ヴォータン★はヴァルキューレ（ブリュンヒルデか？）をイバラで眠らせる。眠れる森の美女のバラの生垣は、おそらく燃えさかる焔の壁をあらわしているであろう。

眠れる森の美女を眠りから覚ますには、ローズマリーで触れなければならなかった。多くの伝説や古来の俗信、それに多くの効用―治療用、装飾用、料理用として―をもったローズマリーは媚薬としても使われ、哀悼の意を表するものでもあった。ローズマリーは美容によく、また枕に詰めて寝ると神経の高ぶりを抑える効果があると考えられていた。ベルギーでは、赤ん坊はローズマリーの灌木から生まれるといわれていた。フランスでは、ローズマリーはハムといっしょに、またイタリアでは仔羊の肉といっしょに料理される。このハーブはまた、ローストビーフやスパイス・ワインに風味を添えるためにも使われた。ナルボンヌの蜂蜜は、ジュピターだけが口にすることができたというイディ山の蜂蜜とならび称されるほど有名であるが、それは同じ理由による。つまり、ナルボンヌの周辺一帯は、イディ山麓と同様、一面ローズマリーで覆われていたのである。同じように、モンペリエのローズマリーが繁茂する牧場で育てられた羊の肉は絶品であるといわれている。エジプトではローズマリーは庭の植物であったが、スペイン南部では燃料として使われた。

★ヴォータン／ヴァルキューレ／ブリュンヒルデ
ヴォータンは北欧神話の主神オーディンのドイツ語読み。ヴァルキューレはヴォータンに仕える女神たちで、戦場に派遣され、勝敗を決する重要な役割を担った。ブリュンヒルデはヴァルキューレの一人で、長女とされる。

右：イヌバラ（ウィリアム・カーティス『ロンドン植物誌』1777-98年）
左：ローズマリー（ジョン・シブソープ他『ギリシア植物誌』1806年）

エジプト人の中庭からスペインのパティオまで

［口絵7］

西方世界ではローマ文明はゲルマン民族によって一掃されたが、東方ではアラブ人が長期にわたり、バビロニアやペルシアの庭園および灌漑施設を維持し続けた。一一八〇年になって、ドイツの吟遊詩人ハインリヒ・フォン・フェルデケ★はあるアラブの庭について、「ふさふさと葉をつけたスギの木が何本も立っていた。水は五十のアーチから成る水道橋によってこちらまで運ばれた」と記した。

東方世界に特有の華美はバグダッドにもみられ、ギリシア人の東ローマ帝国皇帝が派遣した大使は、九一七年コンスタンティノープル宛の報告書のなかで次のように記している。「市門から道路沿いにずらりとならんでいる騎兵たちは金銀の鞍をつけていた。三万八千枚の高価な敷物が外につるされており、二万二千枚が公開展示されている。大理石でできたアーケード付きの厩舎には一千頭の馬が収容されているが、その一頭一頭の世話を豪華に盛装した馬丁がおこなっている。動物園にはきらびやかに着飾った四頭の像と百頭のライオンがいる。公園の真ん中に池があり、ブリキ板が立てかけてある。長さは約二十四メートルで、幅は約十六メートルである。池は銀色にキラキラ輝き、水面には刺繍をほどこした亜麻布で装飾され、金メッキした四艘の舟が浮かんでいる。池の周囲には四百本のヤシの木が立ちならんでいるが、ところどころ金メッキした輪のついたチーク材で縁取りされ

★ハインリヒ・フォン・フェルデケ（一一四〇頃～九〇頃）
吟遊詩人。マーストリヒト近郊のフェルデケ村出身。当地のフォン・ローン伯やマインツ伯ルーツ＝リネックに従士として仕えた。ルーツ伯夫人アグネスやクレーヴ伯マルガレーテの庇護を受ける。十二世紀に北フランスで書かれた『エアネス物語』を翻訳した叙事詩『エネイーデ』で知られる。フランスの宮廷文学をドイツ語圏に紹介した功績は大きい。

ている。ヤシの幹はそのままだと貧相な感じがすると思われていたのである。大きな温室には金銀製の木が一本立っており、色とりどりの宝石でできた果実がたわわになっている。機械仕掛けの小鳥たちが葉にとまり、さえずっている。」カーネーション、ユリ、スミレは登場するが、チューリップは出てこない。バラ、スイセン、アネモネは好まれた。淡い赤色のバラと濃い紅色のアネモネの組み合わせはことのほか好まれた。

　バグダッドの富は、ローマのそれに匹敵した。ある医師が太守チュマルンジェのためを思って毎日マッサージ治療をおこなうよう勧めた。太守はマッサージを受けるのがいやで、それを避けるために自分の庭に池を掘らせ、そこに水銀を張って、その上に絹の敷物を浮かべ、四隅の金柱にくくりつけた。彼は池に浮かべた敷物の上で夜通し揺られながら、極楽気分でマッサージを受けることができたのである。

　ハールーン・アッ＝ラシード★の時代、バグダッドでは花の促成栽培がおこなわれていた。「友人を迎え入れる大天幕のなかでは、シタール、フルート、ティ

インドのイスラム王朝ムガール帝国の庭園
（『バーブル回顧録』の細密画／1590年／ロンドン、ヴィクトリア＆アルバート美術館蔵）

ンパニーの演奏がくりひろげられていた。部屋には花がまき散らされ、正餐にあずかる客人は花輪をかぶっていた。満月が地平線にかかっていたが、まるで青いヒアシンスにかかる黄金のようであった。」

黄金の木はビザンティウムの玉座の前にも立っていた。ペルシア王の玉座は黄金のプラタナスで「日よけがつくられて」いた。アジアの庭園に黄金の木があるという話は、吟遊詩人の詩のなかによく登場する。聖杯の城にも黄金の木があり、小鳥たちがさえずっている。

中世のエジプトではバラ祭りのときに、バラの花冠で城をつくる慣習があった。園路には敷物が敷かれ、池や噴水、園亭、レモンの木もあった。鳩がクークー鳴き、孔雀が気どって歩いていた。庭園は残っていた。タメルランとして知られているモンゴル人のティムール★は次々と王国を滅ぼしていったが、そのティムールですら庭を耕し、水路を建設し、二千張りの大天幕をもっていた。一五八七〜一六二九年にかけて、イス

アルハンブラ宮殿（スペイン、グラナダ）夏の離宮ヘネラリーフェにつくられた「アセキアのパティオ（水路の中庭）」

★ハールーン・アッ＝ラシード（七六六〜八〇九）
アッバース朝の第五代カリフ（在位七八六〜八〇九）。アッバース朝の歴代カリフ中、第二代カリフのマンスールとならんで最も傑出した君主といわれる。産業・貿易を振興し、科学や芸術を奨励、アッバース朝の黄金時代を築いた。『アラビアン＝ナイト』にもたびたび登場する。

★ティムール（一三三六〜一四〇五）
一三七〇年、中央アジアの大部分を制圧し、西はメソポタミア、南はペルシア湾岸、東はインドのデリーに及ぶティムール帝国を樹立した。戦場で片足を負傷し、不自由になったため、欧米では「跛行のティムール」を意味するタメルランのあだ名で呼ばれている。

ファハン★についに「四庭園通り」が建設された。この通りはおよそ三キロメートル余りにわたってゆるやかに傾斜しており、中央には水路が貫流していて、水は各々の露壇に備え付けられている貯水池に流れ込んでいた。シラーズ★であれ、アンダルシア地方であれ、花壇は地取りされ、バラはアーモンドの木に接木された。いまでも、水のあるところには庭がある。そこには噴水がしつらえてあり、ヤシの木が立っている。陶磁器類《マジョリカ》や石のベンチも置かれている。

　エジプト人やローマ人の邸宅と同様、アラブ人の邸宅にも中庭があった。それは「パティオ」の名で知られ、全世界のスペイン語圏の庭園になった。スペイン人は、庭園は居間であり、噴水や花で飾るべきものという観念をアラブ人から受け継いだ。こうした考えは、われわれの時代にまで引き継がれている。私はメキシコ湾の南海岸で、たくさんの噴水やヤシの木、ベンチがしつらえてある公共の庭園を見物したことがある。北海岸のニューオリンズには、そうした庭園はなかった。われわれがいた北部には、定型の庭園はなかったのである。

★イスファハン
サファヴィー朝ペルシア帝国の首都。この町の美しさは、その昔「イランの真珠」と讃えられた。

★シラーズ
イラン南西部の都市。

ビザンティン帝国における自然への関心

東ローマは何世紀にもわたり存続したが、西ローマは衰退した。ドナウ川やユーフラテス川に沿った国境警備隊はどうにかもちこたえたが、ライン川沿いの国境警備体制は崩壊し、イタリアは異民族の侵攻にさらされた。

キリスト生誕後何世紀もの間、ギリシア語は依然として自然科学全般の言語であったし、学問の世界では半分がギリシア語を母語としていた。ラテン系の民族はギリシア語を学んだが、ギリシア人はラテン語をほとんど学ばなかった。ギリシア系の東ローマ帝国の版図には中東全域、さらには黒海、エジプト、南イタリアといった遠隔の地も含まれていた。これらの地域の発展は思想史上、きわめて興味深い一章を成している。本質的に、東方世界の歴史はペルシアとビザンティン帝国との絶え間ない戦争の歴史であった。この二大文明は互いに疲弊し、最終的には第三勢力に屈服した。

ギリシア人の精神はキリスト教の秘儀が台頭するなかで衰退した。分派や教会分離主義者が競合する哲学諸派にとって代わり、思考よりも感情が重視された。思考すること、そして観察することは異教的な風習とみなされた。テルトゥリアヌス★は二〇〇年頃、「イエス・キリストの誕生以来、詮索は不要である。というのも、福音書に記されていることは調べ

★テルトゥリアヌス（一六〇頃〜二二〇頃）
キリスト教神学者。キリスト論、三位一体論を系統的に論じた最初の人物で、『護教論』など三十一編の著作が現存する。キリスト教信仰は理性で解釈すべきものではないとして、信仰の哲学的な解釈を拒絶した。

★クリュソストモス（三四四／三四九〜四〇七）
キリスト教神学者、説教者。名説教で知られたことから「黄金の口」を意味する「クリュソストモス」の名で呼ばれる。

るには及ばないからである」と語り、クリュソストモス★は四〇〇年に「詩人と哲学者を生み出すのは悪魔の仕事である」と述べた。

それは自然研究の終焉を意味した。その結果、医師は長いこと異教的な俗信に固執することになった。エジプト人の旅行家で修道士のコスマス★は、五三〇年に著した『キリスト教地誌、すなわち世界に関するキリスト者の見解』のなかで、当時はびこっていた無知と迷信について例証している。本書はフランス語にも翻訳され、奇妙なことに、一八五四年にあろうことかニューヨークで再版された。それによれば、世界は長方形の平面で、天空の青天井を支える壁で囲まれており、天空のかなたに天国がある。本当の観察はすべて失われた。人びとは宗教的な抗争に明け暮れた。かつて哲学者たちが遭遇した運命である国外追放と迫害は、いまや相対立する宗派を沈黙させる手段と化したのである。

多くのギリシア人は、アレクサンダー大王の時代からシリアに定住した。司教ネストリウス★は古来の教育機関の学頭で、そこでは医学と農業が昔ながらにギリシア語やシリア語で教授されていた。ギリシア人の学校とならんで、シリア人の学校もあった。シリアにはローマ法の成文化につとめた偉大な法学校もあった。そこでは新約聖書のシリア語への翻訳もおこなわれていた。

このギリシア文化の大きな殿堂は四八九年に破壊された。この年、すべての学校が閉鎖された。教師たちがネストリウス派のキリスト教徒で、同派が異端宣告を受けたからである。

ペルシアは国外追放された学者たちに快く保護の手をさしのべた。彼らはペルシア帝国領内に居を定め、かくしてギリシア語教育とキリスト教信仰はアジアにまで伝達された。

★コスマス（生没年不詳）
コスマス・インディコプレウステース。六世紀のエジプト（当時はビザンティン帝国領）で活躍した修道士、地理学者。「インディゴプレウステース」とは「インド航海者」の意味で、かつて彼がインド洋交易で活躍した商人であったことに由来する。のち修道士となり、シナイ半島の修道院で『キリスト教地誌』（全十二巻）を著した。

★ネストリウス（四五一頃没）
キリスト教の総大司教（在位四二八〜四三一）。シリアのアンティオキア付近にある修道院で修行を積む。四二八年、コンスタンティノープルの総大司教に任じられたが、イエス＝キリストと聖母マリアの神聖説に反対したため、四三一年のエフェソス公会議で異端を宣告された。

★ジュンディシャープール
イラン西南部スサ近郊に所在するササン朝ペルシア帝国の主要都市。

追放された学者の大半はジュンディシャープール★に住みついたが、そこは二百年間中東ではもっとも重要な医学校のあったところであった。古代の伝統は東方では医師によって、西方では聖職者によってまもられた。

ジュンディシャープールにはキリスト教の司教座もおかれていた。ギリシア人はペルシアでは完全な宗教的自由を享受した。ペルシアの宮廷では医師はギリシア人とキリスト教徒であった。

ギリシア文化圏にあった小アジアは、植物、医薬用ハーブ、そして医学に関するあらゆる知識の源であった。植物学と医学は近代に至るまで専門分化しておらず、ひとつとみなされていた。ギリシア人医師、ヒポクラテスやガレノスの著作は、ジュンディシャープールでシリア語からペルシア語ならびにアラビア語に翻訳された。インドの文献もペルシア語に翻訳された。こうして、ペルシアの地は東洋と西洋、インドの科学とギリシアのそれとが出会う場所になった。ジュンディシャープールの学生のひとりでアラブ人のアル＝ハーリス・イブン＝カラダ・アッ＝サカフィーは、ペルシアで何年間か研鑽を積んだ後、郷里のメッカにもどり、ムハンマドの侍医にして友人となった。ムハンマドがギリシア語の文献やユダヤ教ならびに

12世紀末にバグダッドで製作された『テリアカの書』の一頁（フランス国立図書館蔵）。ガレノスを偽って書かれた書物をアラビア語に翻訳したもの。テリアカはもともと古代ローマの医師が皇帝ネロのために処方したとされる解毒剤で、その製法はヨーロッパ、イスラムから中国、日本にまで伝わった。

キリスト教の聖典を知るようになったのは、彼を介してなのである。ムハンマドはギリシア教会の特徴である禁欲的な精神、懲戒、絶食を拒否したが、ユダヤ教特有の多くの戒律と日々神との意思疎通をはかるという教えを継受した。

こうして、ユダヤ教、キリスト教、ギリシアという三つの伝統が断絶することなく、ムハンマドに受け継がれた。彼は自分の教師たちの殺害に着手した。手はじめにアレクサンドリアとペルシアにあった図書館を焼いた。六七三年には、はるかかなたのインダス川まで、そして六九五年には北アフリカまで足をのばした。

スペインでは西ゴート族が互いに名誉と権力を求めて内紛を繰り返し、イスラム教徒が侵入するにまかせた。

アッバース朝（七五〇年から一二五八年まで存続した世襲王朝）は芸術と科学に対する関心をペルシアから学んだ。彼らは学識あるネストリウス派のギリシア人と教養豊かなペルシア人を連れてきた。イスラム教徒にとって、コーランは「あらゆる知識の真髄、あらゆる知恵の源、あらゆる文筆活動の生みの親」であったし、コーランに照らし合わせて解釈が成り立たなければ、何ごとも許されなかった。しかし、幸いなことに、コーランは安楽な生活を禁止しなかったし、ギリシアの科学は、それを利用した。病院はペルシアのものを模範として建てられ、キリスト教徒やユダヤ教徒の医師が職員として働いていた。九世紀にアラブ人が化学という学問を確立すると、それに促されてすぐさま植物学も発展した。とりわけアヴィケンナ（九八〇～一〇三七）は蒸留法を発明し、物質の化学的属性に関する知

13世紀にアラビア語に翻訳されたディオスコリデス『薬物誌』の一部（フランス国立図書館蔵）

識の基礎をすえた。しかし、蒸留法が発明されるや否や、それは極上のバラの精油を製造するという愉快な目的のために使われた。バラの花びらを蜂蜜といっしょに調理してつくられたレモネードは、イスラム世界では何世紀にもわたってもっとも人気のある飲み物となった。

当時、アラブ人の思想家たちは世界の中心にあったアリストテレスの教えと、この世のものすべてを卑しむべきものとしていたコーランの教義を調和させようとしていた。数世紀後には、聖トマス・アクィナス★もアリストテレス哲学と教会の教義を融和させようと努力した。

九世紀を通じて、数名のアラブ人学者がこの二大思潮間の対立を推測と熟考によってではなく、自然をじかに観察することによって解決しようという奇抜な冒険にのりだした。彼らは秘密結社をつくり、メンバーに高潔さ、道徳的な清廉、意見と助言の率直なやりとりを要求した。彼らは自然科学には浄化作用があるとし、みずからの著作を「純正同胞団の書簡集★」と称した。なんとあっぱれな勇気！　二十世紀も半ばを過ぎた頃、あるマルクス主義国家において、誠実な同胞から成る秘密結社が出現しつつあったことを想起してほしい！　これらの学者たちは、ナツメヤシの雄株は雌株のために受粉用の花粉をもっていることをつきとめた。この状況をプリニウスは次のように述べている。「雄性のヤシは、ゆったりと揺れながら、きゃしゃな姿で、花粉をまき散らし、雌性のヤシと結婚する。」

ハールーン・アッ＝ラシードはバグダッドに学校、図書館、天文台を創設した。公設の翻訳所は政府の管理下におかれ、哲学や自然科学に関するギリシア語の文献の大部分がアラビア語に翻訳された。

★聖トマス・アクィナス（一二二五／二七〜七四）
　イタリアの神学者、スコラ哲学者。ナポリ大学に学んだのち、パリとケルンでアルベルトゥス＝マグヌスに師事した。パリ大学で教鞭をとり、教授に就任。帰国してローマの修道院で研究に従事する。『神学大全』のほか、聖書注釈書を著した。

★「純正同胞団の書簡集」
　全部で五十一の書簡から構成されており、九世紀末から十世紀末に至る約百年間のいずれかの時期に成立したと考えられている。全体は四つの部分から構成されており、その内容は数学、地理学、音楽、論理学、人間の身体構成、植物学、動物学、天文学、鉱物学、発生学、運動の種類、神的律法、宇宙の秩序、魔術など多岐にわたる。

東方世界では、花の崇拝、とりわけバラ崇拝は存続した。サラディン★は一一八七年にエルサレムを征服すると、岩のドームを清掃するため、バラ水を積んだラクダ五百頭を派遣した。

バラはすべてのイスラム教徒にとってそうであるように、トルコ人にとっても尊いものであった。そのため、ハーレムで誕生した新生児はバラの花びらに、のちにはバラ色のガーゼに包まれた。一七五〇年の遅くにあっても、エジプトとトルコは、このために使われるバラ色の赤いガーゼを何百梱も船積みし、輸出していた。

トルコの細密画に描かれたムハンマドのバラ（[口絵 7] にカラーで掲載）

★サラディン（一一三八～九三）
エジプトのファティマ朝を廃し、自らアイユーブ朝を興して、シリア・エジプト・メソポタミアを支配した。一一八七年にはエルサレムを十字軍諸国の手から奪還したため、第三回十字軍と交戦するはめに陥ったが、リチャード一世やフィリップ二世の軍を撃破。最終的には和議を結び、エルサレムを確保した。文化の振興にも力を入れ、イスラム神学と法学の研究を奨励した。

西方世界で自然科学が胡散《うさん》臭くなる

この間、西方では事態はまったく異なる方向に進んでいた。東ローマ帝国のギリシア語文化圏では、思想は行政組織や国家から独立して発展した。一方、西ローマ帝国にとって代ったのは、組織化されたカトリック教会の帝国であった。国家権力の形成要素は衣を改めていた。

ある日、ローマ帝国がなくなって、暗黒時代が始まったというほど単純な話ではなかった。トゥールのグレゴリウス★は六世紀末の西方世界に関するもっとも重要な情報源となっているが、彼は伝統あるガリアの貴族に属し、自分自身ローマ人であると考えていた。しかし、あらたに改宗した諸部族出身で、まっとうな教育を受けていない者が徐々に聖職者に参入したため、教育の質は著しく低下した。ハーブに関してですら、あらゆる知識が失われてしまったのである。当時の科学といえば、算術と天文学であったが、それはこのふたつが教会暦の確立と祝祭日の決定に必要とされたからである。自然の研究は迷信を生み、ローマ教皇は信者がそれに関与するのを禁じた。どの医師も哲学者も、あるいは自然の賛美者も魔術を疑っていたし、現代風に言えば、彼らは危険人物であった。歴史書は聖人伝に変わり、奇跡や聖人たちの生涯が書き綴られた。

しかし、アイルランドやイングランドでは、修道院が学問の伝統をまもり続けた。アイ

★トゥールのグレゴリウス（五三八～五九四）
トゥールの司教。ガリアの貴族出身。司教在任中に著した『歴史十書』は、とりわけ六世紀のフランク王国の歴史を知るうえで貴重な史料となっている。

ルランドの学校は、異民族の侵入による衰退を経験していなかった。また、イングランドではギリシア文明の世界から二人の学者が渡来してきた結果、学問の新時代が幕を開けた。六六九年にタルソスのテオドルス★、その少し後にアフリカ生まれのハドリアヌス★がイングランドにやって来たのである。ともに「学識豊かで、聖典にも世俗文学にも通じていた」。彼らがカンタベリー大司教の学校で教鞭をとっていたときには、「ふたりの口から毎日、次から次へと知識があふれ出て、欠陥を埋め合わせてくれた」。他の修道院付属学校と同様、カンタベリーにも充実した図書館があり、約三千冊の書物が収蔵されていた。七世紀を通じて、多くの書物がガリアからイングランドの港町ダニッチに向けて送られていた。初期の二人の愛読者、アルドヘルム★とマームズベリーのウィリアム★は、ドーバーに陸揚げされた貨物のなかから貴重な書物をくまなく探すのがつねであった。名高い『イングランド人の教会史』を著した尊師ベーダ★のような著作家は、あきらかに広範な分野の書物を手もとにもっていて、自由に活用していた。ベーダは当時のイングランドの学者のなかでは傑出した人物といえるであろうが、他にもすぐれた学者はいたのである。ベーダは自国にいる学者はもとより、はるか遠方のローマにいる学者とも書簡のやりとりを通じて、資料の大半を収集した。それゆえ、当時のイングランド人がヨーロッパで継承されてきた知識の総体を収集・保管・伝達したとしても、なんら不思議はない。ついには、イングランドの教授法は海を渡り、大陸に至る。すなわち、ヨーク出身のアルクイン★は大陸に赴き、シャルルマーニュ★を教育面で支援した。アルクインが創設したシャルルマーニュの宮廷付属学校は、四世紀後にパリ大学の母体となった。

しかし、庭園は衰退をこうむった。教会は他になすべきことを抱えていた。教会に避難

★タルソスのテオドルス（六〇二頃〜六九〇）
カンタベリー大司教。トルコ中南部タルソスの出身。マーシア王とノーサンブリア王の戦争が拡大することを懸念し、講和を仲介した。

★ハドリアヌス（七〇九頃没）
アフリカ人で、ナポリ近郊のニリダン修道院長。ローマ教皇によって大司教としてイングランドに赴任するように命じられるも、それを断り、友人でタルソス出身の修道士テオドルスを推薦した。

★アルドヘルム（六三九頃〜七〇九）
イングランド南西部、ウィルトシャーのマームズベリー修道院長。博学で第一級の学者でもあった。

★マームズベリーのウィリアム（一〇九五頃〜一一四三）
マームズベリー修道院の修道士。中世イングランドでは最も評価の高い歴史家のひとりで、『イングランド王事績録』、『イングランド司教事績録』のほか、スティーヴン治世の内乱を扱った年代記『同時代史』も書き残した。

してきた人びとに確かな安息を与え、信徒たちには思いやりと配慮を怠らないよう最大限の努力を払わなければならなかった。人肉を食う風習がはびこっていた。聖ヒエロニムス★は野蛮なブリトン人が羊飼いを殺し、「ことのほか美味とされていた」人体の一部を食べるのを目撃した。庭をつくり、花をめでる余裕などなかったのである。

当時の文化水準は、七世紀初期にセビリアのイシドルス★が著した有名な百科事典にみられる次の記載事項から推し量ることができる。「ディスキプリーナ Disciplina〔学習〕は、ディスケンド discendo〔学ぶこと〕に由来する。それゆえ、スキエンティア scientia〔知識・学問〕と呼んでもよい。というのも、スキット scit〔彼／彼女は知っている〕は、ディスキット discit〔彼／彼女は学ぶ〕からきているからである。」こうしたものが最高の学識とみなされた。百年後、文字通り大帝であったシャルルマーニュはラテン語を流暢に話し、ギリシア語を理解し、修辞学、弁証法、天文学、算術を学んだ。だが、書くこととなると、「苦労し、そのためにベッドの枕元にはつねに刻板を置いておき、暇さえあればいつでも文字を書く練習ができるようにしていた。しかし、練習を始めたのが年齢的に遅かったため、あまり進歩はみられなかった。」

★尊師ベーダ（六七三頃〜七三五）
アングロ・サクソン時代の修道士、歴史家。「尊者」とも称される。イングランド北東部のジャロー修道院で一生を過ごす。古典語に通じ、博識で多くの著作を残したが、なかでも主著『イングランド人の教会史』は、アングロ・サクソン社会に関する重要な史料となっている。

★アルクイン（七三五〜八〇四）
イングランドの神学者、聖職者。シャルルマーニュ（カール大帝）の宮廷に入り、宮廷付属学校を設立、そこで「自由学芸」を教えた。アーヘンの宮廷を中心とする、いわゆる「カロリング・ルネサンス」の立役者。

★シャルルマーニュ（七四二／三〜八一四）
フランク王（在位七六八〜八一四）、西ローマ皇帝（在位八〇〇〜八一四）。カール大帝とも呼ばれる。ザクセンやランゴバルトなどを制圧し、東はエルベ・ライン両川流域、西はピレネー山脈にまでひろがる大帝国を築いた。八〇〇年、教皇レオ三世より皇帝の帝位を授けられ、名実ともに西ローマ帝国を復興させた。

★聖ヒエロニムス（三四七頃〜四二〇）
神学者、四大教父の一人。シリアで修道院生活をおくった後、ローマで教皇ダマスス一世に仕え、ベツレヘムの修道院で聖書のラテン語訳を完成させた。このいわゆるウルガタ訳聖書は中世ヨーロッパで広く普及し、一五四六年カトリック教会によって公認聖書に認定された。

★イシドルス（五七〇頃〜六三六）
セビリア司教（在位六〇〇〜六三六）。西ゴート王国のカトリックへの改宗に尽力した。『ゴート人の歴史』など多くの著書を残したが、なかでも『語源』は知識の集大成で、中世を通じて百科事典の役割を果たした。

中世初期の庭と花

［口絵8］

とはいえ、伝統は完全に途絶えてしまったわけではなかった。われわれが庭や花についてふたたび耳にしはじめるとき、西方世界ではいまだにローマ時代の最後の庭が栄えていた。五六五年にフランク王国にやってきて、ポワチエ司教になった詩人フォルトゥナトゥス★は、『王妃ウルトロゴートの庭について』なる詩を詠み、そのなかで王妃の庭と花、それに野蛮なメロヴィング王朝の王キルデベルト★がみずからの手で「愛情をこめて」接木していたリンゴの木を称賛した。フォルトゥナトゥスはメロヴィング王の宮廷から尼僧院に逃亡していた聖ラディガンダ★に対して、教会を飾るためにスミレをはじめ芳しい香りの花を贈った。彼はその贈り物に次の言葉を添えた。「私が贈る芳しい香りのハーブのうちで、ムラサキスミレの気高さに比肩し得るものはありません。スミレは王者にふさわしく紫色に光輝き、花弁のなかで芳香と美しさが一体となっています。願わくば、スミレに象徴される平和が御身の生涯において具現されますように。」聖ラディガンダもフォルトゥナトゥスに花と食べ物を送り届け、食事に招待した。食事の席ではテーブルクロスにバラがまき散らされ、出される料理という料理に花輪が添えられた。また、食堂の壁には花輪飾りが掛けられていた。それは古代のやり方そのものであった。五八四年頃、キルデベルト王はセーヌ川とサン・ジェルマン・デ・プレのあいだにバラ園を造った。同時に、サランシー★

★フォルトゥナトゥス（五三〇頃～六一〇）
ポワチエの司教、詩人。ギリシア・ローマの古典に精通し、トゥールのサン・マルタンを題材にした長詩を詠んだ。

★キルデベルト（四九六頃～五五八）
メロヴィング王（在位五一一～五五八）。メロヴィング朝初代国王クローヴィス一世の子息のひとり。

★聖ラディガンタ（五八七没）
メロヴィング朝クロタール一世王妃。のち尼僧となり、ポワチエに修道院を創建した。

★サランシー
フランス北部ピカルディ地方の町。

のある男がバラ祭りを復活させた。

　ローマとの連続性を示す花はバラだけではなかった。ローマ人が赴くところは、どこであれ、バラ以外の花も数多く運ばれた。たとえば、野生種の赤いヒアシンスはローマ人が入植した異国の地で確認されている。この種のヒアシンスの汁液は「高いひだ襟を糊付けしたり、書物の背を貼り合わせたり、弓矢に矢羽を固定する際には、にかわの代わりに使われた」。

　一方、当時はあまねく貧困がはびこっていた。森の価値はそこで飼養できる豚の数で決まった。六一四年にアイルランド人の一修道士によって創建されたザンクト・ガレン修道院では、八三〇年に理想的な修道院の設計図が準備されていたが、そこには菜園のほかに小さな聖具室用の庭もあった。その庭は教会と修道士に切り花を提供した。修道士は祝祭日になると、花輪や花飾りを身につけたが、それは赤いバラでできていることが多かった。一四〇五年、ロジャー・ウォールデン★がセント・ポール大聖堂でロンドン司教に叙任されたとき、彼と聖堂参事会会員らは赤いバラの花飾りを身につけていた。この習慣は、他の多くの異教的習慣ともども、宗教改革のときになくなった。

　バラの栽培は三万七千人を数えるベネディクト会派の修道士たちによって、ヨーロッパ中にひろまった。ザンクト・ガレン修道院の見取り図では、果樹園は墓地兼用になっているが、これが一般的であったわけではないことは明らかである。というのも、シャルルマーニュは「一万五千人もの兵士によって囲まれた」果樹園に大使を迎え入れたからである。大帝が模範的な帝室庭園で栽培されるのを望んでいた植物の仔細な目録が残されている。それによると、大半は野菜、香辛料、薬用ハーブだが、目録は当時の簡明なラテン語で次

★ロジャー・ウォールデン（一四〇六没）
カンタベリー大司教、ロンドン司教。リチャード二世（在位一三七七～九九）治下で大蔵卿をつとめた。

のように始まっている。「余はあらゆる庭園で、以下の植物が栽培されることを望む。ユリ、バラ、云々。」

これは、バラとユリが美しい花であるがゆえに栽培されたことを暗示しているわけではない。バラはヨーロッパでは何世紀にもわたり、おもに花と実に含まれる薬用成分のために栽培されていたのであり、修道院の庭ではどこでも栽培されなければならなかった。プリニウスはバラを調合してつくられる薬剤をすでに三十二種類ほど挙げているし、十七世紀にあっても、三十三種類の疾病─大半が重病─の治療にバラが使われていた。薬剤のおよそ三つに一つはバラでつくられるか、バラと他の植物を混ぜ合わせてつくられた。マントヴァ公爵は「金のシロップ」を、ロドリゴ・ダ・フォンセカは「持ち運びのできる金」をつくった。イングランド女王エリザベス一世は「王室の秘密」と呼ばれるバラの万能薬を、ハプスブルク家の神聖ローマ皇帝ルドルフ★に贈った。ルドルフは神秘主義者で、神秘的な町プラハに住んでいた。

バラの実には多くのビタミンCが含まれている。ヨーロッパでは何世紀もの間、壊血病が蔓延していたので、バラの実の薬効に対する信仰はゆるぎのないものであった。

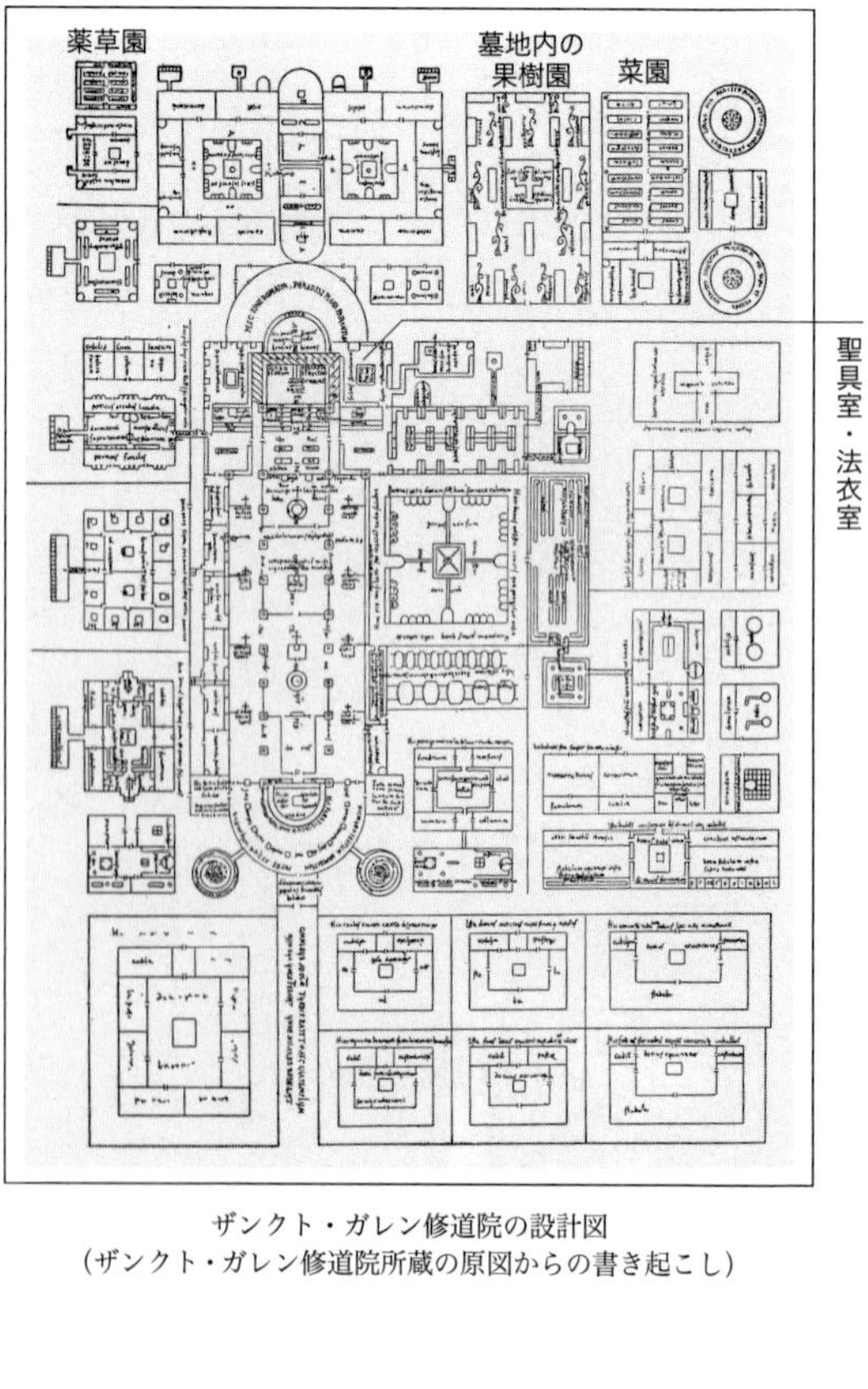

ザンクト・ガレン修道院の設計図
（ザンクト・ガレン修道院所蔵の原図からの書き起こし）

★神聖ローマ皇帝ルドルフ
神聖ローマ皇帝ルドルフ一世（一二一八～九一）。ハプスブルク家最初のドイツ王（在位一二七三～九一）。彼の即位をもって、いわゆる「大空位時代」に終止符が打たれた。

一九五〇年代末には、両親がわが子にバラの実のシロップを飲ませるよう勧めている大きなポスターも目にした。戦時中、イギリス保健省はバラの実摘みの大々的なキャンペーンをはったが、それはまさに北ヨーロッパに自生する植物のなかで、バラの実に含まれるビタミンCの含有量が一番多いからである。その結果、年間五百〜七百トンもの実が採取された。

中世に普及していたバラの万能薬のもとは、テッサリア地方の魔女たち★がバラからつくった媚薬にあった。古代ゲルマン人の媚薬の処方箋もある。それには、次のように記してある。

「濃い赤色のバラ、薄い赤色のバラ、そして白色のバラを三日三晩、三時間、だれにも見られないように、汝の胸の上に置きなさい。父なる神の祈りを三回、アベマリアの祈りを三回唱え、十字を三回きりなさい。それから、それらのバラをワインの入った瓶に入れ、三日三晩、三時間浸しなさい。そしてワインの中身を知らせずに、汝の愛する人にそれを出しなさい。そうすれば、彼は全霊をもって汝を愛し、生涯汝に忠節を尽くすでしょう。」

ライヒェナウの修道院長ワラフリド・ストラボ★は、八四二年に自分の小さな庭を題材に、四百四十行からなる六歩格の詩を詠み、ユリについてこう書いている。「狡猾な蛇は、大昔から悪事をたくらみ、咬みついては、ためていた毒を吐き出す。かくして、人目につかないように、心臓の最深部に至る致命的な深手を負わせ、人を死に追いやる。こうした蛇の咬傷を治すには、ユリを乳鉢で打ち砕き、その汁をファレルノ・ワイン★と混ぜて飲むのがよい。」

ルネサンスまで、北部および中央ヨーロッパの庭で栽培されていた花はごく少数であり、

★テッサリアの魔女たち
ギリシア中東部のテッサリア地方に住んでいた魔女集団。そのなかには月食の予知能力をもった自然哲学者アグラオニケ（前二〇〇年頃）も含まれていた。アグラオニケは古代ギリシアの最初の女性天文学者でもあった。

★ワラフリド・ストラボ（八〇七〜八四九）
ライヒェナウ修道院の修道士。『ホルトゥルス（小さな庭園）』を著す。この作品には二九種類の植物が登場するが、大半は南欧・地中海沿岸地域原産の薬草である。

★ファレルノ・ワイン
ファレルヌム山の山腹から採取された葡萄でつくられるワイン。甘口の白ワインで、古代ローマ人が愛飲したといわれる。ファレルヌム山は、イタリア中西部のラティウムと南西部のカンパーニャの州境近くにある。

きわめて地味なものばかりであった。前述した八一二年のシャルルマーニュの庭の植物目録には、本来であれば花とみなされるような植物もわずかではあるが、含まれている。たとえば、ヒマワリ、ラヴィッジ、ケシ、タチアオイ、クラリーセージ〔和名オニサルビア〕がそうである。十二世紀後期のイングランドの花の目録には、それよりもやや詳しく、「バラ、ユリ、ヘリオトロープ、スミレ、マンドレーク、ボタン、ケシ、ラッパズイセン……」が挙げられている。モーリス・メーテルリンク★の古い花の目録には、次のものが含まれている。「スミレ、ガーデン・デージー、スズラン、キンセンカ、ケシ、数種のクロッカス、数種のアイリス、数種のイヌサフラン、ジギタリス、セイヨウカノコソウ、ヒエンソウ、ヤグルマギク、チョウジノキ、ワスレナグサ、ストック〔和名アラセイトウ〕、マロウ、バラ、改良されていない野生のバラ、気品のある白銀色のユリ。」その他、セイヨウオダマキ、大きな赤いラナンキュラス、アメリカセンノウといったような花も知られていた。パンジーはまだ野生種でかわいらしく、指の爪ほどの大きさしかなかった。アネモネは第二回十字軍の際に初めて聖地から手いっぱいの土塊に埋め込まれ、ピサに運ばれたといわれている。ニオイアラセイトウはたいていの修道院の庭にあった。それは場所を問わず、ほとんどどこでも根づくので、石の多いギリシアの海辺でも古くから栽培されていた。饗宴では花輪にしてかぶり、フランスでは「囚人のなぐさめ」として知られていた。ドイツではニオイアラセイトウは「ゴ

クラリーセージ

ラヴィッジ

ヘリオトロープ

マンドレーク

★モーリス・メーテルリンク（一八六二〜一九四九）
ベルギーの詩人、劇作家、随筆家。ヘント出身。正式名はメーテルリンク伯爵モーリス・ポリドール・マリ・ベルナール。一九一一年、ノーベル文学賞を受賞。

ロドラック」、すなわち黄金のラッカー〔塗料の原料〕と呼ばれているが、ドイツ民謡では、「黄色のスミレ」とも謡われている。

　私の最愛の人の墓のまわりには
　ハゲイトウとニオイアラセイトウが
　　咲いている

　中世の騎士は、ニオイアラセイトウを愛する貴婦人への変わらぬ献身の証として身につけていた。十五世紀および十六世紀には、ニオイアラセイトウの精油は腫物の治療に効くとされていたほか、目薬としても使われた。ストック（アラセイトウ）も中世には人気を博したが、これは別種の花であった。

　ラテン語の植物名に比べると、花の俗名はややまぎらわしい。なかでもわれわれの周囲にあるニオイアラセイトウとストックほど、大きな混乱をきたしている例はあまりない。「壁の花《ウォールフラワー》」、すなわちニオイアラセイトウは、いかようにも呼ばれたように思

イヌサフラン

ヤグルマギク

ヒエンソウ

セイヨウカノコソウ

チョウジノキ

ジギタリス

マロウ（ウスベニアオイ）

アメリカセンノウ

われる。すなわち、「スイート・ウィリアム」、「心の安らぎ」、「破門草」、「蜜蜂花」、「鈴花」、「血まみれの戦士」、「出血する心臓」、「黄色いスミレ」、「雑役婦」、「小百姓」、「シェリソンス」、「ジャック」、「キーリー」、「ジェラフラワー」、「ジリヴァ」、「ジェロフリーリス」。さらに、英語ではニオイアラセイトウもストックもともに、ジリフラワーないしはジュライフラワーと呼ばれていた。もっともジリフラワーは、おもに丁子の香りのするピンクの花を指すときに使われたが。さらに、ジリフラワーは別の語と結びついて、ハマカンザシ、ウォーター・バイオレット〔水生植物ホットニア属の一種〕、ラギッド・ロビン〔センノウ属の一種〕といった他の花を指すこともあった。ドイツ語ではストックは英語の貴婦人のスミレに似て、ダーメンファイルヒェンと呼ばれているが、ゲルプファイゲラインと呼ばれることもあり、この語はまたニオイアラセイトウの意味でも使われている。フランス語ではストックはジロフレであるが、イタリア語のガロファーノはカーネーションであり、上述したように、英語のジェロフリーリスはニオイアラセイトウを意味している。

ストックが八重咲きに発展したのは、イングランドのお

ストック（アラセイトウ）
（ジョン・ミラー『リンネ氏24綱分類体系図解』1777年）

ニオイアラセイトウ
（ヤン・コプス『バタヴィア植物誌』1822年）

そらくケント州ブロンプトンにおいてであろう。というのも、一七二七年にブロンプトン・ストックと呼ばれているのに出くわすからである。濃い紫色の一重のストックは、いまでもローマでは「復活祭のスミレ」として知られており、修道院の尼僧は復活祭になると、教会の飾りつけのために花市場でかかえきれないほどのストックを買い込む。

中世全体を通して、食べ物は花で甘味をつけ、肉は花で風味を添えた。人びとは貧困にあえぎ、飢饉も繰り返し発生したが、それは別としても、壁で囲まれた都市や城は物理的にいって、庭をつくる余地がなかった。イングランドでは、ローマ人が撤退して六世紀後に、ノルマン人の聖職者が最初に庭園をふたたび持ち込んだ。荘園領主の奥方は通常、数種の花とハーブを栽培していた。プリニウスは「庭仕事は婦人の仕事である」と語っていたが、中世から近代にあっては、花園の手入れは依然として婦人の役目であった。

城壁の周囲には、たいてい土が積み上げられた。しばしばその盛土は草で覆われ、腰掛の形状をしていた。多くの場合、かすかにではあるが、これが唯一庭を連想させるものである。問題は安全と水だけであった。せいぜい市壁の外側にスイカズラの這っているあずまやがあるか、ボダイジュのまわりにベンチが置かれている程度であった。

サフランは中世の花のなかではもっとも重要なもののひとつに数えられるが、どのようにしてヨーロッパに渡来したのか、はっきりしない。十九世紀ドイツの詩人リュッケルト★は「シュヴァーベン地

★ヨーハン・ミヒャエル・フリードリヒ・リュッケルト（一七八八〜一八六六）
ドイツの詩人、東洋学者。エルランゲンとベルリンで東洋学の教授をつとめる。東洋文学をドイツ語に翻訳した功績は大きい。

ハマカンザシ

ラギッド・ロビン

ウォーター・バイオレット

方の畑」に咲いているクロッカスとローマの貴婦人がもっていたサフランの庭を関連づけたが、これには無理がある。確かにドイツは十四〜十六世紀にかけてサフラン交易の中心であったが、ドイツにおけるサフラン栽培の初出は一五四六年で、ヒエロニムス・ボックの『本草書』に記載されている。十六世紀、サフランは薬剤師にとっては万能の代替薬であったし、事実サフランはビタミンAの源なのである。当時、どの香辛料商人もサフラン雑貨商と呼ばれていた。伝説によれば、エドワード三世（在位一三二七〜七七）の時代、さるイングランド人の巡礼者が東方から帰国する際に、杖の握りの部分にクロッカスの球根を隠して持ち帰ったのだという。だが、これが本当かどうかは、神のみぞ知るである。香辛料としても多用され、婦人病の治療にも使われたこの貴重な植物を持ち帰ったのは、十字軍士たちであったかもしれない。しかし、ムーア人がサフランをスペインからフランスに、あるいはシチリアからイタリアに持ち込んだ可能性もじゅうぶんにある。イングランドのサフラン・ウォールデン★では、何世紀もの間、サフランは町の重要な産業を担っていた。

　中世の家屋では新鮮な空気の採り入れはゆゆしき問題であった。寒さは厚手の重いカーテンでしのぐことができたが、唯一の暖房源は大広間の石床に置かれたむき出しの暖炉であった。下水装置と呼べるほどのものはなかったので、芳香を放つハーブの入った小袋を持ち歩き、中庭に積み上げられたごみのそばを通るたびに、匂いを嗅いだのである。古代にもそうであったが、部屋の床には芳しいハーブがまき散らされた。そのために使われた中世後期の植物目録が残っているが、香辛料のハーブを除けば、それにはオクスリップ、ヒナギク、ラベンダー、バラ、スミレなどが記されている。贅沢癖のある枢機卿トマス・ウルジー★は、ハンプトン・コートにあった自分の部屋にサフランをばらまくよう指図した。

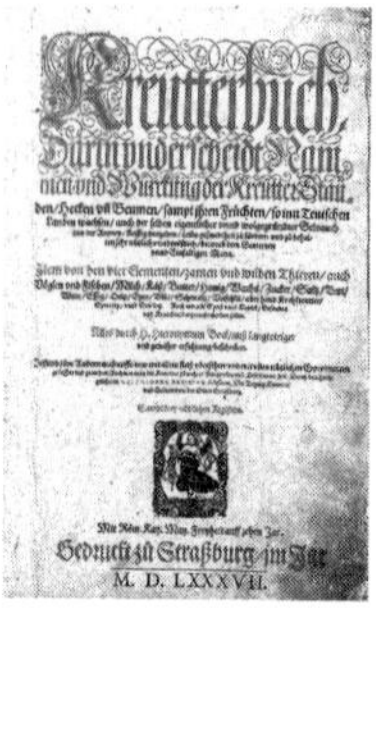

右：マッタエウス・プラテアリウスによる『本草書』（12 世紀）の 14 世紀の写本に描かれたサフラン

左：ヒエロニムス・ボックの『本草書』（1587 年版の扉頁）

十九世紀まで、イギリスの法廷には床にヘンルーダがまかれていた。空気の改良は疫病防止につながるという俗信もあった。フランス王ルイ九世はチュニス攻略戦★のさなか、疫病の進行を阻止するためにカーネーションをまき散らすよう命じた。

十九世紀になっても、ロシアではだれかが亡くなると、部屋にビャクシンをまくのが一般的であった。グアテマラでは、いまでも床にマツの葉を厚く敷いている。マツの葉は厚手のカーペットのように弾力がある。

1335年頃に描かれた花園にはユリ、アイリス、赤白のバラなどがみられる（大英図書館蔵）

★サフラン・ウォールデン
イングランド中東部、エセックス州の市場町。この町は中世では羊毛取引で栄えたが、十六～十七世紀にサフラン・クロッカスが栽培され、一大産業となった。サフランは高価な商品で、薬品、調味料、香水、媚薬、黄色染料として使用された。

★トマス・ウルジー（一四七五～一五三〇）
ヨーク大司教、枢機卿。ヘンリー八世の側近で大法官をつとめる。ヘンリー八世の離婚問題で王の怒りをかい、大法官を罷免される。

★チュニス攻略戦
一二七〇年、フランス王ルイ九世は第八回十字軍を率いてチュニジアに上陸し、チュニスを攻撃した。だが、街中に疫病（一説によれば赤痢）が蔓延し、ルイ自身も罹患して、同年八月チュニス攻略戦のさなかに病没した。

モダン・ローズの故郷　フランス

フランスはバラ栽培の故郷である。フランスの十字軍士は城にあるバラ園から旅立った。フォントネー＝オー＝ローズの住民はもっぱらバラの栽培に専念した。パリの南東約五十一キロメートル余りのナンシー街道沿いにある町プロヴァンは、広大なガリカ種のバラの栽培地域の中心であった。一七七〇年、プロヴァンの住民は古代の人びとと同じように、マリー・アントワネットのためにバラの花弁でベッドをつくった。彼女はのちの国王ルイ十六世であるフランス皇太子に輿入れする途中、プロヴァンの町で一泊したのである。

一二二四年にはフランスの貴族で一番若い者が年三回、議会のメンバーに籠に入ったバラを贈呈することが法令によって定められた。このいわゆる「バラの贈与式」が、ひいては花の祭典になったのである。

野生種のバラを改良する方法は十三世紀末の記録に残っているが、それは軽視されていたバラの見直しでもあった。十四世紀にはルーアンとパリはバラ園で有名であった。ルーアンでは、バラは部屋と食卓の飾りつけに用いられたほか、衣服にピンで留められ、バラ水の製造にも使われた。パリでは、かつてローマでそうであったように、頭にかぶる花冠作りは特別な職業で、そのメンバーは「シャプリエ」と呼ばれる花冠作り職人の同業組合に属した。ルイ十三世はバラの祭典をふたたび復活させた。

ビロード同様、絹や毛皮、花は上流階級の特権であった。庶民の娘は、結婚式当日にだけバラを身につけることが許された。ルイ十一世の時代には、バラを栽培する特権をもった者は毎年御公現の祝日★に、町の評議会に三つのバラの花輪と籠いっぱいのバラ水製造用のバラを差し出す義務があった。この習慣は実際には中世インドのそれとちがわなかった。インドでは、貧者はみずから仕える君主のために寝室にまくバラを献上しなければならなかった。これらすべても、もちろん八一〇年頃にペルシアのファルシタン州が毎年バグダッドにいる財務大臣ないしは財務府に提供しなければならなかった三十万本のバラ水の入った瓶に比べれば、取るに足りない。インドでは、もっとも厳格な規制はランの栽培に関するものであった。庶民はランの栽培を禁じられ、王族と最高位にある貴族の夫人だけがランを身につけることができた。同じように日本では、キクの栽培と所有は天皇と公家に限られていた。一方、中国では皇族と貴族以外はバラの精油ないしはバラ水の使用は認められていなかった。

★御公現の祝日
一月六日。キリストが東方の三博士によって見いだされ、世に現れたことを記念する日。顕現日ともいう。東方の三博士のベツレヘム来訪を記念する日でもある。キリスト生誕（クリスマス）から数えて十二日目に当たり、クリスマスの飾りつけなどは、普通この日までに片づける。

プロヴァンのバラ（ピエール・ポメ『薬剤の一般的な歴史』1694年）

ルネサンスはサレルノに始まる

［口絵 9］

近代の始まりが、知的生活の復活という観点から判断されるとすれば、それは一四五三年のトルコ人によるコンスタンティノープル攻略からではなく、それよりも数百年前のサレルノにおける西ヨーロッパ最古の偉大な医学校の出現から始まったというべきであろう。サレルノ医学校の起源は、おそらく男性や女性、キリスト教徒や非キリスト教徒を問わず、だれでも同じように入会可能な秘密結社にあった。この結社の存在は紀元九〇〇年には早くも知れ渡っていた。

ギリシア語が依然として生きた言語であった南イタリアでは、そうした学校の出現にとって好都合な諸条件がととのっていた。さらに北アフリカのアラブ人とも友好関係にあったし、シチリアはアラビア医学への道を開いた。アラブ人は医学と植物学の双方を発展させつつあった。アヴィケンナの植物医学に関する著書は中世を通じて有名であったし、ラテン語で三十版を重ねた。一二四八年に没したイブン・バイタル★は千四百種の植物に関する記述を残したが、すべて彼自身の観察によるものであった。アラブ人の医師とサレルノの医師との仲介役を演じたのはユダヤ人の医師であった。彼らはアラブ人から教育を受けており、両言語に通じていた。

サレルノではポントスがギリシア人のためにギリシア語で、アブダラがアラブ人のため

★イブン・バイタル（一一九七～一二四八）
スペインの植物学者、薬剤師。スペインのマラガ出身。

にアラビア語で、ユダヤ教の指導者エリヌスがユダヤ人のためにヘブライ語で、それぞれ講義をおこなった。ハーブや薬剤に関する手引書『サレルノ養生訓』が一一〇一年頃サレルノで編纂され、大好評を博したが、本書はイングランド王に献呈された。すなわち、「サレルノの医学校はあげて、イングランド王のために執筆した」。この本は百五十回も翻訳され、十八世紀にあってもいまだに使われていた。

サレルノ出身の医師の一部はスペインに移り住み、そこでユダヤ人の学者と協力して、すでにアラビア語に翻訳されていたギリシア語の著作をラテン語に翻訳した。そのなかにはアリストテレス、テオフラストス、ディオスコリデスらの植物に関する著作も含まれていた。ユダヤ人の学者はアラビア語のテキストを現地の言葉に翻訳し、その後キリスト教徒である共同研究者がラテン語訳の準備をした。アラブ人の学者の書いたものも、ラテン語で刊行された。こうして、ようやく自然科学に関するアリストテレスの著作が翻訳されたのである。アリストテレスの論理学に関する著作だけは、何世紀も前から知られていた。

ほどなくして、他の学校も創設された。モンペリエの医学校はのちにきわめて重要な植物学の学校になった。著名なパドヴァの医学校では、ガレノスの解剖学教室がいまでも見学できる。一一五〇年にはボローニャに法学校ができ、最後パリに神学と哲学

『サレルノ養生訓』ラテン語写本の一頁。ジャスミンなどが描かれている（1300 年頃／大英図書館蔵）

の学校ができた。しかし、最古の学校はサレルノの医学校であった。他はすべて同じように誕生した。すなわち、西ヨーロッパ各地からあらゆる年齢層の学生が一人の傑出した教師のまわりに集まってできたのである。極端に若い者は別として、だれもが学生であり、と同時に教師でもあった。その目的は理論的なものではなく、応用知識の習得にあった。パリだけは応用科学の学科を発展させなかったという点で、他の南ヨーロッパの学校とちがっていた。またパリの学校はアルクインが創設したシャルルマーニュの宮廷付属学校**に範をとったと考えられている。パリの学校とその後にできた新興の学校は一般原理の研究に従事した。十五世紀までは、それらの学校ではもっぱら論理学の至極単純な諸要素の研究に専念していた。その目的は真実と虚偽を区別するのではなく、できるかぎり巧妙な論法で、無差別に両者の正当性を主張することにあった。その際には、もっとも権威ある典拠を示し、ほんとうの理由やもっともらしい理由をあれこれ申し述べる必要があった。これが「任意討論」の起源で、討論者には主張を弁護するか、反駁することが求められた。こうしたやりとりは学問的な集会の大きな呼び物となった。

　だが、任意討論は不毛の学であった。なぜならば、そうした討論では、きまって独創的な見解が権威をかさにもみ消されたからである。

　南ヨーロッパ全域が間接的にアラブ人の影響を受けた。アラブ人は、放埒な生活は深遠な宗教的信念となんら矛盾するものではないことを見抜いていた。こうした享楽的な精神がプロヴァンス地方に与えた影響や、かかる精神の吟遊詩人の創作に対する貢献を過大評価するのはあやまりである。

　精神の営為はまことに驚異的である。シリアのキリスト教徒はギリシア哲学をペルシア

**一〇六頁参照

に持ち込み、彼ら自身はペルシアでは医師として働き、その技術を第三者に伝授した。若いアラブ人がこのユダヤ的、ギリシア的、キリスト教的な英知をメッカに持ち込み、それが天才ムハンマドにひらめきを与えた。その英知は異なる衣を着て、新たな故郷を寛容で幸福な国スペインに見いだした。古代ローマ人の子孫はこの精神の影響を受け、殺人行為は馬上槍試合にとって代わられた。何世紀後かには、ついに馬上槍試合が高等乗馬学校の馬術にとって代わることになるのである。

庭園の愛好熱は、シチリアおよび南イタリアから北方にひろまった。人びとは春に最初に咲く花と小鳥のさえずりに関心をもった。ほどなくして、ペトラルカ★は最初の登山家となった。

しかし、われわれが扱っている時代は、まだ十三世紀である。フランスの枢機卿ジャック・ド・ヴィトリ★はパレスチナのアッコン司教をつとめ、聖地の植生には「善悪を知る知恵の木」と「生命の木」が含まれていると記した。しかし、それでもジャックが偉大な人物であることにかわりはなかった。というのも、彼は少なくとも植物の面白さを実感していたからである。

★ペトラルカ　↓一三〇頁参照

★ジャック・ド・ヴィトリ（一一六〇／七〇～一二四〇）
フランスの神学者、アッコン司教、枢機卿。パリ大学で学び、聖職者となる。フランス及びドイツ各地で異端撲滅のためのアルビジョワ十字軍を呼びかけた。

近代精神の先駆者たち

フリードリヒ二世、ロジャー・ベーコン、アルベルトゥス・マグヌス

ひとりの人間にある時代精神の全体像をみるのは、いつものことながら興味深いものがある。ホーエンシュタウフェン家のフリードリヒ二世★は、そうした人物のひとりであった。シチリア王にして、のちにドイツ皇帝となったフリードリヒは、「世界の驚異にしてすばらしい改革者」であった。

シチリアでは、ローマ・カトリック教会の信徒がギリシア正教会の信徒に混じって祈りをささげ、イスラム寺院やユダヤ教会では、アラビア語の銘文や旧約・新約聖書の章句が古代ギリシアの祈禱文と混在していた。キリスト教の教会では、古典古代の列柱がムーア風のアーチを支え、ビザンティン様式のモザイク画が描かれていた。シチリアにいたフリードリヒ二世はアラブ人の自由思想家イブン・サブイーン★と書簡を交わし、哲学の問題について議論した。また同じように書簡を通じて、スペイン系ユダヤ人のコヘン・ベン・サロモンと幾何学の定理について議論を交わした。フリードリヒは翻訳活動をおおいに推奨した立役者であった。彼自身、ラテン語、ギリシア語、プロヴァンス語、フランス語、イタリア語、そしておそらくはドイツ語も自由自在に操った。彼はイタリア語の方言で詩歌を詠んだ最初の人で、そのためダンテ★はフリードリヒのことをイタリア詩学の父と呼び、その栄誉を称えた。

★フリードリヒ二世（一一九四～一二五〇）
神聖ローマ皇帝（在位一二一五～五〇）、シチリア王としてはフェデリーコ一世（在位一一九七～一二五〇）。当代随一の幅広い学識の持ち主であるところから、「世界の驚異」と呼ばれた。鷹狩りを好み、みずからの観察も加えて、『鷹狩りの技法』を著す。本書は鷹狩りや鷹の飼育に関する最初の書といわれる。

★イブン・サブイーン（一二一七～六九）
スペインの神秘主義者、哲学者。

★ダンテ（一二六五～一三二一）
イタリアの詩人。フィレンツェに生まれ、ボローニャ大学で修辞学を学ぶ。代表作『神曲』のほか、『帝政論』『俗語論』などを著す。俗語を尊重し、ラテン語ではなく、母国語であるイタリア語で詩作をおこなった。

フリードリヒ二世は、ルネサンスよりもはるかに前の時代にあって、最初の近代人と呼ばれている。彼の知的好奇心や詮索好きは、じつに斬新なものであった。その唯一確固たる成果が鷹狩りに関する小冊子であることは明白である。鷹狩りについては、ありとあらゆる情報を収集し、専門家に助言を求め、実見にもとづいて驚くほど詳細な知見をつけ加えた。フリードリヒは権威書なるものをあてにしていなかった。その証拠に、アリストテレスを引用してはいるものの、まったく評価していない。また、熱鉄と冷水による神判★を否認した。「なぜならば、それは自然の理を無視し、真実に資することがないからである。」ある時、害虫の疫病が発生した。すると、フリードリヒは教会の行列祈禱式をやめるよう指示し、それに代わって各人が日の出前に家から外に出て、害虫を一人当たり四袋分集めるように命じた。それを怠った場合は、過重な罰金が科せられた。集められた害虫は宣誓した役人に手渡され、焼き払われることになっていた。またある時、アグノー★にいたフリードリヒのもとに三人の子供の遺体が運ばれてきた。申し立てによれば、過ぎ越しの祭りに際してユダヤ人たちによって殺害されたのである。だが、フリードリヒはそれらのユダヤ人を処罰しなかった。「なぜならば、きわめて経験豊富で学識ある者たちの意見をきいても、そのユダヤ人たちが過ぎ越しの祭りのためにキリスト教徒の血を必要としていた事実が裏づけられなかったからである。」

　フリードリヒの同時代人によれば、フリードリヒは、世界は三人の詐欺師、すなわちモーゼ、キリスト、ムハンマドによってだまされたとか、聖母マリアの処女受胎は無意味であると言ったとされているが、真相は不明である。いずれにせよ、彼には不可解な面があったこともたしかで、自分の娘をエッチェリーノ・ダ・ロマーノ★と結婚させた。エッチェリー

★熱鉄と冷水による神判
熱鉄神判では、熱した鉄を持って数歩歩き、火傷の具合で有罪か無罪を判断する。火傷をしていたら有罪とされた。冷水神判では、身体を縛って水の中に降ろし、沈むかどうかで判断する。浮いたら有罪とされた。沈んだ場合は、神によって受けいれられたとみなされ、無罪となった。

★アグノー
フランス北東部、アルザス地方の町。ストラスブールの北およそ三十五キロメートルに位置する。

★エッチェリーノ・ダ・ロマーノ
（一一九四〜一二五九）
北イタリア最大の皇帝派領主。領地ベローナを拠点に教皇派と争いを繰りひろげた。ダンテの『神曲』地獄編にも登場する。

ノは凶暴で節操のない男で、単に権力欲に目がくらんで人殺しをはたらき、有罪になった人物なのである。

この間、教会はますます世俗化し、と同時にきわめて偏狭になった。一一九九年には俗人が聖書を読むことを禁じられ、一二二九年には異端審問官が残酷な仕事に着手し始めた。イングランドとフランスでは反ローマ・カトリック教会の気運が高まりつつあった。

フリードリヒ二世の同時代人には、イングランドではロジャー・ベーコン★、ドイツではアルベルトゥス・マグヌス★がいた。

フランシスコ会修道士のロジャー・ベーコンは拡大鏡や爆薬を考案した。爆薬はあきらかに火薬とほぼ同じものであった。彼は自然科学に数学的な原理を適用した最初の人物で、自然ならびにギリシア哲学への回帰を提唱し、迷信や憶測にもとづく学問を一掃することを望んでいた。だが、彼の自然観察は疑わしいものであった。ベーコンは魔術をおこなったかどで告発され、再三にわたり投獄された。彼の書いたものはフランシスコ教団の上層部によって発禁処分となり、一七三三年までふたたび明るみに出ることはなかった。ドイツの植物史家メイヤーは、無念そうに「ベーコンの死とともに、彼の科学は流星のごとく消え去った」と述べている。

これとは対照的に、アルベルトゥス・マグヌスの生涯はおとぎ話のようである。動物学、鉱物学、とりわけ植物学にその名を刻んだこの学者はたいそう背が低く、あるとき教皇は彼が立っているにもかかわらず、ひざまずいていると思い込み、立ち上がるよう命じたほどであった。彼のフルネームはボルシュテット伯爵のアルベルトで、当時まだ創立されて

★ロジャー・ベーコン（一二一四頃～九二頃）
フランチェスコ会修道士、哲学者。言語学、数学、実験科学の研究に従事し、オクスフォード大学とパリ大学で教鞭をとった。理論のみならず、経験知や実験科学を重視したところから、近代科学の先駆者といわれる。

★アルベルトゥス・マグヌス（一二〇〇頃～八〇）
ドミニコ会修道士、神学者。神学のみならず自然科学全般に精通し、その博学ぶりから「百科博士」または「普遍博士」と尊称される。パリ大学などで教鞭をとり、管区長や司教にも任じられた。アリストテレスの全著作の註釈を行い、実証的な批判もおこなった。中世で最も多作な学者といわれる。

まもないパドヴァ大学の学生だった頃に、進取の気性を発揮した。鷹の行動を観察したフリードリヒ二世と同じように、アルベルトゥスも人間精神の外側にある事物に関心を抱いた。彼は地震についてとりあげ、二人の人間が井戸で窒息死し、三人目の人間は引っ張り出されたものの、意識不明の状態であった様子を記している。

アルベルトゥス・マグヌスはケルンでドミニコ教団の一員となり、後年たびたびケルンにもどって来た。彼は教会の最高の名誉を辞退し、あらゆるもの、すなわち動物、石、とりわけ植物を観察しながら、徒歩でドイツ、フランス、イタリアを旅行した。この修道士は、だれもが生きるために他人を殺害していた時代に、ドイツの森を歩きまわり、花を摘んでいたのである。

若い頃、アルベルトゥス・マグヌスはケルン、ヒルデスハイム、フライブルク、レーゲンスブルク、ストラスブルクで教鞭をとった。一二四五年にパリに移り住むと、トマス・アクィナスが彼の弟子になった。教団の管区長として、みずから管区内の修道院を巡察するのが彼の義務であり、バイエルン★からブラバント★まで旅をした。ドミニコ教団に属する各地の修道院が生活必需品を提供したが、アルベルトゥスはきわめて厳格に清貧の誓いをまもり、滞在先で執筆した書き物もそれぞれの修道院に残したほどであった。再三再四、名誉ある仕事を任されたが、アルベルトゥス自身はそれを望まなかった。そのひとつは、ドミニコ会およびフランシスコ会とパリ大学との間の内紛を調停するというものであった。托鉢修道会士たちが教育の自由を要求したのに対して、パリ大学は教育の独占を主張した。ローマで神学の講義をおこなったあと、アルベルトゥスは教皇によってポーランドに派遣された。畸形児や衰弱した老人を殺害し、ときには食べてしまうという野蛮な風習

★バイエルン
ドイツ南部の州で、州都はミュンヘン。州の中央を西から東へドナウ川が貫流している。中世にはバイエルン大公国が設けられ、一八〇六年の神聖ローマ帝国滅亡まで南ドイツの主要な連邦として重要な位置を占めていた。英語名はババリア。

★ブラバント
ベルギーの中部及び北部からオランダ南部にかけての地方。中世には神聖ローマ帝国の最西部に位置する領邦、ブラバント公領を形成した。

をやめさせるためであった。人食いの風習は飢饉が頻発したときに繰り返された。その事例はボヘミア、シレジア、リヴォニアから報告されているほか、一三一四年という遅い時期にイングランドからも報告があがっている。いまや六十七歳になっていたアルベルトゥスは、安楽な余生を願っていた。だが、ケルンの独居室にもどるや否や、教皇は彼をレーゲンスブルクの司教に任命した。清貧の誓いは免じられたが、アルベルトゥスは修道士の衣をまとったまま徒歩で旅を続け、司教の祭服はラバで運んだ。そして三年後に司教職を辞した。彼がおこなった最後の仕事は、パリに赴き、いまは亡き愛弟子トマス・アクィナスの唱えた信仰の正当性を擁護することであった。最終的にはケルンにもどり、一二八〇年に八十七歳でこの世を去った。

アルベルトゥス・マグヌスは、長い生涯の間に当時の神学的、哲学的象徴主義に従って、ケルン大聖堂を設計したほか、ドミニコ会の教会の聖歌隊席を建て、七巻からなる書物『植物について』を公刊した。彼自身、自分の著作はアリストテレスのものを推敲したにすぎないと考えていたが、実際にはアラブ世界の偉大な学者アヴィケンナからじつに多くのものを継承していたのである。

アルベルトゥスは、他人と対立するということがなかった。彼は一つひとつの植物に栄光に包まれた神の被造物をみていた。アルベルトゥスはヨーロッパの植生を詳細に記した最初の人物であった。葉脈と葉の幾何学的な模様を最初に描写したのも彼であった。アルベルトゥスは植物の生育の諸条件を調べ、栽培においてもっとも重要なのは、滋養物を増やすことであることを観察によってつきとめた。彼が観察した原理は農業に関する著作全般の基礎になった。

右：ローザ・カニナ
左：ローザ・ケンティフォリア
（W. ウッドヴィル『メディカル・ボタニー』1793 年）

それらの著作を読むと、十八世紀半ばまでは、いやしくも博識といえる人はごくわずかであったという事実に驚かされる。しかも、その人たちですら、ほとんど何も知らなかったのである。アルベルトゥスはわずか四種類のバラ、すなわちカニナ種、ケンティフォリア種、アルウェンシス種、ルビギノサ種しか挙げていない。

アルベルトゥスによれば、庭園は「ウィリダンティア」あるいは「ウィリダリア」、すなわち「緑の愉悦の庭」と呼ばれていた。「なぜなら、それらはとりわけ二つの感覚、すなわち視覚と臭覚に作用するからである。」アルベルトゥスの文言は、三百年後にほとんど一字一句フランシス・ベーコンによって繰り返された。「きれいに刈り込まれている緑の草地ほど目に心地よいものはない。」アルベルトゥスは新しい芝生の設計の仕方についてあれこれ指南しているが、それはいまでも通用する。すなわち、彼は広々とした芝生は花と木々で囲まれるべきであるといい、「可能であれば、清々しい石造りの噴泉を中央にしつらえるとよい。なぜならば、その清浄さは大いなる歓びをもたらすからである」と述べている。

当時の知的生活がすぐれて私的なものであったことには驚くばかりであるが、それが各人の人生の偶然によってかなり左右されていたということも驚きである。たとえば、トマス・アクィナスの思想が東ドイツに伝わるまでに二百年の歳月が経過している。しかも、それは一四八一年に、ケルンの二人の学者がたまたまグライフスヴァルト大学を訪れたことがきっかけだったのである。

右：ローザ・アルウェンシス
(『カーティス・ボタニカル・マガジン』1819年)
左：ローザ・ルビギノサ
(J.E. サワビー『イングリッシュ・ボタニー』第3版／1864年)

ルネサンスの英知

ヨーロッパにはすでに大学ができていた。最初の大図書館は、大学誕生から二百年後にできた。ローマ教皇ニコラウス五世はまだ修道士であった頃、写本を購入するために借金を抱え込んだが、一四五一年に亡くなったときには、九千冊の蔵書が残された。この蔵書をもとにヴァチカン図書館が創設された。ヴェネチアのサンマルコ図書館はギリシア人の枢機卿ベッサリオンによって創設された。彼は六百点のギリシア語写本を持参した。その結果、ギリシアは解放後にふたたびそれらの文献をとりもどすことになった。

一三〇〇年頃からイタリアでは古写本の収集がひとつの趣味として流行した。二人の詩人ペトラルカ（一三〇四〜七四）とボッカチオ（一三一三〜七五）は、数多くの写本を収集したが、これは納得がいく。ペトラルカは現世をこよなく愛し、古代の異教的世界に心酔していた。彼はパルマ、ヴォークリューズ、アルクァ★にそれぞれ庭を持っていたが、それらは今日でも見学できる。どの庭も園路にはブドウの木陰ができていて、バラで縁取りされていた。芝生の中央には大理石の彫像か噴水が置かれ、歌や踊りに疲れた客人たちはテーブルに招かれては椅子に腰をおろし、冷たい飲み物を口にしながら休憩した。訪問者は花で覆われた開廊に招き入れられた。このような庭はボッカチオの『デカメロン』にも描かれているように、社交の場であった。

★パルマ／ヴォークリューズ／アルクァ
パルマはイタリア北部にあるパルマ県の県都。ヴォークリューズは南仏プロヴァンス地方の県。ペトラルカは若い頃、湧水池で有名なフォンテーヌ・ド・ヴォークリューズ村で隠遁生活をおくっていた。アルクァはイタリア北東部の町で、ペトラルカは晩年をここで過ごした。これに因んで、十九世紀に町はアルクァ・ペトラルカと改称されている。

アルクァ・ペトラルカに現存する、ペトラルカ晩年の邸宅

ペトラルカは次のように書いている。「その当時は、よくちょっと遠くまで旅に出て、かなたに古い修道院が見えてくるといつも足をとめ、ひとりでつぶやいたものだった。あの修道院に私が欲しいものなど何もないとだれが断言できようか、と。二十五歳頃のこと、私はベルギーからスイスに行く途中、リエージュに立ち寄った。そして、そこに写本が山ほどあるのを知り、同伴者を説得して、しばらく滞在することにした。その間にキケロの演説集のうちのひとつを友人に筆写してもらい、もうひとつは自分で書き写した。のちに筆写した演説集はどちらもイタリアで回覧した。笑われるかもしれないが、このれっきとした、しかし文明の未発達な町では、インクの入手がはなはだ困難で、サフランのように黄色いインクしか手に入らないのである。」

ペトラルカはこうした書物に対する比類のない、そして抑えきれない熱情を弟に手紙で伝え、エトルリア地方の各修道院に眠っている写本をさがすために専門家を派遣してくれるよう頼んだ。ペトラルカの他の友人たちは、彼のためにイギリス、フランス、スペインで写本を渉猟した。ペトラルカ自身が書いていることであるが、彼が特に欲しかったのはキケロの写本で、そのために遠方のギリシアまで送金したほどである。ところが、彼が受け取ったのはホメロスの写しで、キケロのそれではなかった。ホメロスの写本はビザンティン宮廷にいた貴族から入手し、すでに自費でラテン語に翻訳していた。ペトラルカはすぐにその貴族に手紙を書き、ヘシオドス★とエウリピデス★の写本を送ってくれるよう依頼した。ボッカチオは多数のギリシア人作家が書いたものを自分で筆写した。ペトラルカもボッカチオも学者、貿易商人、君主らを説得して、古写本の収集につとめた。ふ

★ヘシオドス（前七〇〇頃）
中部ギリシア、ボイオティア地方の叙事詩人。自ら農業を営むかたわら、詩作にはげんだ。『労働と日々』では、農事や勤労の尊さをうたっている。

★エウリピデス（前四八三頃〜前四〇七頃）
ギリシアの悲劇詩人。アイスキュロス、ソフォクレスとならんで古代ギリシアの三大悲劇詩人とよばれる。作品に『トロイアの女たち』や『王女メディア』がある。

ボッカチオ『デカメロン』の挿絵
（1470 年頃の写本／フランス国立図書館蔵）

たりの熱意は感染した。裕福な人びとは学識者を遠方の国ぐにに派遣し、写本を購入するか、さもなければそれを筆写させたのである。

こうしたことが進行している間に、大きな破局が訪れた。メフメット二世★がビザンティン帝国を征服したのである。まず、古来の慣習にしたがって白いバラの花輪をかぶって行進していた人びとの大虐殺がおこなわれた。次いで、三百年前にサラディンが岩のドームをバラ水で清掃させたのとまったく同じように、メフメットは聖ソフィア寺院をバラ水できれいに清掃させた。

祖国に残ったのは、コンスタンティノープルに暮らす一般庶民で、彼らはギリシア風の白いバラの花輪をかぶっていた。ごたぶんにもれず、裕福で教養のある人びとは、他の土地に移住した。そうした移住者の潜在能力を最初に見抜いたのも、これまたよくあるように、異国の最もすぐれた洞察力をもっていた人びとであった。ボッカチオはギリシア語の講座を大学に開設するようフィレンツェ市民を説得した。軽蔑されていたビザンティン帝国民は、豊かな知的生活をかきたてるのに十分な活力をいまだ失っていなかった。こうして、ギリシア人はふたたび西方世界を征服したのである。

印刷術の発明は、時宜にかなったものであった。当初、それは書斎にみごとな手稿本を所蔵していた収集家から、あまり歓迎されなかった。ウルビーノ公は、印刷本を書架に置くのは恥であると公言してはばからなかった。

ギリシアの学者でもっとも傑出した人物のひとりはテオドルス・ガザ（一三九八〜一四七八）であった。彼は一四三〇年、トルコ軍が生まれ故郷のテサロニキを占領したときに、町から逃走した。その後長い間、各地を転々と放浪し、ついにシチリア経由でイタ

★メフメット二世（一四三二〜八一）
オスマン帝国第七代スルタン（在位一四四四〜四六、一四五一〜八一）。一四五三年、コンスタンティノープルを陥落させ、東ローマ帝国を滅ぼした。コンスタンティノープルをイスタンブールと改称し、トプカプ宮殿を造営。対外的には、領土をバルカン半島、黒海北岸などに広げ、オスマン帝国の版図を大幅に拡大させた。「征服帝」の異名をもつ。

リアに入った。ギリシア移民が生計をたてるためにできる最良のことは、ギリシア語を教えることであると悟った。だが、その前にラテン語を学ぶ必要があった。それから三年後、彼はラテン語で流暢に演説をこなした。ミラノ、パヴィア、フェラーラなど、イタリア各地から仕事の依頼が舞い込んできた。彼はフェラーラに居を定め、そこでギリシア語を教えた。その後、教皇ニコラウス五世が彼をローマに招聘し、テオフラストスとアリストテレスの著作をラテン語に翻訳してくれるよう依頼した。その報酬はカラブリア★で贅沢な暮らしができるほどであったが、不誠実きわまりない役人どもにだまされ、財産を巻き上げられてしまった。ガザは教皇シクストゥス四世のためにアリストテレスの『動物誌』を翻訳したが、教皇の扱いは卑劣きわまりないものであった。というのも、齢《よわい》七十をこえていたガザがその訳書を教皇に手渡したとき、教皇が差し出した報酬はわずか五十スクードにすぎなかったからである。ガザはその五十スクードをティベル川に投げ捨て、ローマを去り、フェラーラにもどった。フェラーラで一四七六年か七七年、すなわちガザが亡くなるほんの少し前に、ドイツの植物学者ルドルフ・アグリコラ★はアリストテレスの著作に関する講義をガザから受けたのである。

★カラブリア
イタリア半島の先端部にある州。イタリア半島はしばしば長靴に喩えられるが、その爪先にあたる。

★ルドルフ・アグリコラ（一四四三～八五）
ドイツの初期ルネサンスを代表する人文主義者。ハイデルベルク教授。豊かな学識、語学の才、人柄の良さから多くの友人に影響を与えたが、そのなかにはエラスムスやメランヒトンもいた。

ルネサンス庭園

［口絵10・11］

いまやふたたび美の観念が生活のなかで見なおされ、重要になった。すなわち、美しい人体、古典的な列柱様式、ローマ人の庭園がイタリアで再現したのである。

ピエトロ・デ・クレッツェンツィ★はアルベルトゥス・マグヌスの農業に関する根本原理をヨーロッパ中にひろめ、庭園に関する助言を与えた。庶民には、芝生をバラの生垣や果樹で囲み、ところどころブドウの木を配置することを勧めた。富裕な人びとには、広さ約八・一ヘクタールの庭園を勧め、周囲を壁で囲み、動物を放し飼いにする雑木林や養魚池をつくり、大きな鳥の檻を設置するよう助言した。木々は邸宅から動物が見えるように植え込み、整枝した生垣と塔のように高い刈り込み装飾樹も配するよう勧めた。数世紀後、一六〇〇年頃にフランシス・ベーコンはこれと比較できる規模の庭園を考えた。すなわち、「事実、王侯にふさわしい庭園についていえば、約十二・一ヘクタールを下らない広さを有しているのがよい」。

建築家アルベルティ★がフィレンツェにあるルチェッライ邸のために設計した庭園は、最古のルネサンス庭園のひとつに数えられる。ルチェッライ家は貴族の家柄ではなく、フリードリヒという名のドイツ人の子孫にあたる。先祖のフリードリヒは東方から染料の原料となるリトマスゴケを輸入し、それで財を成した人物であった。ジョヴァンニ・ルチェッラ

★ピエトロ・デ・クレッツェンツィ（一二三五〜一三二〇）
地主、判事。ボローニャ大学で論理学、医学、法学などを学ぶ。ボローニャ近郊に暮らし、現代風にいえば、田舎暮らしに興じていた。その著『田舎暮らしの利得』（一三〇六〜〇九年）は農事全般に関する実用書で、十八世紀に至るまで権威をもっていた。農業・園芸・養蜂・狩猟など幅広いテーマを扱っている。

★レオン・バッティスタ・アルベルティ（一四〇四〜七二）
初期ルネサンスの人文主義者、建築家、建築理論家。建築のみならず、法学、数学、演劇、古典学、詩作、絵画、彫刻、音楽など、多方面に才能を発揮した。運動競技にも秀でており、最初の「万能人」の典型といわれる。

イは、一四五九年にクアラッキ荘《ヴィラ・クアラッキ》と呼ばれる自邸に関する詳細な記述を残している。庭園には常緑樹のオークとハシバミでできたつる棚が三つあった。庭園の主要な植物はギンバイカ、ツタ、ツゲ、レモンの木、ビャクシン、ブドウで、生垣はバラでできていた。素焼きの大きな鉢はたくさんの花で満たされており、園路はすべてツゲで縁取りされていた。庭園の施主の名前もツゲで刈り込まれていた。庭園の一角には、五段に刈り込まれたツゲの木が立っていた。これですべてというわけではなかった。刈り込み装飾樹《トピアリー》は、文字通り、狂喜乱舞の観があった。巨人、ケンタウルス、普通の船、ガレオン船、神殿、多種多様な獣がツゲを刈り込んでつくられていた。その一部は生垣の上に載った形で刈り込まれ、他のものは台座なしで立っていた。人工の仕掛けとして螺旋状の築山がつくられてあり、全体がヒメツルニチニチソウで覆われていた。そこには園路が八つあり、うねうねと頂上へ続いていた。

後期のルネサンス庭園では、人工洞窟に源を発する小川が庭園をあまねく蛇行し、疎水が階段から滝のように流れ落ち、噴水からは天空に向かって勢いよく水が吹き上げた。そして、たくさんのローマ風彫像や花壺が遊歩道を飾った。アルベルティの庭園理論はプリニウスのそれに近かった。

一四九五年、フランスのシャルル八世★がナポリに侵攻した際、王はこう述べた。「余がこの町でどんな庭園を目のあたりにしたか、だれも想像がつくまい。庭

装飾的な庭のデザイン（ハンス・フレーデマン・デ・フリース画／1576年／フィッツウィリアム美術館蔵）

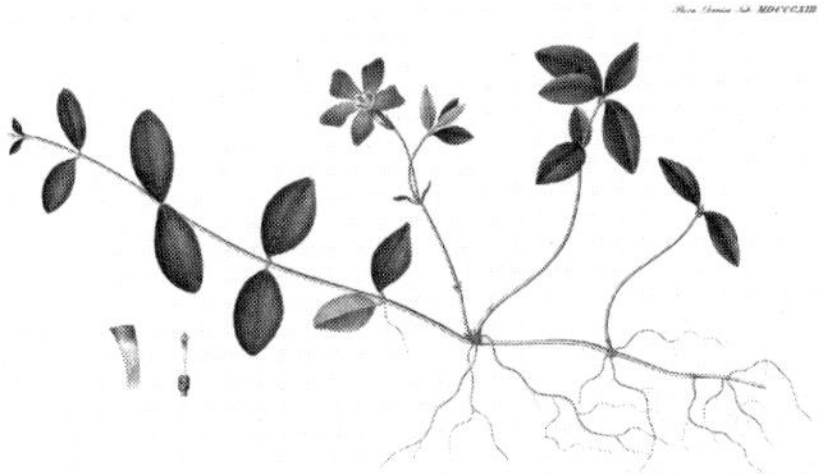

ヒメツルニチニチソウ
（『デンマーク植物誌』1761-1883年）

★シャルル八世（一四七〇～九八）
ヴァロワ朝第七代目のフランス王（在位一四八三～九八）。イタリア半島の掌握をめざし、イタリアに最初に軍事侵攻をおこなった。最終的には、神聖ローマ帝国及びスペインの援助を受けたイタリア諸侯の激しい抵抗に遭遇し、フランス軍は撃退された。

園を楽園に変えるには、アダムとイヴさえいればよいであろう。それほどまでに、この町の庭園は珍奇で美しいものに満ちあふれている。」

まさにこれはフランス・ルネサンスの誕生であった。シャルル八世はロワール河畔のアンボワーズにもどる際、絨毯、書物、絵画、大理石と斑岩でできた彫像など総重量八十七トンにも及ぶ品物を持ち帰った。さらにイタリア人の芸術家を二十二名連れて帰ったが、彼らがフランス建築に古典古代の息吹を吹き込んだのである。シャルルはまたナポリの庭師パセロ・ダ・メルグリアーノ★を雇った。フランスの建築家は次々とイタリアに留学した。フォンテーヌブロー、シャンボール、ルーブルの城館では庭園が設計された。それらの庭を構成する各部分は互いに独立しており、城館とも連結していない。

あらゆる国がイタリア様式の庭園をとりいれた。花壇には背の低い常緑樹で複雑な幾何学模様がびっしりと描かれ、隙間には砂や玉石が敷き詰められた。この庭園様式は二百年間続いた。

イタリアでは個人の庭園にはできるだけ多くの植物が植えられた。庭の所有者は各種のバラでできた生垣をつくり、種類の異なるブドウを採集し、大きな菜園を耕した。いまや、植物のもつ薬用的価値や滋養的価値はまったく別として、植物そのものが関心の的になったのである。

迷路が人気を博し、ミノタウロスの迷宮★を模したものがつくられた。

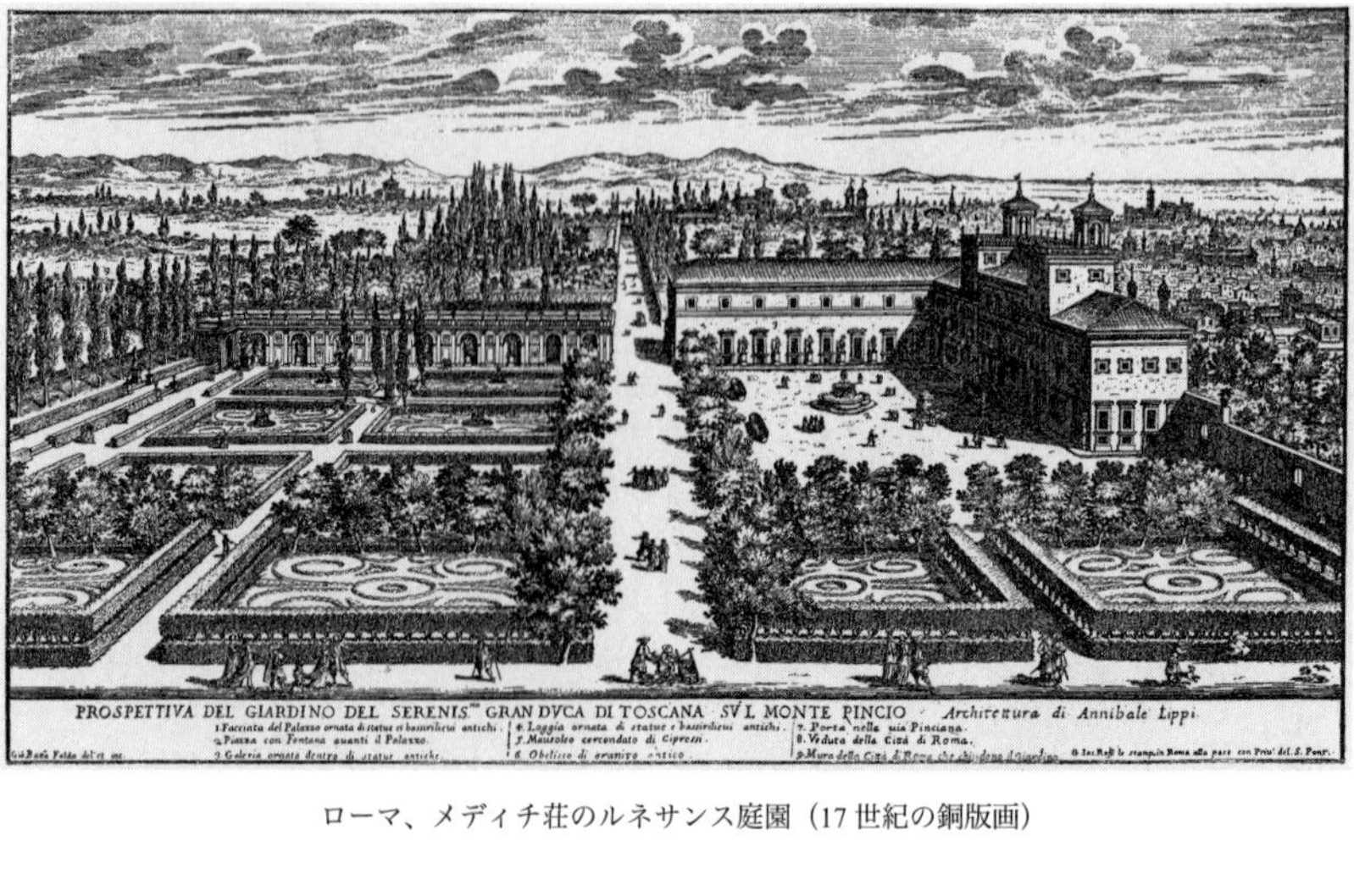

ローマ、メディチ荘のルネサンス庭園（17 世紀の銅版画）

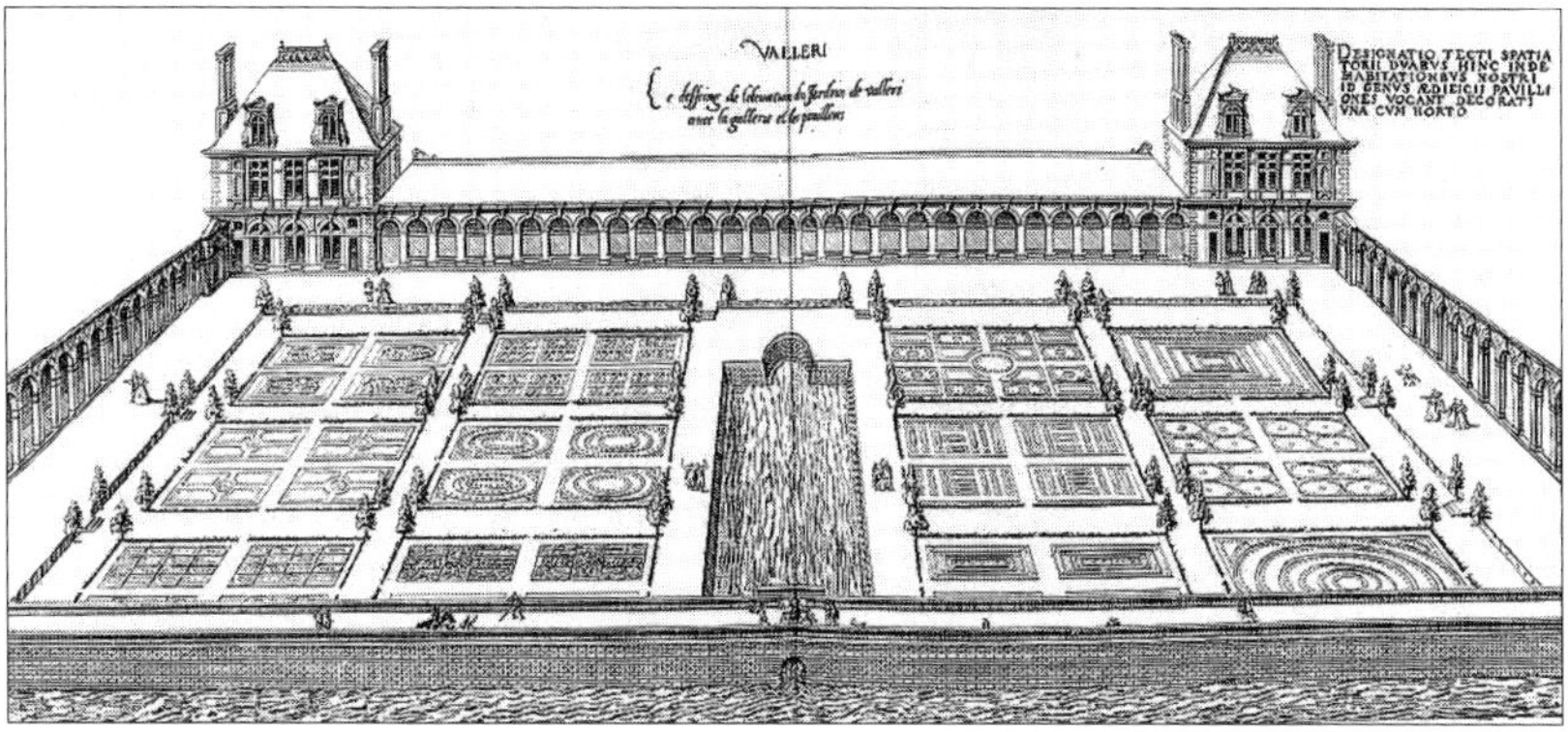

フランスのルネサンス庭園
（フォンテーヌブロー近郊ヴァレリー城／16世紀の銅版画）

アドリアネ★は赤い糸を使ってミノタウロスの迷宮からテセウスを連れ出したといわれ、その迷宮はクレタ島のひじょうに古い貨幣にも打刻されている。ヨーロッパのいたるところで、迷宮は当初バラの生垣でつくられたが、のちにはバラに代わってイチイの木が使われるようになった。イギリスでは芝生を刈って迷路をつくるという奇妙な習慣があったが、全体としてみれば、のちの庭園大国イギリスも当時はかなり後進国だったのである。

★パセロ・ダ・メルグリアーノ（一四五五頃～一五三四）
ナポリの聖職者、庭師。イタリアに侵攻したフランス王シャルル八世によって芸術家たちとともにフランスに連れ帰られ、アンボワーズ城の庭づくりを手がける。アンボワーズの庭はフランス最初のイタリア式庭園である。

★ミノタウロスの迷宮
ミノタウロスはギリシア神話に登場する半獣半人の怪物で、迷宮に棲んでいるといわれた。クレタ島にあるクノッソス宮殿が、この迷宮にあたるとされている。

★アドリアネ
ギリシア神話で、クレタ島のミノア王の娘。

迷路のある庭園（17世紀の銅版画）

ヴェルサイユ宮殿の迷路の設計図（1677年）。この迷路は1774年に取り壊された。

ルネサンス期の植物発見者

ボック、フックス、ブルンフェルス

［口絵12］

いまや花は薬用的な特性や食用価値、あるいは魔術的な効果のためではなく、花そのもののために栽培された。

すべてが苦労して筆写されなければならい時代は過ぎ去った。活版印刷の時代が始まったのである。ガザのテオフラストスの翻訳はラテン語版が八回、イタリア語版が一回版を重ねた。プリニウスはさらに人気が高かった。一四六九〜一六〇〇年の間に、彼の著作はラテン語版で二十一回、イタリア語、フランス語、およびドイツ語版でそれぞれ十二回版を重ねた。アラブ本草学の典拠であったディオスコリデスの著作は、ラテン語およびギリシア語で三十版まで刊行され、幾度となく翻訳・改訂された。これらの著作は十七世紀まで植物学者や薬剤師の唯一の権威書となっていた。

印刷術は一四四〇年にドイツで考案されており、植物学の分野では、ルネサンスの影響はブルンフェルス、ボック、フックスの本草書にみてとれる。これらの人物は、いまでは忘れ去られたドイツの数多くの人文主義者たちのグループに属していた。彼らは生きた植物を注視し、それを権威ある古典の叙述と比較し、十六世紀の偉大な木版画技術で再現した。新たな世代がルネサンスの奇跡を植物学の領域で実現させたのである。彼らは数からいえば少数で、それぞれ性格も異なっていたが、アリストテレスやテオフラストスが二千年前にやめていたところから、研究を開始した。

著名な人名を挙げれば、ドイツではボック、フックス、ブルンフェルス、イギリスではターナー、イタリアではマッティオリ、低地諸国ではドドエンス（ドドネウス）、レクリューズ、ローベル、スイスではゲスナー、ボーアン兄弟である。これらの人びとが仕事をしていた時代、すなわち一五三〇〜一六一〇年の短期間に六千種の植物が知られるようになっていた。この八十年の間に、これらヨーロッパの著名な学者たちはロンドン、ウィーン、プラハ、ニュルンベルク、モンペリエ、パリ、ゴリツィア★で研究に従事し、この地球上でもっとも無用な生物に愛情をそそぎ、新たな世界を発見した。つまり、これまでは想像もつかなかった多様性と美しさをもった花を、人間のよろこびに資するようにしたのである。それでも、彼らは自分たちが発見した花と古代に知られていた花を結びつけ、みずからの著作をディオスコリデスやテオフラストスの著作のいわば補遺とみなしていた。

新しい書物の最初のもの、すなわち『ドイツ本草』は一四八五年にフランクフルト・アム・マインで出版された。それは医師のヨハン・フォン・クーベ博士によって裕福な素人のために編纂された。その過程で、クーベは当時の通説に反して、必ずしも古代の権威書に記されているすべての花がライン河岸に生育しているわけではないことをつきとめた。そこで彼は東地中海、古代世界へ、途方もなく難儀な旅に出た。「私がすでに着手していた高貴な仕事が徒労に終わらないように、また私の旅がひとり私自身のためでなく、全世界のためになるように、思慮深く、すぐれた技能をもった腕利きの画家

★ゴリツィア
イタリア北東部、スロベニアとの国境沿いに位置する町。

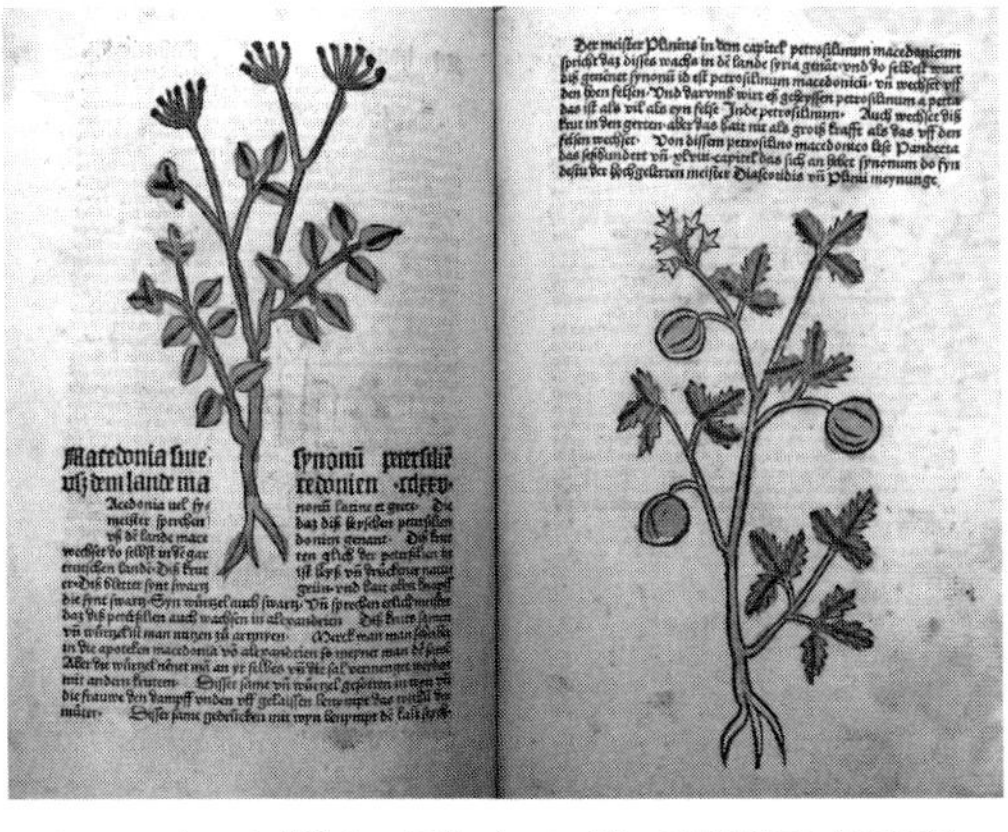

フォン・クーベ『ドイツ本草』（1485年）の見開き頁（個人蔵）

を同伴した。」ふたりはイタリア、バルカン半島諸国、クレタ島、ロドス島、キプロス島を経由してエルサレムまで旅をした。その後、よくあるように迂回してシナイ山を訪れ、カイロ、アレクサンドリア経由でフランクフルトにもどった。

ヒエロニムス・ボック、オットー・ブルンフェルス、レオンハルト・フックスの三人は全員、一五〇〇年頃に南ドイツに生まれた。ボックとブルンフェルスはつつましい家庭に生をうけた神童で、ふたりとも修道院に送られるはずであった。ところが、一五一七年、ルターがヴィッテンベルクの万聖人教会の扉に九十五か条の論題を打ちつけた。新しい大きな運動が始まると、二十歳前後の若者は、それに飛びつくものである。こうしてボック、ブルンフェルス、そしてフックスも熱心なプロテスタントになった。プロテスタントの両親はわが子をカトリックの修道院付属学校には入学させたくなかったので、急遽プロテスタントの学校が創設される必要があった。フックス、ボック、ブルンフェルスは大学ではみな医学を修め、学校の教師になった。ボックはプファルツ伯が所有していた庭園の管理人の職も得たが、長じて、牧師になった。彼は医師としての経験が豊富で、植物採集もおこなった。なんと幸せな人生であろうか！　しかし、本心はプロテスタント信者であったプファルツ伯は、自分の信仰に従って行動する勇気をもちあわせていなかった。そのためボックはすべてをなげうって、移住した。純粋なキリスト教の教理を否認する気は毛頭なかったのである。当時のドイツ人の多くがそうであったように、ボックも逃亡と貧困の途をえらんだ。結局、ナッサウ伯が彼を宮廷に招聘した。というのも、ボックはかつて重い病にかかった伯を治してあげたことがあったからである。ボックの『新本草』は一五三九年に公刊され、八回版を重ねた。彼は実直な人柄で、真の信仰を告白しなかったプファルツ伯に寄食

ボック46歳の肖像
(『新本草』1556年版)

ブルンフェルスの肖像

するのを潔しとせず、貧苦をえらんだほどである。それだけではなく、自分の著書にも同じように完璧さをもとめ、自分の眼で確かめた植物でなければ、決して本草書に載せなかった。彼は八百種の植物を記述し、あらゆる時代の植物収集家のなかで最も多忙な収集家のひとりとなった。彼の本草書は次の一文で始まっている。「読むべき書物をすべて読んだあとで明らかなのは、全能の神にして創造主は第一級の庭師であり、あらゆる薬草の栽培者にして耕作者であり、将来にわたってもそうあり続けるであろうということだ。というのも、人間が創られる前に、あらゆる植物が固有の美しさ、独特の風味、効力、効能を備えて土から生え出で、神によって必要なものを授けられ、必要に応じて分布されたからである。」ボックは神が最初の植物学者で、次がアダム、そのあと順番にカイン、ノア、カルデア人、エジプト人、そしてギリシア人がくると述べた。オウィディウスによれば、ギリシア人のなかではアポロが第一級の植物学者であった。ボックにいわせれば、最初の植物は刺毛の多いイラクサであった。「なぜならば、イラクサは好んで生垣の背後に生育するが、ひじょうに清潔好きなため、だれもイラクサを汚《けが》そうとは思わないからである。」

ボック『新本草』（1546 年版）の見開き頁
（ザクセン＝アンハルト州立図書館蔵）

レオンハルト・フックス（フクシアの名称は彼にちなむ）は、アンスバッハ辺境伯の侍医となった。そして辺境伯の領地で蔓延した疫病とたたかい、それを克服した。しかしながら、後年、彼は医師であったにもかかわらず、疫病の治療を避けるようになった。ピサ大学やデンマークからも招聘を受けたが、それを断り、テュービンゲンにとどまった。そこで本草書『植物誌』をドイツ語とラテン語の両言語で執筆した。本書も本質的にはディオスコリデスをもとにしていた。一五四五年にはフランス語に翻訳され、今日でいうところのベストセラーになった。フックスはキツネノテブクロの存在をつきとめ、それにジギタリスと命名した最初の学者であった。拡大・増補されたフックスの本草書の新版には、あらたに千五百種の植物が加わっているが、未刊行のままであった。引き受けてくれる出版者がいなかったのである。そこでフックスは自著を売りさばこうと大法螺を吹き、自分のことを「高名で、幾度も翻訳された著者」と自慢げに詐称し、端的にいえば、出版経験のない著者がやりかねない愚行の限りを尽くしたのである。彼は相手かまわず手紙を書き、自著は「ひじょうにすぐれた、驚嘆すべき傑作」であると吹聴した。手紙の受取人のなかには彼の後援者であるプロイセン公アルブレヒトも含まれていた。それでも刊行されないままであった。一七三二年、その写本はウィーンで、三百五十ギルダーで競売にかけられた。それ以降、どうなったのかまったく不明である。**

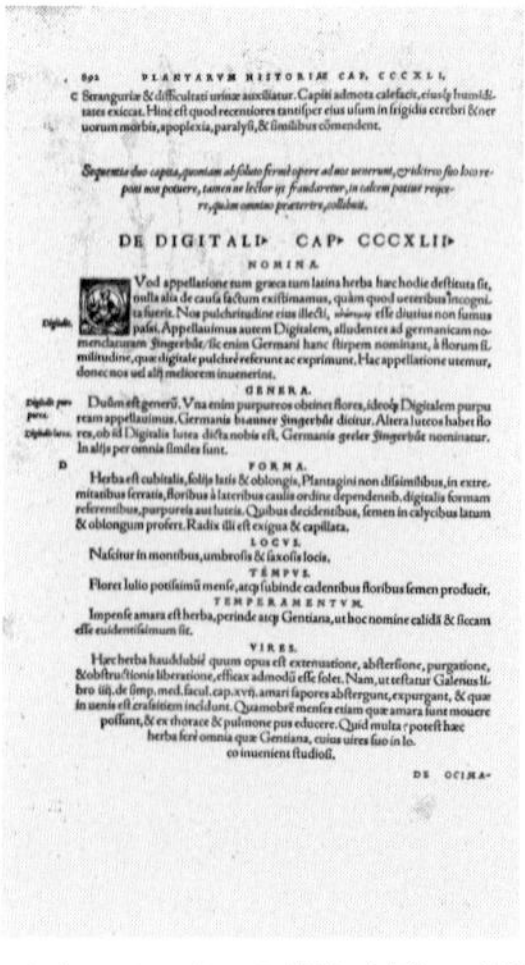

892　PLANTARVM HISTORIAE CAP. CCCXLI.

C Stranguriæ & difficultati urinæ auxiliatur. Capiti admota calefacit, eiusq; humiditates exiccat. Hinc est quod recentiores tantisper eius usum in frigidis cerebri & neruorum morbis, apoplexia, paralysi, & similibus cōmendent.

Sequentia duo capita, quoniam absoluto semel opere ad nos uenerunt, & ideo suo loco reponi non potuere, tamen ne lector iis fraudaretur, in calcem potius reijcere, quàm omnino præterire, collibuit.

DE DIGITALI. CAP. CCCXLII.

NOMINA.

Quod appellatione tum græca tum latina herba hæc hodie destituta sit, nulla alia de causa factum existimamus, quàm quod ueteribus incognita fuerit. Nos pulchritudine eius illecti, ἀνώνυμον esse diutius non sumus passi. Appellauimus autem Digitalem, alludentes ad germanicam nomenclaturam Fingerhůt, sic enim Germani hanc stirpem nominant, à florum similitudine, quæ digitale pulchrè referunt ac exprimunt. Hac appellatione utemur, donec nos uel alij meliorem inuenerint.

GENERA.

Duûm est generū. Vna enim purpureos obtinet flores, ideoq; Digitalem purpuream appellauimus. Germanis brauner Fingerhůt dicitur. Altera luteos habet flores, ob id Digitalis lutea dicta nobis est. Germanis geeler Fingerhůt nominatur. In alijs per omnia similes sunt.

D　FORMA.

Herba est cubitalis, folijs latis & oblongis, Plantagini non dissimilibus, in extremitatibus serratis, floribus à lateribus caulis ordine dependentib. digitalis formam referentibus, purpureis aut luteis. Quibus decidentibus, semen in calycibus latum & oblongum profert. Radix illi est exigua & capillata.

LOCVS.

Nascitur in montibus, umbrosis & saxosis locis.

TEMPVS.

Floret Iulio potissimū mense, atq; subinde cadentibus floribus semen producit.

TEMPERAMENTVM.

Impensè amara est herba, perinde atq; Gentiana, ut hoc nomine calidā & siccam esse euidentissimum sit.

VIRES.

Hæc herba haudubiè quum opus est extenuatione, abstersione, purgatione, & obstructionis liberatione, efficax admodū esse solet. Nam, ut testatur Galenus libro iiij. de simp. med. facul. cap. xvij. amari sapores abstergunt, expurgant, & quæ in uenis est crassitiem incidunt. Quamobrē menses etiam quæ amara sunt mouere possunt, & ex thorace & pulmone pus educere. Quid multa? potest hæc herba ferè omnia quæ Gentiana, cuius uires suo in loco inuenient studiosi.

DE OCIMA-

フックス『植物誌』（1542 年）より、フックスの肖像（左）、ジギタリスの記述と図版（中・右）
（オクラホマ大学図書館蔵）

図版〔版木〕は書籍商のヤン・ファン・デル・ローが購入し、ドドエンスの著作に収載されたほか、後年、一五五一〜六八年に出版されたターナーの『新本草書』でも使われた。実際のところ、フックスの本草書の図版はイギリス、アントワープ、そしてフランスでは一七七四年まで使われていたのである。ウィルフリッド・ブラント★は、こう書いている。「その図版をもとにした挿絵は、十六世紀および十七世紀を通して、さらに十八世紀になっても、数え切れないほど多くの書物のなかで活用された。」

オットー・ブルンフェルスは『本草写生図譜』、すなわちドイツ語版では『図説本草』と呼ばれている書物を著わした。この書物はとりわけ挿絵がすぐれていることで有名であった。ギリシア人の著作者が書いた本文は何度も書き写され、みごとな植物の挿絵も繰り返し模写された。その結果、疲労困憊した修道士が書いた判読不可能なぐり書きと稚拙な書き写しだけが残されることになった。当の修道士たちは、植物そのものをじっくり眺めることなど思いもよらなかった。そして、いまや――といっても、偉大な画

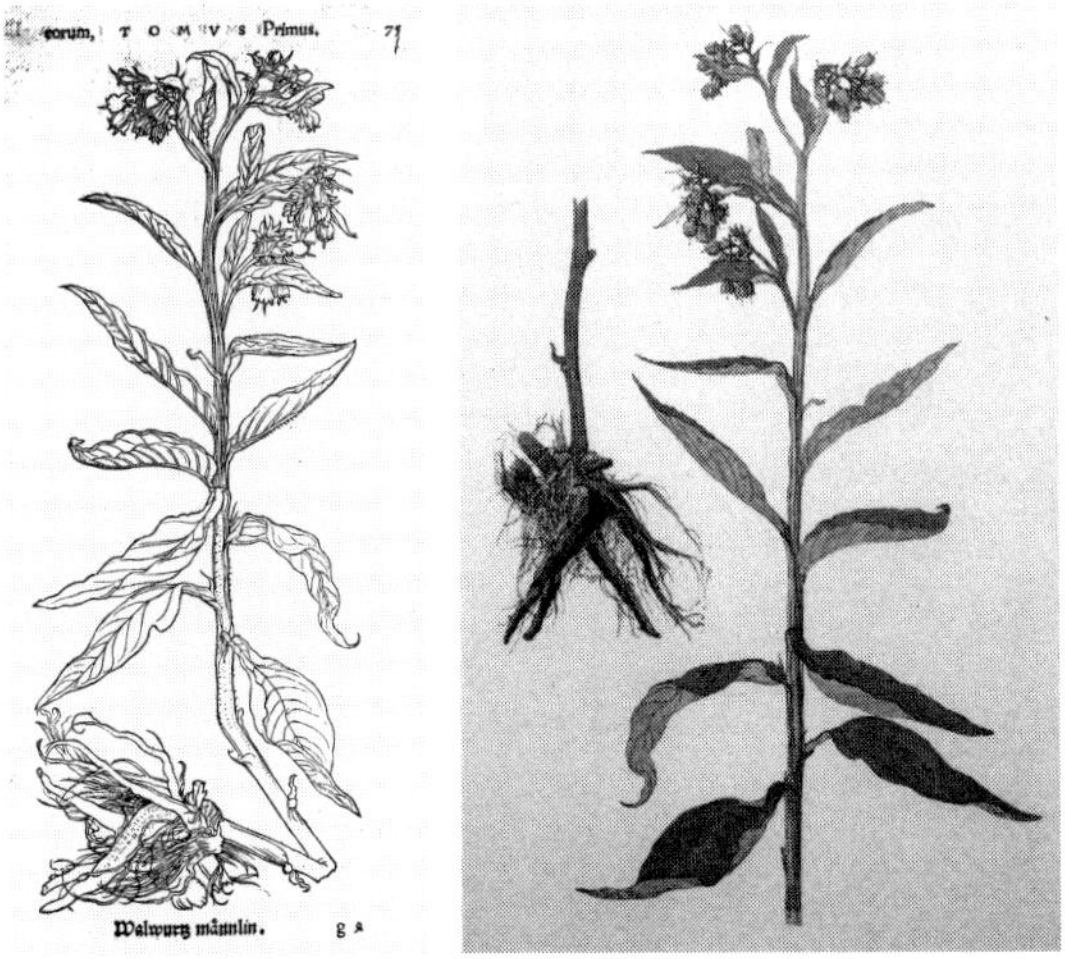

左：ブルンフェルス『本草写生図譜』(1530年)より、コンフリー(オクラホマ大学図書館蔵)
右：ハンス・ヴァイディッツによる水彩画の原図(1529年／ベルン、植物学研究所)

＊＊フックスの本草書に用いられた図版の原画と目される九巻の手稿本がウィーン国立図書館に所蔵されている。そのなかの一点を〔口絵12〕に掲載した。

★ウィルフリッド・ブラント(一九〇一〜八七)
イギリスの文筆家、画家、美術教師。イートン校などで教鞭をとる。その後、サリー州コンプトン村にあるウォッツ・ギャラリーの学芸員をつとめた。植物図譜の歴史を詳述し、名著の誉れが高い『植物画の芸術』(邦訳『植物図譜の歴史』八坂書房)をはじめ、伝記、美術史、文化史の分野に多数の著作がある。

家はいつの時代にあっても花の絵を美しく描いていたので、卒然というわけではないのだが―デュラー★の友人ハンス・ヴァイディッツ★が花の図譜を描いた。ブルンフェルスの書物では、この図譜が挿絵の目玉になったのである。千四百年の時を経たいま、ヴァイディッツは自然を観察し、それをありのままに描く勇気と能力の双方を持ち合わせていた。

あらゆる人物のなかで最も著名なのはコンラート・ゲスナー★であった。彼は、初期の宗教戦争の最中に、チューリッヒとカトリック諸州との戦闘で殺害された貧しい毛皮商人の息子として生まれた。退学を余儀なくされたゲスナーはブールジュに赴き、そこでギリシア語を教えるかたわら、チューリッヒの市議会から給付金の助成を受け、医学を学んだ。十八歳のときにパリに出てからは、ありとあらゆる学問に首をつっこんだ。後年、彼はその当時よき助言者たる先輩にめぐまれなかったことを嘆き、何度もそれを口にした。

ゲスナーは二十五歳の時、チューリッヒで市の委託医になった。彼はじつに精力的に仕事をこなす男であった。ギリシア語―ラテン語辞典を公刊し、ギリシア語やラテン語で書かれた博物学者の著書を翻訳した。彼は植物を分析し、新種を発見した最初の人物であった。包括的な植物誌を書くためにあらゆる資料を収集し、自作の木版画も千五百枚ほど持っていた。しかし、これが出版されないうちにペストにかかり、命を落とした。彼はヨーロッパの学者たちの大きな輪の中心にいたが、「偉大な」植物学者であるフックスとマッティオリは、ゲスナーに対しては横柄な態度をとっていた。ゲスナーは終生、他人のために書物を編纂し、未完の著作を完成させ、序文を書いてやった。そのため、自分自身の仕事がおろそかになったほどである。ゲスナーは本の出版で得た収益を友人の孤児たちに寄贈し

★アルブレヒト・デュラー（一四七一～一五二八）
ドイツの画家、版画家。ニュルンベルク生まれ。金細工師だった父からその技術を学び、のち画家のミカエル・ヴォルゲムートより絵画と木版を学ぶ。多くの水彩風景画、木版画、銅版画を残した。

★ハンス・ヴァイディッツ（一四九五～一五三七頃）
ドイツの植物画家、木版画家。一五三〇～三六年にシュトラスブルクで出版された『本草写生図譜』は植物画史上、画期的なものといわれる。

★コンラート・ゲスナー（一五一六～六五）
博物学者、書誌学者。スイスのチューリッヒ生まれ。古典語を含めた多言語に通じ、さまざまな方面で業績をあげた。なかでも『動物誌』（一五五一～五八）はその図版とともによく知られ、ゲスナーは近代動物学の先駆けとされている。植物学にも通じていたが、『植物誌』の出版は生前にはかなわなかった。『書誌総覧』（一五四五～五五）を編纂し、「書誌学の父」ともいわれる。

た。最終的には、彼にも現世の成功がおとずれた。ゲスナーは教授の職を得て、念願のヴェネチア旅行も果たし、一五五九年には神聖ローマ皇帝フェルディナンドによってウィーンに招聘された。だが、彼の資料、すなわちアリストテレス、テオフラストス、ディオスコリデス以来最初の花に関する原資料は、千五百枚の木版画ともども引き出しの中にしまい込まれたのである。

　ゲスナーの遺言状により、友人ヴォルフは著書の刊行にこぎつけるよう依頼されたが、あまりに経費がかかりすぎた。ヴォルフは結局、みごとな図譜を含む資料の一切合財を百七十五ギルダーで売却した。その大半は、まだ給与の支払いを受けていなかった彫版師の手にわたった。それを買い取ったのは植物学者のカメラリウス★であった。その際には、ゲスナーの遺言を完全に履行するというのが、売却条件のひとつになっていた。しかし、カメラリウスはゲスナーの図譜を自分の著書に挿絵として入れたり、他人の図譜と混ぜて編纂したりした。こうして、哀れゲスナーは死後の名声までもだまし取られてしまったのである。

　二百年後にニュルンベルクの医師トリュー★がゲスナーの残した植物学

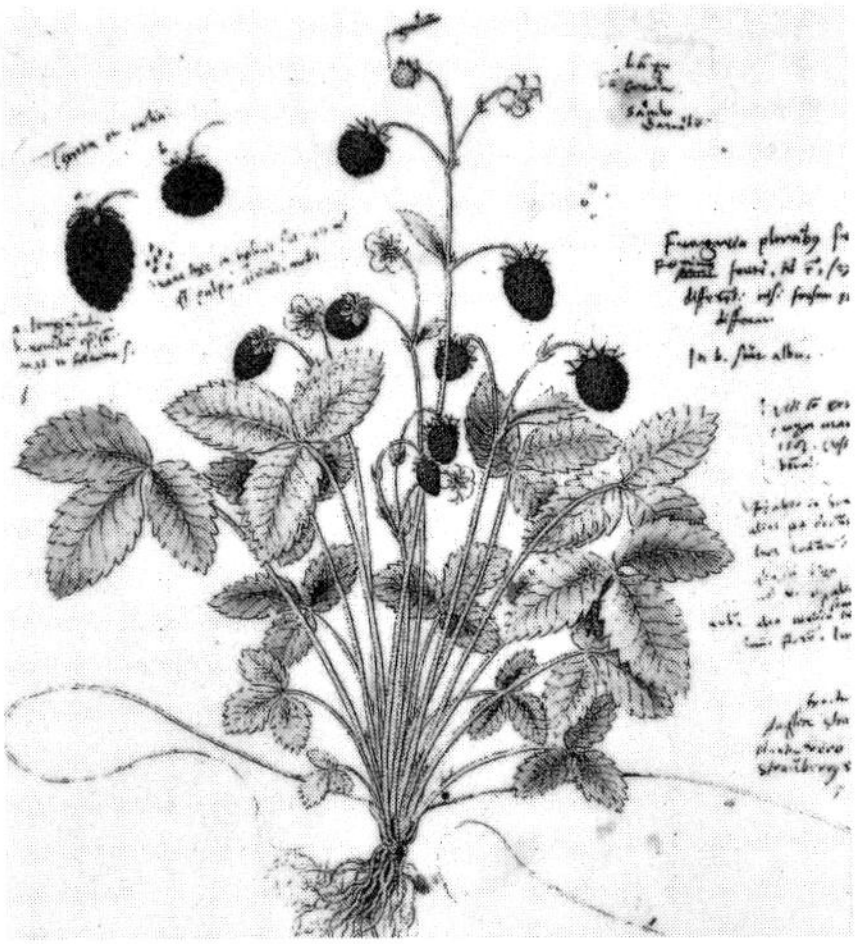

ゲスナーによるノイチゴの水彩画
（エアランゲン、大学図書館蔵）

ゲスナーの肖像

★カメラリウス（一五三四～九八）
　ドイツの医師、植物学者、人文主義者。ニュルンベルクで医師となる。コンラート・ゲスナーやガスパール・ボーアンと親交があった。

★クリストフ・ヤーコプ・トリュー（一六九五～一七六九）
　ニュルンベルクの医師。植物学と書誌学に興味を抱き、エーレットの才能を認めて、彼の後援者となる。ゲスナーの遺した図譜と版木の一部を所有し、出版した。

マッティオリ『ディオスコリデス注解』（1565年版）より、ジンチョウゲ属の一種（ボルチモア、ウォルターズ美術館蔵）

に関する資料を収集し、ようやく千五百枚あったゲスナーの木版原画のうち千枚をゲスナー自身の名のもとに出版した（『ゲスナーの植物誌』、一七五一年）。

ゲスナーの運命と好対照なのが、植物学の分野における真の征服者ペトルス・アンドレアス・マッティオリであった。彼は俗人で、福音書のために苦悩するような人間ではなかった。一五四四年、マッティオリがヴェネチアでディオスコリデスの注解を出版すると、たちまち三万部も売れた。イタリア語版が出てまもなくしてラテン語版が刊行されたが、これにはヴァイディッツの手によって五百枚の木版画が挿絵として入れられていた。さらにヴェネチアやプラハでも再版がおこなわれた。これらの書物はひじょうに貴重であると考えられていたので、そのうち一冊はチャールズ一世の王妃ヘンリエッタ・マライアに献呈された。本書はシリアやペルシアでも出版され、エジプトのメンフィスでも知られていた。

マッティオリの虚栄と野心はとどまるところを知らなかった。彼は競争者や批判者をこきおろした。ひかえめで有能なある学者をまんまとパドヴァ大学から追い出し、彼のこと

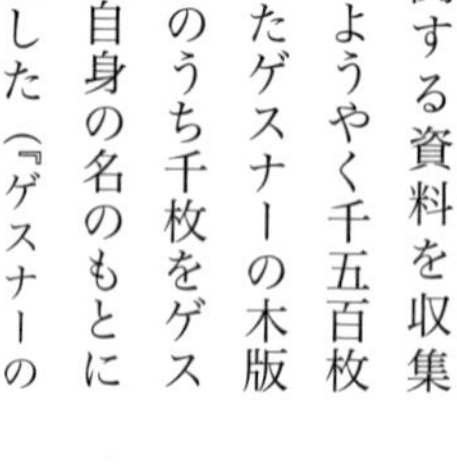

マッティオリの肖像
（『学者肖像集』1572年）

★アマートゥス・ルシタヌス（一五一一～六八）
ポルトガルのユダヤ人医師。スペインのサラマンカ大学で医学を学ぶ。異端審問を逃れてヨーロッパ中を放浪。イタリアのフェラーラに身を落ち着け、フェラーラ大学で解剖学を教える。一時、ローマで教皇ユリウス三世の侍医もつとめた。しかし、教皇パウロ四世が即位すると、イタリアでもユダヤ人迫害が始まり、ギリシアのテサロニキまで逃亡、そこで没した。

を「無知で、粗野で、卑劣な」男と言い捨てた。それも、その学者がマッティオリの誤りを二つ指摘したという、ただそれだけの理由なのであった。ディオスコリデスの有益な注釈書を出版したユダヤ系ポルトガル人の学者アマートゥス・ルシタヌス★も、マッティオリとは意見があわなかったために、命からがら償いをしなければならなかった。マッティオリは異端審問の犠牲になったルシタヌスを「半分ユダヤ人、半分キリスト教徒」と罵倒した。ルシタヌスは追いつめられて各地を転々としたあげく、研究を続けるために逃走したトルコで消息不明となった。他方で、マッティオリは信じがたいほど幸運の持ち主でもあった。類書を企図していたルカ・ギーニ★は、収集していた資料をすべてマッティオリに譲り渡した。ゴリツィアにあるマッティオリの自宅が火事で全焼したとき、市当局と市民は彼に多額の見舞金をおくった。そのため、以前にもまして裕福になったのである。彼の本草書のひとつにはカメラリウスによって挿絵が入れられているが、それはゲスナーの木版画から採ったものであった。さらに、マッティオリはフェルディナンド大公および皇帝マクシミリアン二世の侍医になった。

マッティオリの親友のひとりが、オジェ・ギスラン・ド・ビュスベック★であった。彼はフランドル生まれの学者で、オーストリア皇帝の大使としてコンスタンティノープルのスレイマン一世★、別名壮麗帝の宮廷にいた。一世紀もの間、トルコはのちのオランダがそうであったように、球根と植物の主要な供給国の地位にあった。ビュスベックは新たに巻き起こった熱狂的な花のブームの渦中にいた。彼は一五六二年に、こう書いている。「私はトルコから植物や灌木の図譜を何枚か持ち帰り、それをマッティオリのために保管している。しかし、植物や灌木そのものは手元にはひとつもない。というのも、何年か前にマッティ

★ルカ・ギーニ（一四九〇～一五五六）
イタリアの医師、植物学者。ボローニャ大学で医学を学ぶ。一五四四年、ピサ大学の植物学教授に就任。と同時に、植物標本室及び大学付属植物園を創設した。ピサ大学付属植物園は大学付属の植物園としては最古のもの。

★ビュスベック（一五二二～九二）
フランドル生まれの外交官。神聖ローマ皇帝フェルディナンド一世の大使として、スレイマン一世治下のトルコに赴任し、六年間滞在した。チューリップは彼によってはじめてヨーロッパにもたらされたといわれている。

★スレイマン一世（一四九四～一五六六）
オスマン帝国第十代のスルタン（在位一五二〇～六六）。しばしばスレイマン大帝と称される。エジプトの反乱を鎮圧した後、地中海沿岸部や中央ヨーロッパに進出して領土を拡げ、帝国の最盛期を現出した。内政にも力を入れ、イスタンブールの都市開発に積極的に取り組んだほか、華麗なイスラム文化を開花させた。

オリにショウブをはじめ、多くの標本を送っていたからである。」そのなかにはライラック、セイヨウトチノキ、チューリップ、バイカウツギ、ムクゲ、ヒアシンスのオリエンタリス種が含まれていた。ライラックがイギリスに持ち込まれるまで、さらに一世紀を要した。

ビュスベックはペトラルカ以降二五〇年にして、ビザンティン帝国の皇女ユリアナ・アニキアのために製作されたすばらしい挿絵入りのディオスコリデスの写本を入手し、「それを私がウィーンに送った馬車一杯の、否、船一杯のギリシア語の写本類に加えようと」努力したが、徒労に終わったと書き記した。しかしながら、七年後にはユリアナ・アニキア写本はウィーンにあったし、現在もそこにある。** ビュスベックはまたマッティオリに二種類のディオスコリデスの写本を贈呈した。これがマッティオリの著作に重要な影響を及ぼしたのである。

これまで述べてきたドイツのプロテスタントのグループに、イギリス人のウィリアム・ターナー★も含まれる。「イギリス植物学の父」と称されるターナーはイギリスから亡命したプロテスタントで、一五三九年から四七年までケルンに住んでいた。ターナーはドイツの植物学者たちと多くの共通点をもっていた。彼らと同じように、卑賤な生まれで（ター

バイカウツギ

ショウブ

セイヨウトチノキ

**本文六七頁、口絵4参照

★ウィリアム・ターナー（一五〇八頃～六八）
医師、博物学者、本草家、鳥類学者。ウエルズ大聖堂の主任司祭。イタリアのフェラーラ及びボローニャで医学を学ぶ。ボローニャではルカ・ギーニのもとで植物学を学び、コンラート・ゲスナーとも親交があった。主著は三分冊からなる『新本草書』（一五五一～六八）。リドリーやラティマーと同様、イギリスの宗教改革者のひとりでもあった。

ナーの父親は皮なめし工）、ターナーも医学を学んだ。もっともターナーの場合は市議会や君主から給付を受けて勉学が可能になったのではなく、富裕な貴族ウェントワース卿から学資を得ていたところが、いかにもイギリスらしい。ターナーはイギリスの宗教改革者リドリー★やラティマー★の友人であったし、自分の信仰のために罰を受けなければならなかった。すなわち、ウェルズ★の聖堂参事会会長職を停職になったのである。ターナーがケンブリッジ大学のペンブルック・ホールで学んでいた頃は、植物の英語名すらなかった。ましてギリシア語やラテン語の名称となると、まったくお手上げであった。当時の植物についての無知蒙昧ぶりはひどいものであり、これらの開拓者たちはゼロから始めなければならなかったのである。一五五一年、ターナーはブリテン島に自生する植物に関する最古の著作『新本草書』を出版し**、ムラサキウマゴヤシをイギリスに持ち込んだ。

ムラサキウマゴヤシ

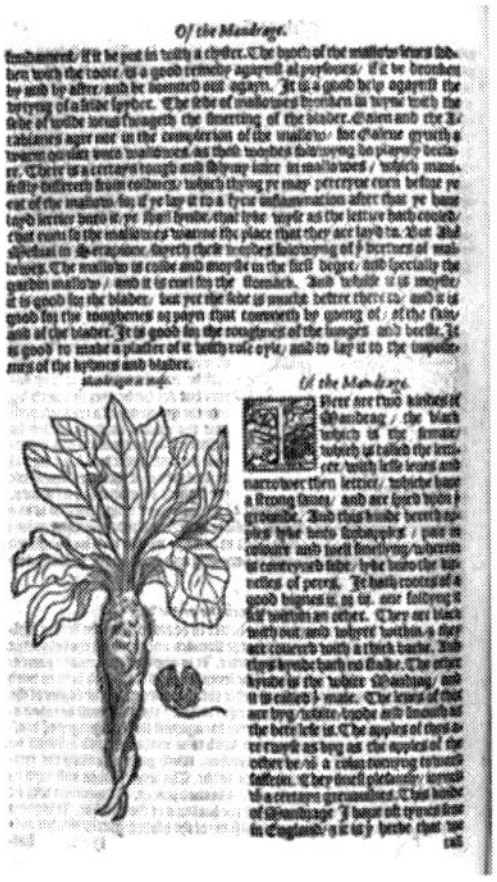

Of the Mandrage.

ターナー『新本草書』の一頁

★ニコラス・リドリー（一五〇〇頃～五五）
イギリス国教会の宗教改革者。ケンブリッジ大学ペンブルック・ホールの学寮長。ロチェスター主教、ロンドン主教をつとめる。メアリー一世治下で職務を剥奪され、異端宣告を受け、火刑に処せられた。

★ヒュー・ラティマー（一四八五～一五五五）
イギリスの宗教改革者。ウースター主教。熱心な新教徒で、メアリー一世の命により、ニコラス・リドリーとともに処刑された。

★ウェルズ
イギリス南西部、サマセット州の都市。この町ある大聖堂は十三世紀前半に完成し、初期イギリス様式（大陸の建築様式にいうゴシック様式）の代表例として知られる。ウェルズの「ウェル」（well）は「井戸・泉・水源」の意味で、かつて湧水が豊富であった土地柄を反映している。

**『新本草書』に用いられた図版は、大半がフックスの『植物誌』（一五四二年版）と同じものである。

三大植物学者

ドドエンス、レクリューズ、ローベル

[口絵12・13・14]

最初の本草書を著した学者たちよりもほんの少し年若の偉大な植物学者が三人いた。いずれも低地諸国出身で、ドドエンス－ラテン語名ではドドネウス（一五一七～八五）、ローベルあるいはロベリウス（一五三八～一六一六）、そして三人のなかではもっとも偉大なレクリューズあるいはクルシウス（一五二六～一六〇九）である。

一六〇〇年頃まで、庭で栽培されていた植物は野菜と薬用ハーブであった。ボック、フックス、ブルンフェルスの時代は薬用ハーブ全盛の時代であった。たとえば、イギリスのたったひとつの庭に、三百～四百種の薬用ハーブが栽培されていた。「野菜は大目にみられ、果樹と花は愛好されたが、主役は薬用ハーブで、それなくして人間は生きていくことができなかった。」未知のアメリカ大陸において、同時代、より具体的にいえば一五二〇年に、モンテスマ★は薬用ハーブ園をもっていて、アステカ族はその治療効果を知っていたのであるから驚きである。しかも、メキシコのモンテスマ所有の庭園は、同時代のヨーロッパの庭園と比べると、豊かであった。というのも、ヒャクニチソウ（ジニア）、ダリア、ティグリディア、ヒマワリ、サンシキヒルガオが含まれているからである。これらの植物はすべて当時のヨーロッパでは知られていなかったのである。

ドドエンス、レクリューズ、ローベルが植物研究に従事していた頃、ローマ帝国以来初

★モンテスマ（一四八〇頃～一五二〇）
アステカ帝国の第九代皇帝（在位一五〇二～二〇）。メキシコを征服したスペインのコルテスと交戦したことで知られる。大変なチョコホリックで、毎日五十杯のチョコレートを愛飲したという逸話が残されている。

サンシキヒルガオ、ティグリディア・パヴォニア、ジニア・エレガンス
（『カーティス・ボタニカル・マガジン』1787、1889、1801年）

めてであるが、花がふたたび日常生活のなかで使われるようになった。アクセサリーとしてファッションの一部となったほか、情熱をかきたて、商売や投資の対象にもなった。今日はラン、明日はチューリップ、今度はツバキ、次はフクシアかキクといった具合である。薬用ハーブや野菜はもはや問題ではなくなり、花が前面に出てきたのである。あまねくみられた貧困は影をひそめ、ヨーロッパの富は増大しつつあった。花の発見者、栽培者、商人たちは国際的な友誼団体をつくり、そのメンバーは互いに書簡のやりとりをしながら、ウィーンからロンドンあるいはパリへと種子、球根、植物を送り、送り返していた。

ドドエンス、レクリューズ、ローベルは友人同士であった。彼らは互いに助けあい、それぞれが収集した植物を見せあった。三人ともみな、宗教戦争に巻き込まれた。現代に生きるわれわれと同じように、彼らもまたみずからの運命から逃れることはできなかったのである。

レンベルト・ドドエンスはマリーヌ★で、満ちたりた生活をおくる商人の息子として生まれた。天文学、地理学、植物学を学ぶためにルーヴァンに送られ、さらにフランス、イタリアで学んだ。一五四八年、ドドエンスはマリーヌで市の委託医となったが、教師

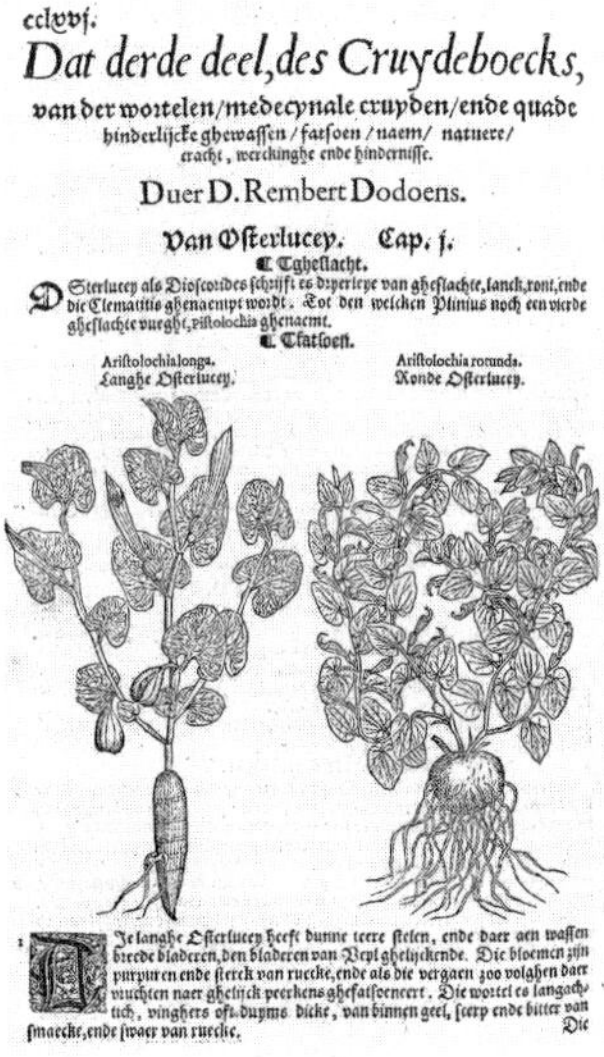

ドドエンス『本草書』（1563 年／フランドル語第 2 版）の一頁

ドドエンスの肖像
（ライト『新本草』1578 年）

★マリーヌ
ベルギー北部の古都メッヘレン。フランス語読みでマリーヌ。ブリュッセルの北方およそ三十キロメートルに所在する都市で、十五世紀初期にはネーデルラントの首都として繁栄した。聖ヨハネ教会はルーベンスの祭壇画《マギの礼拝》（一六一九年）があることで知られる。

として教えたり、植物収集に従事したりと、その生活は多忙をきわめた。この時、友人で出版者のヤン・ファン・デル・ローがフランドル語で植物誌を執筆するようもちかけた。挿絵はフックスから採録した〔一五五四年に『本草書』をアントワープで出版〕。一五五七年、ドドエンスはルーヴァン大学から教授に招かれたが、思うところがあって断った。本来であれば受理したいところであったが、無礼ともいえるようなやり方で交渉がすすめられており、同時に別の学者にも招聘話がいっていたのである。いずれにせよ、その職についていたら、報酬はやや少なくなっていたであろう。

ドドエンスは出版者を変えた。新しい出版者のプランタン★は、ドドエンスの著作のために新たに一組の木版画を準備させた。プランタンのほれぼれするような邸宅は、印刷工房や製本所、書店ともども、いまでもアントワープで見学できる。彼はすばらしい出版人であった。ことさら珍しいものは永久に保存され、廃棄されたものはひとつもないように思われる。プランタンは花の絵師ピーテル・ファン・デル・ボルフト★を最初は契約社員として、のちには正社員として雇用した。ほぼ百年後に刊行されたイギリス人ジョン・ジェラード★の本草書の新版でも、プランタン出版の無尽蔵の資料から採った二千六百七十七枚の木版画が挿絵として使われた。

この間にスペイン国王フェリペ二世のネーデルラント人侍医が亡くなり、フェリペはその後継者として、同じくネーデルラント人の医師を望んでいた。一五六四年、低地諸国はすでにスペインに反旗を翻しており、この問題についてフェリペ二世★はアルバ公爵★に手紙を書いた。フェリペはよく夜中に起き上がって異端者の死刑宣告書に署名していたが、彼自身の健康が危うくなったとき、異端者の医師を望んでいたことは明らかであった。フェ

★クリストフ・プランタン（一五二〇頃～八九）
一五四九年、パリからアントワープに移住し、活躍したフランス人印刷業者、出版業者。その印刷工房は、印刷機十六台、職人八十人以上を擁するフランドル地方最大の印刷・出版社に成長を遂げた。印刷をひとつの産業として完成させた最初の人物といえる。

プランタンの邸宅と印刷工房

リペはドドエンスに侍医になってくれるよう頼んだが、アルバ公爵はそれに異議を唱えた。スペイン人の医師に診てもらった方が、病状は好転するであろうと考えていたのである。こうした書簡のやりとりは、一五六八年から七二年まで四年間にわたって続けられた。その後マリーヌがスペイン軍によって攻略され、ドドエンスの妻も亡くなった。ドドエンスは故郷にとどまっている理由もなく、一五七四年にウィーンに赴き、マクシミリアン二世の侍医となった。そこで、皇帝の庭を管理していたレクリューズと出会うのである。しかし、時代は不穏で危険な状況にあった。ドドエンスはウィーンをあとにした。戦争中、故郷マリーヌにある資産を放置しておくのがしのびなかったのである。当時、低地諸国は反乱の極にあった。ドドエンスはケルンより遠くには行かず、ケルンに八年間とどまった。そこで自著の一冊が出版されるのを見とどけた。一五八二年、ついにドドエンスは郷里のマリーヌにもどることができた。町は二度目の略奪にあっていた。そのため、彼は失われた機会を取りもどそうと躍起になった。身辺整理をしたのち、ドドエンスはアントワープに向かった。そこではプランタンが彼の主著『ペンプタデス植物誌』の出版作業を進めていた。同一五八二年、ドドエンスはついにライデン大学の教授になった。没する三年前のことである。

シャルル・ド・レクリューズはフランス北部アラスの富裕な地

ドドエンス『ペンプタデス植物誌』（1583年）の一頁

★ピーテル・ファン・デル・ボルフト（一五四五〜一六〇八）
植物画家。プランタン社に雇われ、植物画を描いた。

★ジョン・ジェラード　↓一六八頁参照

★フェリペ二世（一五二七〜九八）
スペイン国王（在位一五五六〜九八）。異端審問を実施してカトリックを強要したため、同王治下で属領ネーデルラントとの関係は悪化した。一五八〇年にはポルトガル王位を兼ね、広大なポルトガルの属領を併合して「太陽の没することのない帝国」を築いた。フィリピンの国名はフェリペ二世にちなむ。

★アルバ公爵
フェルナンド・アルバレス・トレド（一五〇七〜八二）。スペインの将軍。カール五世ならびにフェリペ二世に仕え、プロテスタント勢力打倒をめざして各地を転戦した。一五六七年より属領ネーデルラントの総督となり、大勢のプロテスタントを処刑した。

主、ワテヌ領主の子息として生まれた。低地諸国出身の三人の植物学者のなかでは最も傑出した人物であった。彼はヘントの学校を出て、ルーヴァン大学で法律を学んだが、幼少の頃より骨がもろく、また精神的にも不安定であったため、安楽な人生を送ることはできなかった。彼はロッテルダムのエラスムスにいわせれば世界一の大学であるヴィッテンベルク大学に進んだ。メランヒトン★とルターの講義を聴くためであった。さらに、フランクフルト、シュトラスブルク、リヨン、そして最後にモンペリエにも赴いた。ここで、ロンドレ博士★に迎えられ、門下生になった。十年後、ロンドレ博士のもとにはローベルも加わることになる。ロンドレはレクリューズがかかっていた慢性の病を治療し、彼を植物学者に育てた。ロンドレはラブレー★の友人であった。ラブレーは『ガルガンチュア物語』や『パンタグリュエル物語』のなかで、痩せて身をやつしたレクリューズをロンディビリス博士として登場させている。ロンドレは世事に通じた学者で、トゥルノンの枢機卿の友人でもあり、枢機卿を同伴してカンブレーの和平交渉★に臨んだ。それでも、ロンドレは熱心なプロテスタントであったレクリューズやローベル、そしてのちにはスイスのボーアン兄弟とも親しく友情を交わした。ロンドレは魚類に関する本を書き、レクリューズにそれを出版してくれるよう頼んだ。彼はまたレクリューズにサヴォワ★、ピエモント★で植物をさがすよう勧めた。レクリューズは典型的なルネサンス人に成長していた。彼はギリシア語、ラテン語、フランス語、イタリア語、スペイン語、ポルトガル語、フランドル語、ドイツ語に通じていた。また、哲学者、歴史家、地図製作者、動物学者、鉱物学者、古銭学者の顔ももっていた。専門分野である植物学はいうまでもない。父親の意向に沿って、レクリューズはアラスにもどり、そこに八年間滞在した。それから、クラフト・フォン・クラフトハイ

★フィリップ・メランヒトン（一四九七～一五六〇）
ドイツの神学者。ヴィッテンベルク大学のギリシア語教授。ルターに共鳴して宗教改革に参加し、ルターの思想を体系化した。

★ロンドレ博士（一五〇七～六六）
モンペリエ大学医学部教授、植物学者、動物学者。

★フランソワ・ラブレー（一四九四～一五五三）
フランス・ルネサンスを代表する作家、医師。モンペリエ大学で医学を修め、リヨン市立病院で医師として働く。荒唐無稽な物語の中で社会的因習を風刺し、カトリックやスコラ哲学を厳しく批判した。

★カンブレーの和平交渉
一五二九年、フランスのカンブレーにおいてフランス国王フランソワ一世と神聖ローマ皇帝カール五世との間で和議が成立（カンブレーの和約）。これによって、フランソワ一世はイタリアを放棄することを約束した。

★ムを介してヨハン・フッガーとマルクス・フッガーという若い二人の伯爵と友達になった。クラトは、ウィーンで三人の皇帝に侍医として仕えた男である。レクリューズは両伯爵とともにスペイン、ポルトガル、フランス、ベルギーをめぐる大旅行に出かけた。レクリューズは一年のうちにスペインで二百種の新種植物を収集し、一五七六年に『スペイン希少植物誌』の表題の下、プランタンの協力を得て出版した。後年レクリューズはブリュージュに住み、しばしばマリーヌにいるドドエンスのもとを訪れた。ドドエンスはマリーヌで『ペンプタデス植物誌』を執筆中であったが、これも一五八三年にプランタンによって出版された。多忙ではあるが、平穏な生活であった。

その後、アルバ公爵に対する反乱が勃発した。レクリューズの家産は没収され、彼の父親は哀れ、アントワープに逃亡し、叔父は火刑に処せられた。レクリューズは、こう記している。「これら血に飢えた者どもは、翁の威厳にも、彼の祖国に対する奉仕にも心を動かされることがなく、婦人や子供たちへの哀れみなど微塵もない。私の唯一の慰めは、叔父が福音書に忠実に昇天したということである。」レクリューズはそれまでの父親の恩に報いるために一切をなげうった。その結果、極貧生活を余儀なくされた。一五七三

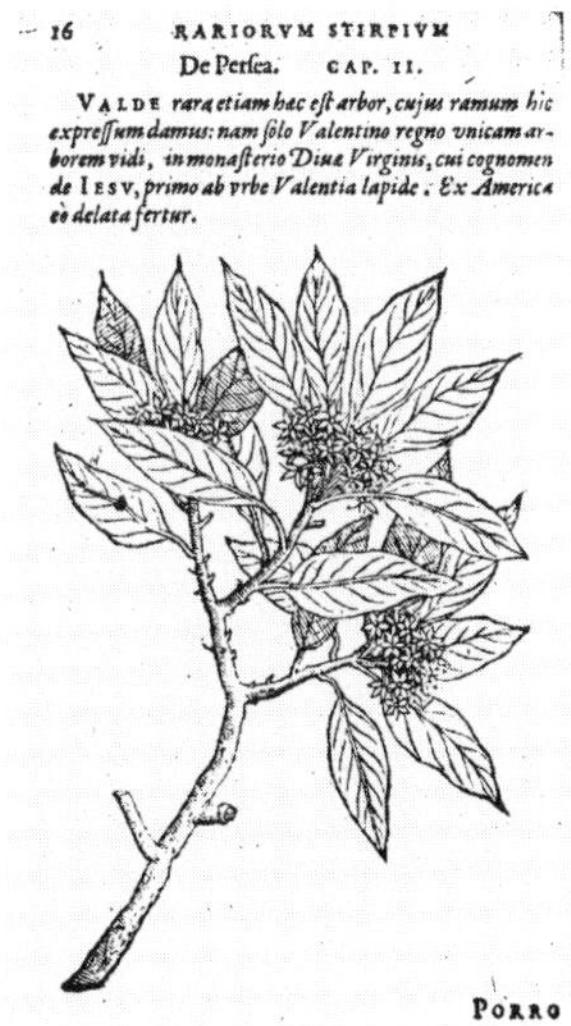
16　RARIORVM STIRPIVM
De Persea.　CAP. II.
VALDE rara etiam haec est arbor, cujus ramum hic expressum damus: nam solo Valentino regno unicam arborem vidi, in monasterio Diuae Virginis, cui cognomen de IESV, primo ab vrbe Valentia lapide: Ex America eò delata fertur.
PORRO

レクリューズ『スペイン希少植物誌』(1576年／フランス国立図書館蔵)の一頁

レクリューズの肖像
(1585年／スカリゲル研究所図書館蔵)

★サヴォワ
フランス南東部の地方名。スイス、イタリアと境を接する。

★ピエモント
イタリア北西部の州。州都はトリノで、アルプス山脈の南西部と接している。

★クラト・フォン・クラフトハイム
(一五一九〜八五)
ブレスラウ生まれの医師。薬局の改善に努めた。

年に父親は亡くなったが、その年にウィーンで皇帝マクシミリアン二世の庭園を管理する職が舞い込み、快諾した。クラト博士がレクリューズのために見つけてくれたのである。レクリューズはひどく困窮し、家賃も払えないほどであった。さらに悪いことに、足首を骨折した。ウィーンの宮廷の給与支払い名簿では、レクリューズは召使と記されているが、他方で、彼は皇帝マクシミリアンに同行してプラハに赴き、騎士に叙任され、ルドルフ二世とともに滞在した。ウィーンには結局、十四年間とどまった。ウィーンを拠点に、アルプスの植生を探訪し、二冊目の本『パンノニア、オーストリア、およびその近隣の希少植物誌』もプランタンの協力を得て一五八三年に出版した。イギリスに旅行した際には、ロンドンにいるローベルを訪れ、フランシス・ドレイク卿★にも会った。ウィルフリッド・ブラントは定評ある『植物画の芸術』のなかで、次のように述べている。「リンネの命名法が正確か否かを確かめようとすると、何度もレクリューズの書物に連れもどされる。レクリューズの書物は、現代のわれわれがもっている多くの包括的な知識の出発点とみなすことができる。」

レクリューズはコンスタンティノープルからウィーンにヒアシンスを持ち込んだ。あるいは、持ち帰ったともいえる。というのも、ヒアシンスはひじょうに古くからヨーロッパに自生していたからである。オランダでは、早くも一五八〇年にヒアシンスの複数の品種を掲載したリストがあった。一六一三年には八重の品種も登場し、最後の古典的な植物学者であるガスパール・ボーアン★は、目録の中で六十九種のヒアシンスを挙げている。

オーリキュラはドイツ・アルプスに自生する可憐な花であった。レクリューズはその根をベルギーにいる友人のファン・デル・デルフトに送った。その後、フランスの新教徒《ユグノー》が

★フランシス・ドレイク卿（一五四三頃～九六）
イギリスの航海者、海軍提督。私掠船で西インド諸島のスペイン植民地を略奪し、スペイン人からは悪魔の化身であるドラゴンとみなされた。世界史上有名な無敵艦隊アルマダの海戦ではイギリス艦隊副司令官に任命され、スペイン艦隊を壊滅させた。イギリス人として初めて世界周航をおこなった人物でもある。

★ガスパール・ボーアン（一五六〇～一六二四）
スイスの植物学者。バーゼル大学教授として、ギリシア語・解剖学・植物学を講じた。著書『植物対照図表』は植物学史上、重要な著作とされる。

★ロバート・ファーバー（一六七四～一七五六）
イギリス、ケンジントンの種苗業者。『花の十二ヶ月』刊行後、その続編ともいうべき『果物の十二ヶ月』（一七三二年）を公刊した。

★ヘロデ王（在位前三七～前四）
古代ユダ王国の王。政治的には安定をもたらしたが、ギリシア・ヘレニズム文化を保護したため、ユダヤ人の反感を買った。

亡命先のイギリスに持ち込み、十七世紀後半には、花の愛好家たちのあいだで垂涎の的になった。一輪のオーリキュラに二十ポンドもの大金が支払われた。一七二四年、当時一流のオーリキュラ栽培家であったイギリス人は、それをオランダに輸出した。文字通り最初の種苗目録であるロバート・ファーバー著★『花の十二ヶ月』（一七三〇年）は、オーリキュラに第一等の座を与え、二十六の品種を挙げている。次位がアネモネで、その次にヒアシンス、そしてバラと続く。その目録にはアメリカ産植物が二十五種類も含まれていた。意味ありげにも、価格の表示はまったくなされていない。この種苗目録は上流階級向けに作成されたが、価格をたずねる者などいなかったのである。

フリティラリアも、一五七六年にレクリューズがコンスタンティノープルからウィーンにもたらした花のひとつであった。彼はそれを「ペルシアユリ」と呼んだ。すでにヘロデ王★の時代に王の貨幣にも刻印されているが、フリティラリアは他の多くの花と同様、ペルシアの花であった。この花はパレスチナに生育していたが、一五七〇年にはトルコで大評判になり、その栽培に大金が投じられた。十六世紀後半および十七世紀には、フリティラリアはドイツの庭

ベルギーのゲナン神父が著したオーリキュラについての冊子（1738年）より

イギリス貴族の肖像画に描かれたオーリキュラの鉢植え（C. スティール画／1750年／個人蔵）

ロバート・ファーバー『花の 12 ヶ月』(1730 年) より
種苗の販売目録

では自慢の種となり、一番多く鐘状花冠をもっているものが最上等であるとみなされた。フランスでは特別な種のフリティラリアが糊《のり》の原料となり、ひだ襟やレースの襟をかためるのに使われた。東シベリア、カムチャツカ、日本、アラスカにはカムチャトケンシス種のフリティラリア〔和名クロユリ〕が生育している。このユリはシベリアでは重要な食料源となっており、「エスキモーポテト」と呼ばれる球茎から、一種のパンがつくられた。

フリティラリアのひとつインペリアリス種〔和名ヨウラクユリ〕は、「皇帝の冠」と呼ばれている。この名称「コローナ・インペリアーリス」はトスカーナ公爵がレクリューズの友人のひとりであるジャン・ド・ブラシオンに贈ったフリティラリアの図譜に記載されている。武勇の傑作『ジュリーの花飾り』＊＊のなかで、ある詩人はこう説明している。もしもスウェーデンのグスタフ・アドルフ＊が神聖ローマ皇帝の冠を勝ち取っていたならば、それをユリアに献上していたであろう。だが、アドルフはフリティラリアに姿を変えられてしまったので、その花を「皇帝の冠」の名のもとに献上したのである、と。一六四〇年代における尚武の精神とはこのようなものであった。

また別種のフリティラリアもある。メレアグリス種は別名「ヘビの頭」ともいわれ、紫色の美しい花をつける。この花は最初の黄色いクロッカスといっしょにジャン・ロバン＊によって、パリからロンドンにいるジェラードに送られた。「黄色い花をつけるこの美しい植物は、パリのロビヌスから私のもとに送られてきた」とジェラードは書いている。メレアグリス種のフリティラリアは、当初、発

＊＊一七七頁参照

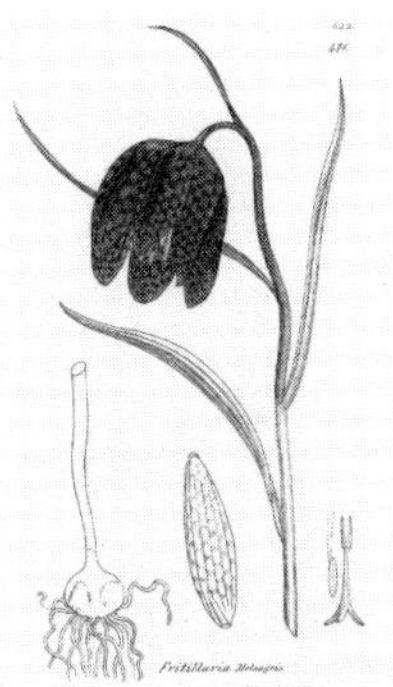

フリティラリア・メレアグリス
（『英国植物誌』1850 年）

ヨウラクユリ（左）とクロユリ（右）
（『カーティス・ボタニカル・マガジン』1792、1948-84 年）

見者であるオルレアンの薬種商ノエル・カプロンに敬意を表して「カペロニウスのスイセン」と呼ばれていた。彼は聖バーソロミュー〔一五七二年八月二十四日〕の夜に虐殺された。イギリス人ヘンリー・フィリップス★はこの事実を知っていたく憤慨し、一八二四年にこう書いている。「すべての庭をフリティラリアで埋め尽くそうではないか。他人を虐待することによって、われわれは自分の幸福を失っていくのだということを肝に銘ずるために。」

ヘンリー・フィリップスは次のような身の毛もよだつような数字を挙げている。宗教戦争の結果、フランスでは百万人の人間、一億五千万冊の書物、九の都市、四百の村、二千の教会、二千の修道院、そして一万軒の家屋が焼き討ちにされるか、もしくは破壊された。

しかし、混乱のもとはフランスの新教徒迫害だけではなかった。イギリスでは修道院の解散によって野菜やハーブの栽培ができなくなり、その損失を埋め合わせるために、二～三世代もかかったのである。ヘンリー八世（在位一五〇九～四七）は必要な野菜や花をフランドルから取り寄せなければならなかった。「園芸は一五八〇年頃、利得を目的として最初にイングランドに導入された。それ以前、われわれはサクランボの大部分をフランドル

アネモネの栽培品種（ヴァインマン『花譜』1737年／ミズーリ植物園蔵）

★グスタフ・アドルフ（一五九四～一六三二）
スウェーデン王（在位一六一一～三二）。バルト海諸国を制圧し、「北方の獅子」の異名をもつ。三十年戦争に際して新教徒を支援し、神聖ローマ皇帝を中心とする旧教徒勢力と戦った。連戦連勝のうちに進撃したが、一六三二年中部ドイツのリュッツェンで名将ヴァレンシュタイン率いる皇帝軍に阻まれ、戦死した。武勇のみならず、威厳・礼節・寛容をあわせもつ文武両道の君主であった。

★ジャン・ロバン（一五五〇～一六二九）
植物学者、樹木学者。国王おかかえの植物学者として、アンリ三世、アンリ四世、ルイ十三世に仕えた。一五四〇年頃、アンリ四世がつくったルーブル宮の庭園長をつとめたほか、パリ大学医学部からの依頼により、付属植物園を創設。一六〇三年にはスペイン、ギニア海岸沖の島々に出かけ、植物採集もおこなっている。

から、リンゴはオランダから輸入していた。これらの果実は貴婦人にとっては珍味であり、かなり遠方から持ち込まれるので、値も張った。」

　アネモネは一七三〇年にはオーリキュラに次いで人気があったが、その歴史はひじょうに古い。ローマ人ですら、花輪を作るのにアネモネを使ったほどで、女王エリザベス一世の時代にはひじょうに人気があった。ドドエンスは五つ、ローベルは八つの品種を挙げている。実にきれいな色をしたフランスのアネモネについては、次のような話がある。バシュリエールなる男が十七世紀のはじめに東方からみごとなアネモネを入手した。しかし、その後十年間、愛好心からか、金銭目当てからかは定かではないが、彼は一株たりともそれを分与しようとしなかった。アネモネが実を結びはじめたある日のこと、フランス議会のメンバーで機転のきく紳士が―アントワープの市長という説もある―、バシュリエールのもとを訪ね、ふさふさした毛皮で縁取りされた外套をアネモネの上に落とすよう奸計をめぐらした。事前にそれを知らされていた彼の召使は、注意深く外套を拾い上げ、種子のいっぱいついた外套を家に持ち帰ったという。その後、アネモネはパリのあちこちの庭で出現した。

　希少で美しい「トルコ帽のユリ」、すなわちマルタゴン種のユリ〔マルタゴン・リリー〕は、ヴェネチアの貴族からベルギー大使にプレゼントとして贈られた。それからジャン・ド・ブランシオンの手にわたった。後年、ファン・デル・デルフトはその優美な花を描かせ、銅版にも彫らせた。クーネイバー

★ヘンリー・フィリップス（一七七九〜一八四〇）　園芸史家、造園家。ロンドンとブライトンで銀行員や教師をしていた。一八二〇年代、ブライトンで風景式造園に従事し、名声を博す。主な著書に『栽培野菜の歴史』（一八二二年）や『植物史』（一八二四年）などがある。園芸植物史を執筆した最初の人物でもある。

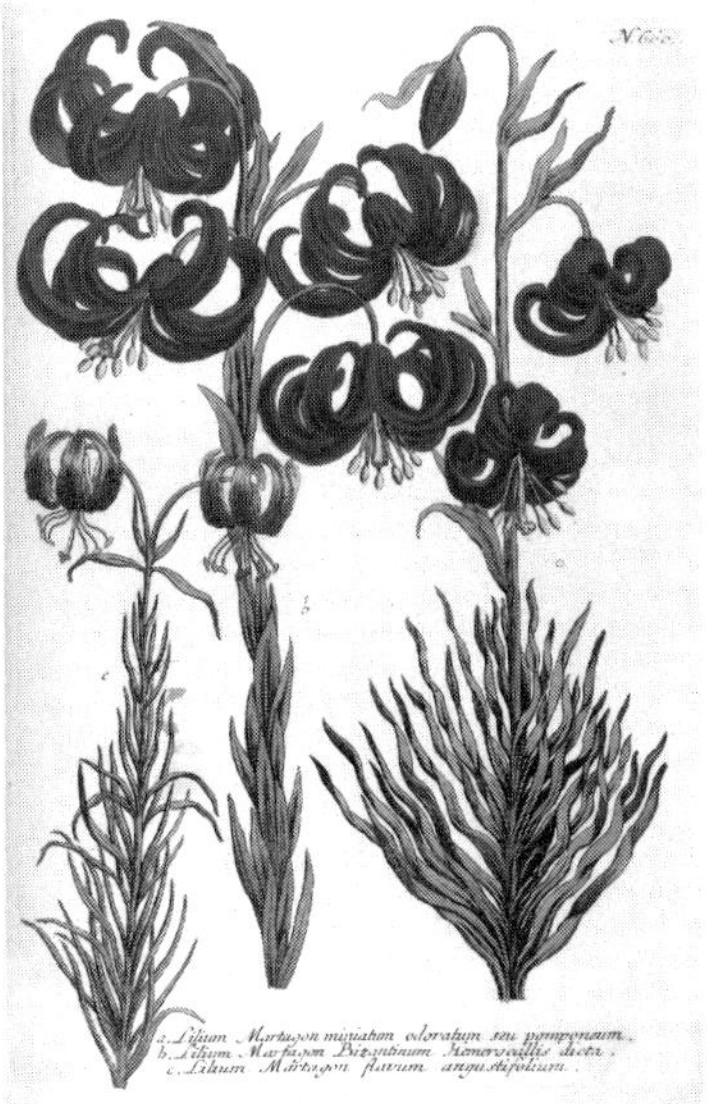

マルタゴン・リリー（ヴァインマン『花譜』1742 年／ミズーリ植物園蔵）

グの貴婦人は、莫大な経費を投じて、ブリュッセルで大規模な栽培をおこなった。この種のユリをよりいっそう普及させたのはレクリューズであった。それはレクリューズの仲間内でひろまっていた愛好熱がもたらした好例である。

　レクリューズは、ウィーンではいわゆる「緋色のトルコ帽のユリ」と呼ばれるカルケドニクム種のユリも実際に目にしていた。彼はコンスタンティノープルにいる大使を説得して、その球茎を手に入れ、低地諸国に送った。しかし、レクリューズより前にそれを入手していた者がいた。フランスのダレシャンなる男で、彼は直接コンスタンティノープルから種子を取り寄せていたのである。

　レクリューズはラナンキュラスの再導入にも貢献した。ローマ人はすでにこの花の品種を四つ知っていた。彼らはそれを「ラナ」、つまり「カエルの花」と呼んでいた。なぜならば、カエルはその花を好むと思われたからである。後年、ルイ九世が第六回十字軍から帰還する際、この花をヨーロッパに持ち帰ったが、あきらかにそれは失われてしまった。エリザベス女王の時代に、ふたたびトルコからイギリスに持ち込まれた。トルコでは、メフメット二世がラナンキュラスを高く評価して愛好し、彼の後宮《ハーレム》の庭はラナンキュラスで埋め尽くされていた。しかし、イギリスでは、ことさら注目をあつめなかった。結局、レクリューズはどうにかラナンキュラスを手に入れたものの、盗まれてしまった。これは進歩の証である。という

ラナンキュラスの栽培品種（ヴァインマン『花譜』1745年／ミズーリ植物園蔵）

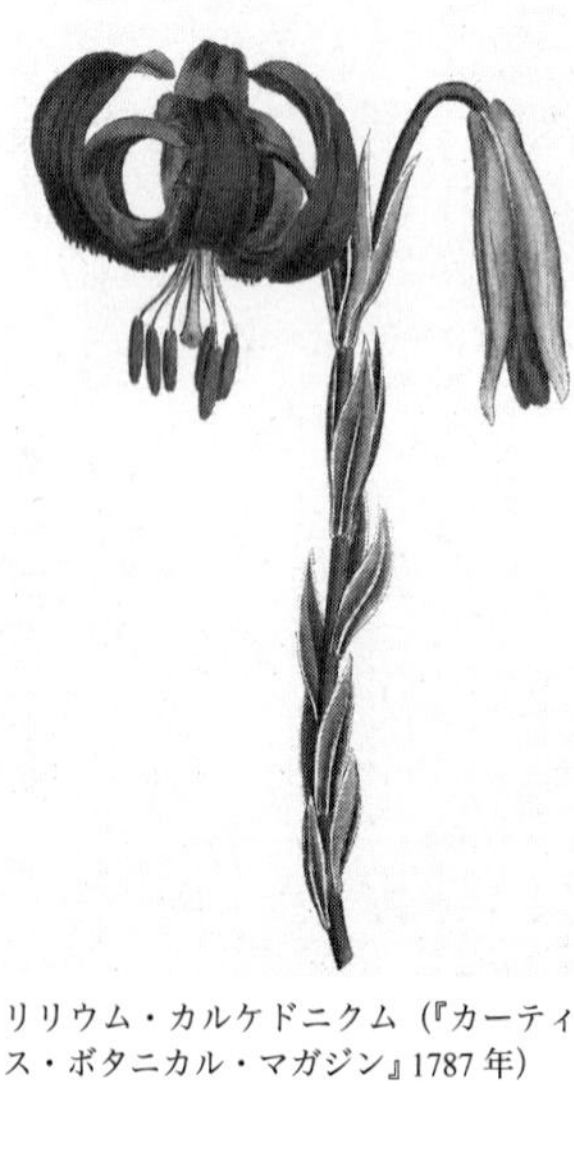

リリウム・カルケドニクム（『カーティス・ボタニカル・マガジン』1787年）

のも、盗難にあうということは、ことによると盗まれるほど価値が上がってきた証拠といえるからである。いずれにせよ、ラナンキュラスはのちにオランダで栽培され、十八世紀にはラナンキュラス熱がイギリスを席巻した。何千という品種が栽培された。十八世紀末、一七八二年当時にあってイギリスの種苗園には販売用としてまだ八百種のラナンキュラスがあったが、一八二〇年頃には四百種にまで落ちこんでいた。

コンスタンティノープルからはラッパズイセンも、大量に女王エリザベスの大法官のもとに送り届けられた。そのなかには八重咲きのものも含まれていた。それらはテムズ川の土手に沿ってストランド街まで植え込まれた。ラッパズイセンは一八二〇年頃に流行し、ベルギー、ドイツ、フランスの当時の目録には百種ほど収載されている。

一五九四年、レクリューズはインドから持ち込まれたチュベローズ〔和名ゲッカコウ〕の標本を受け取ったが、それはかなり痛んでいた。その花の原産地はメキシコであった。

レクリューズがコンスタンティノープルからウィーンにもたらしたもうひとつの花はニオイイリスで、その根はつぶされて紫色の粉末になった。彼は緋色のベニバナインゲンをリスボンの修道院ではじめて見た。それはペルーからスペインに持ち込まれていたものであった。レクリューズはその種子をブラジルから取り寄せ、何人かの友人に贈った。こう

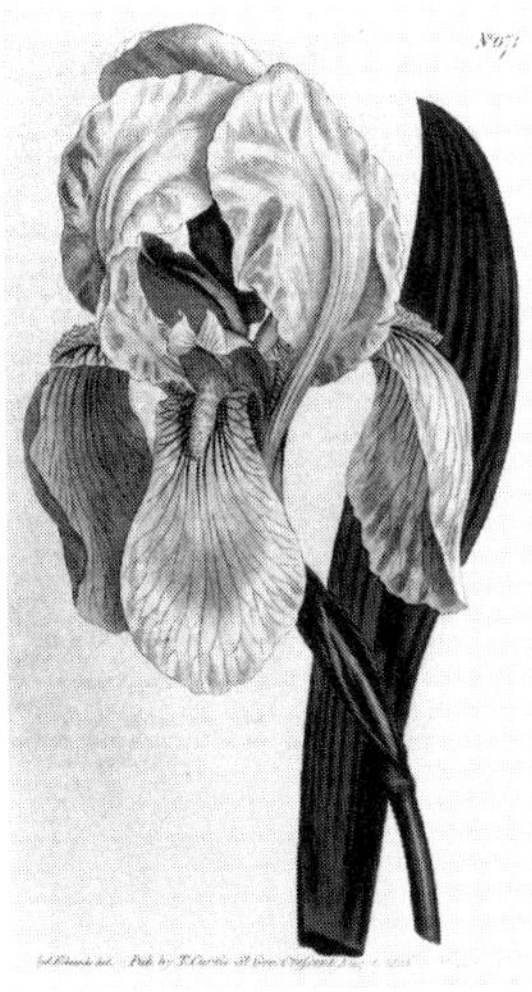

ニオイイリス（『カーティス・ボタニカル・マガジン』1803年）

チュベローズ（J.-J. ルソー『植物学』1805年／P.-J. ルドゥテ画）

して、ついにはヨーロッパ全土にベニバナインゲンが広まったのである。レクリューズは一六〇五年、最初にヴァニラ（ヴァニラはラン科の植物である）について言及した。没する数年前のことである。彼はケンティフォリア種のバラをひじょうに貴重なものであるとみなした。というのも、ヨーロッパではフランクフルトで、たった一株しかそれを見つけ出すことができなかったからである。一五九〇年にはマツムシソウの種子をイタリアから入手した。オーストリアの山岳地帯では、他の多くの花に混じってヘパティカ種のアネモネとシクラメンを見つけた。

一五六三年、レクリューズはポルトガルであきらかに貴重な書物を見つけた。それは同国の植民都市であるインドのゴアで出版されたガルシア・デル・ウエルト博士の著書であった。博士は三十年間医師としてゴアに滞在し、ボンベイに植物園を創設していた。レクリューズはこの書物をラテン語に翻訳し、プランタンが一五六七年にそれを出版した。本書にはアロエ、クスノキ、ビンロウジュ、ナツメグ、シナモン、コショウ、チョウジ、ダイオウへの最初の言及がみられる。一五七八年、まだウィーンにいたレクリューズはこの書物を編纂し、翻訳するという骨の折れる仕事を続けていた。[**] こうして、彼は多くの東洋の植物に対する知識の拡大に貢献したのである。レクリューズがココアの木を知ったのは、フランシス・ドレイクのおかげであった。

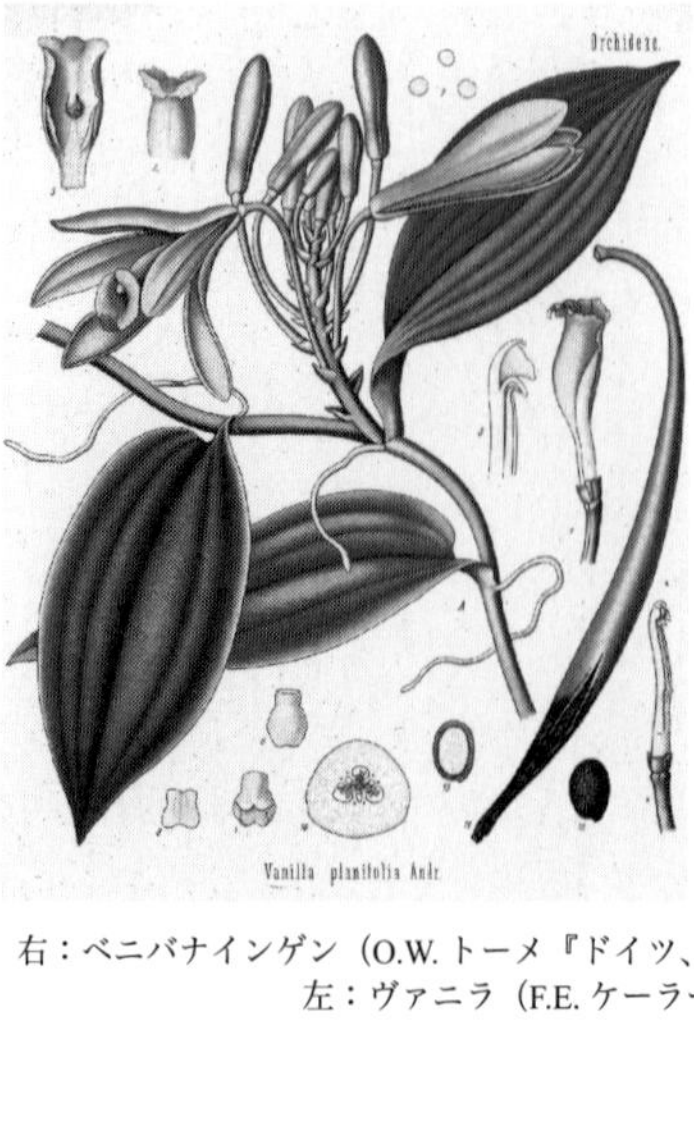

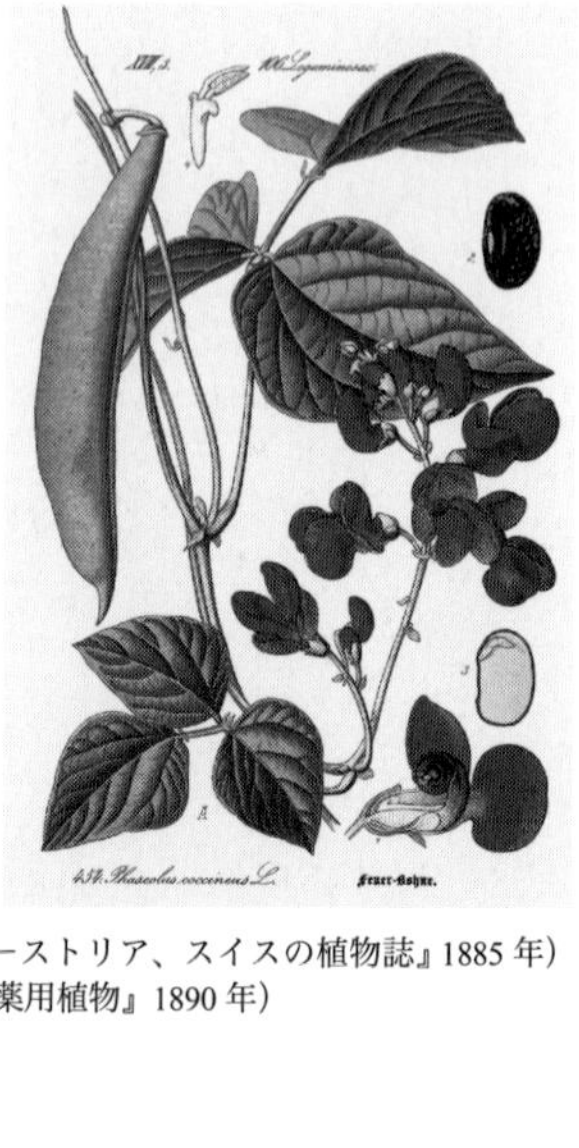

右：ベニバナインゲン（O.W. トーメ『ドイツ、オーストリア、スイスの植物誌』1885 年）
左：ヴァニラ（F.E. ケーラー『薬用植物』1890 年）

レクリューズが成し遂げたもっとも重要な仕事は、おそらく中部ヨーロッパへのジャガイモの導入であろう。ジャガイモはペルーについて書かれたスペイン語の書物のなかで最初に登場する。スペイン人は一五五〇年頃にジャガイモを祖国に持ち帰り、そこからイタリアに持ち込まれた。さらに、ジャガイモは教皇勅書によってベルギーにも導入された。レクリューズのように、かくも多くの植物を発見・改良・導入した人物が、逐一テオフラストスやディオスコリデスにまで遡及して調べなければならないと信じ込んでいたのは、奇妙なことであり、意味ありげでもある。それゆえ、レクリューズはジャガイモをテオフラストスのいう「アラキニダ」、すなわちトリュフと同一視しようとしたのである。

一五八七年、レクリューズはこれを最後に、ウィーンをあとにした。彼は宮廷生活に飽き飽きしたと述べているが、ルドルフ二世★が新教徒を不当に扱ったため、そのことに嫌気がさしていたふしもある。彼が向かった先はフランクフルトであった。そこは当時、著作活動の中心であった。社交に長けていたレクリューズはすぐさまヘッセン伯と親交を結び、年金を受給した。だが、不幸にして足の関節を脱臼し、余生は足の不自由な生活をしいられた。植物を求めてヨーロッパをくまなく歩き回っていた男が、つらそうに松葉杖をついて歩いていたのである。

レクリューズは、六十七歳のときにやっとのことでライデン大学の教授に任命された。こうしてはじめて自分の夢であった教える仕事につくことができたのである。彼は八十四歳で没した。主著『希少植物誌』が出版されたのは七十五歳

＊＊一五七八年にガルシア・デル・ウエルトの著書の図入り版が、スペインのブルゴスで出版された。レクリューズは、ウエルトの初版にこの版も追加するなど編集したものを、一五八二年にラテン語で出版している。

★ルドルフ二世（一五五二〜一六一二）
神聖ローマ皇帝（在位一五七六〜一六一二）。スペイン国王フェリペ二世の意向によって幼少期をスペインの宮廷で過ごす。そのため厳格な旧教徒となり、徹底した新教徒弾圧をおこなった。その結果、各地で反乱が勃発した。

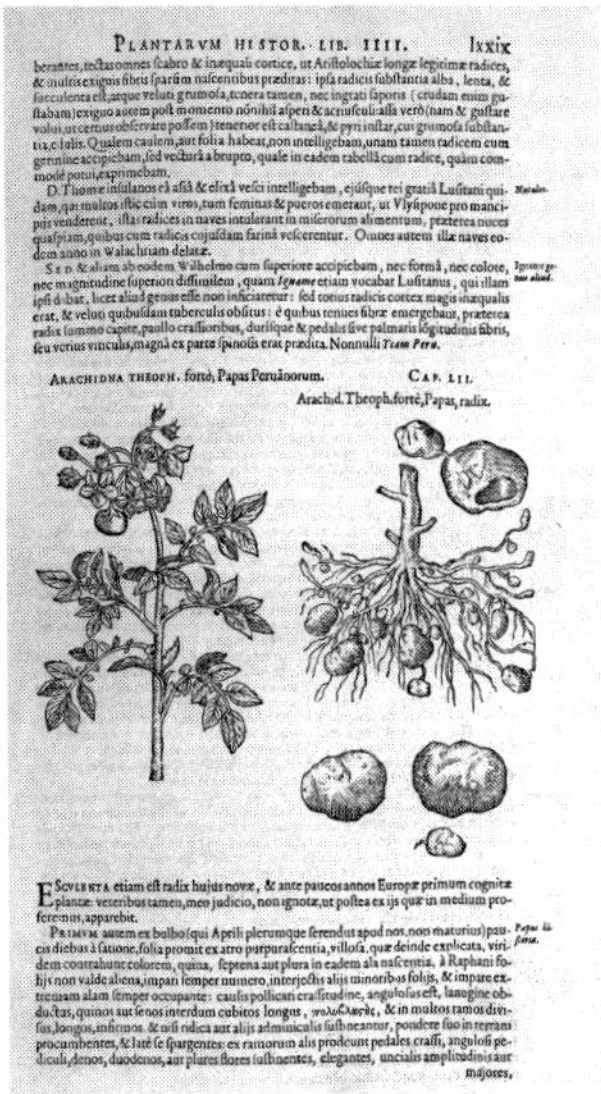
PLANTARVM HISTOR. LIB. IIII. lxxix

berantes, tectas omnes ſcabro & inæquali cortice, ut Ariſtolochiæ longæ legitimæ radices, & multis exiguis fibris ſparſim naſcentibus præditas: ipſa radicis ſubſtantia alba, lenta, & ſucculenta eſt, atque veluti grumoſa, tenera tamen, nec ingrati ſaporis (crudam enim guſtabam) exiguo autem poſt momento nonnihil aſperi & acriuſculi: aſſa verò (nam & guſtare volui, ut certius obſervare poſſem) tenerior eſt caſtaneâ, & pyri inſtar, cui grumoſa ſubſtantia, edulis. Qualem caulem, aut folia habeat, non intelligebam, unam tamen radicem cum germine accipiebam, ſed vecturâ abrupto, quale in eadem tabellâ cum radice, quàm commodè potui, exprimebam.

D. Thomæ inſulanos eâ aſſâ & elixâ veſci intelligebam, ejúſque rei gratiâ Luſitani quidam, qui multos iſtic cùm viros, tum feminas & pueros emerant, ut Vlyſipone pro mancipijs venderent, iſtas radices in naves intulerant in miſerorum alimentum, præterea nuces quaſpiam, quibus cum radicis cujuſdam farinâ veſcerentur. Omnes autem illæ naves eodem anno in Walachriam delatæ.

SED & aliam ab eodem Wilhelmo cum ſuperiore accipiebam, nec formâ, nec colore, nec magnitudine ſuperiori diſſimilem, quam *Igname* etiam vocabat Luſitanus, qui illam ipſi dabat, licet aliud genus eſſe non inficiaretur: ſed totius radicis cortex magis inæqualis erat, & veluti quibuſdam tuberculis obſitus: è quibus tenues fibræ emergebant, præterea radix ſummo capite, paullo craſſioribus, duriſque & pedalis ſive palmaris lõgitudinis fibris, ſeu verius viticulis, magnâ ex parte ſpinoſis erat prædita. Nonnulli *Tiam Peru*.

ARACHIDNA THEOPH. fortè, Papas Peruânorum. CAP. LII.

Arachid. Theoph. fortè, Papas, radix.

ESCVLENTA etiam eſt radix hujus novæ, & ante paucos annos Europæ primum cognitæ plantæ: veteribus tamen, meo judicio, non ignotæ, ut poſtea ex ijs quæ in medium proferemus, apparebit.

PRIMVM autem ex bulbo (qui Aprili plerumque ſerendus apud nos, non maturius) paucis diebus à ſatione, folia promit ex atro purpuraſcentia, villoſa, quæ deinde explicata, viridem contrahunt colorem, quina, ſeptena aut plura in eadem ala naſcentia, à Raphani folijs non valde aliena, impari ſemper numero, interjectis alijs minoribus folijs, & impare extremam alam ſemper occupante: caulis pollicari craſſitudine, anguloſus eſt, lanugine obductus, quinos aut ſenos interdum cubitos longus, πολυκλαδὴς, & in multos ramos diviſus, longos, infirmos. & niſi ridica aut alijs adminiculis ſuſtineantur, pondere ſuo in terram procumbentes, & latè ſe ſpargentes: ex ramorum alis prodeunt pedales craſſi, anguloſi pediculi, denos, duodenos, aut plures flores ſuſtinentes, elegantes, uncialis amplitudinis aut majores,

レクリューズ『希少植物誌』(1601年) より、ジャガイモの頁

のときであった。何はさておき、レクリューズはオランダ花卉球根産業の生みの親であった。

実際、最初の外来植物用の温室が設立されたのもライデンで、一五九九年のことであった。

一七〇〇年頃、そこにヘルマン・ブールハフェ★が傾斜のある屋根で覆われた温室を最初に導入することになる。一五七七年にさかのぼるライデン植物園は、ヨーロッパ最古の植物園のひとつであった。最初の植物園を創設するという栄誉に浴するために、ヨーロッパの諸都市は競い合っていた。パドヴァが最初で一五四五年、少し後にピサが続き、一五四七年。一五六八年にはボローニャに、そして一五九八年にはモンペリエにそれぞれ植物園ができた。イギリス最初の植物園は、一六三二年オックスフォードにできた。ほぼ同じ頃、王室植物園、のちのパリ植物園がパリにつくられた。キュー植物園ができたおおよその年代を確定するのはむずかしいが、いずれにせよ、一六六七年にできたエディンバラ植物園、一六七三年にできたチェルシー植物園に比べれば、十八世紀につくられたキュー植物園は後発であった。十八世紀末までには、ヨーロッパ全土で約

温室の内部（オランダの銅版画／1676年）

18世紀オランダの温室
（ディドロ『百科全書』18世紀）

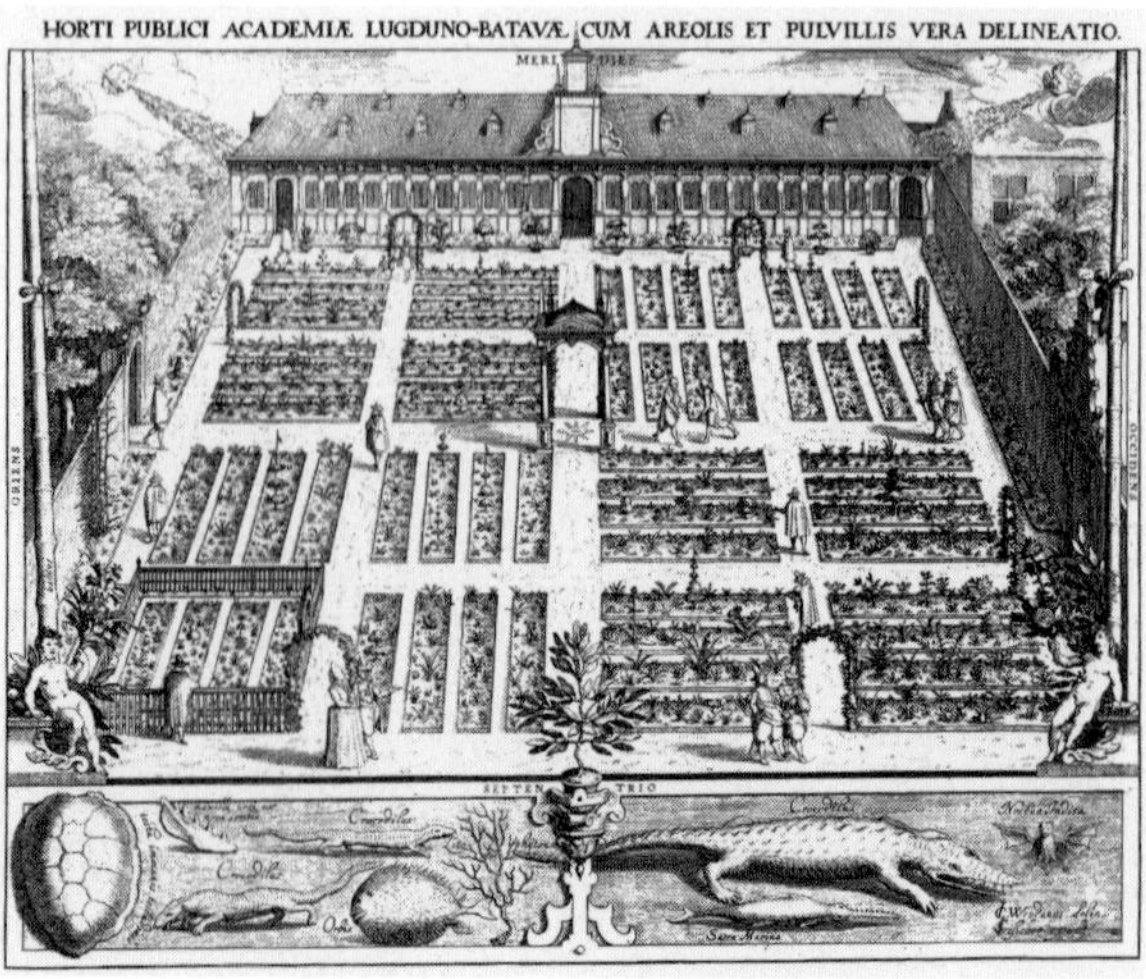

1610年頃のライデン植物園

★ヘルマン・ブールハフェ（一六六八〜一七三八）
オランダの医師、植物学者。ライデン大学教授、のち学長。すぐれた教育者として知られ、有名な植物学者カール・フォン・リンネもその門下生の一人であった。

千六百もの植物園があった。

　マティアス・ド・ローベルは低地諸国出身の三人の偉大な植物学者のなかではもっとも年若で、一五三八年リールで生まれた。二十七歳のときにモンペリエに赴き、ロンドレのもとで学んだ。ロンドレは自分の手稿をすべてローベルに遺贈した。ローベルはモンペリエとセヴェンヌ地方★の植生を記述し、穀物史を執筆した。低地諸国の反乱期間中、ローベルは静かな環境で研究に専念するため、ロンドンにわたった。反乱後、帰国してオレンジ公ウィレムの侍医になり、一五八四年までデルフトに滞在した。その後、女王エリザベスの推薦状をもって、ふたたびイギリスにもどった。ズーシュ卿に雇われ、ハックニーにある薬草園を管理し、卿に同道してコペンハーゲンまで外交上の旅をした。ローベルはジェイムズ一世付の植物学者に任命され、イギリス人女性と結婚し、一六一六年にハイゲイトで没した。幸福な国イギリスでは大きな騒動もなく生活が営まれ、外国人にも平穏な暮らしが保証されていた。運がよければ、自分にちなんで花の名前をつけることもできた。うっとりするような青色のローベリア〔和名ルリミゾカクシ〕は、公園では甘い香りのするニワナズナと交互に植栽され、ゼラニウムの花壇を縁取った。

　ローベルは鋭い観察眼の持ち主であった。にもかかわらず、ガレノスやプリニウスから引用した説明を繰り返してばかりいた。ローベルは低地諸国の南部、すなわちベルギーでは、他のヨーロッパ諸地域よりもたくさんの植物が見つかるものと確信していた。ルーヴァンは、ヨーロッパの素人植物愛好家や学者があつまる町

★セヴェンヌ地方
　フランス南東部の山岳・丘陵地帯。景勝地として知られ、一九七〇年に国立公園に指定された。

ローベルの肖像
（1615年）

ローベリア・エリヌス（『カーティス・ボタニカル・マガジン』1806年）

になった。彼らは新世界を含め、地球上のあらゆる地域から植物を収集していたのである。

十六世紀末にヨーロッパで栽培されていたありとあらゆる種類のバラを詳述したのは、ローベルが最初であった。一五八一年に出版した『植物の図譜**』の中で、彼は十種類のバラを記している。すなわち、ケンティフォリア種、ガリカ種、カニナ種、キンナモメア種、グランテリア種、スピノシッシマ種、フォエティダ種、それにモスカータ種の三変種である。

ロンドンでは、ローベルはよくジョン・ジェラード★と会っていた。ジェラードは一五九七年に公刊された有名な『本草書』の著者で、本書はイギリス・ルネサンスの重要な植物学的著作のひとつに数えられる。ジェラードは七十種の新しい植物にはじめて言及し、ホルボーン★にある自分の庭で一千種類以上の花を栽培していた。しかし、彼の『本草書』はプリースト博士が翻訳したドドエンスの『ペンプタデス植物誌』を改作したものにすぎない。ローベルの書いたものも一部含まれている。しかも、ジェラードは

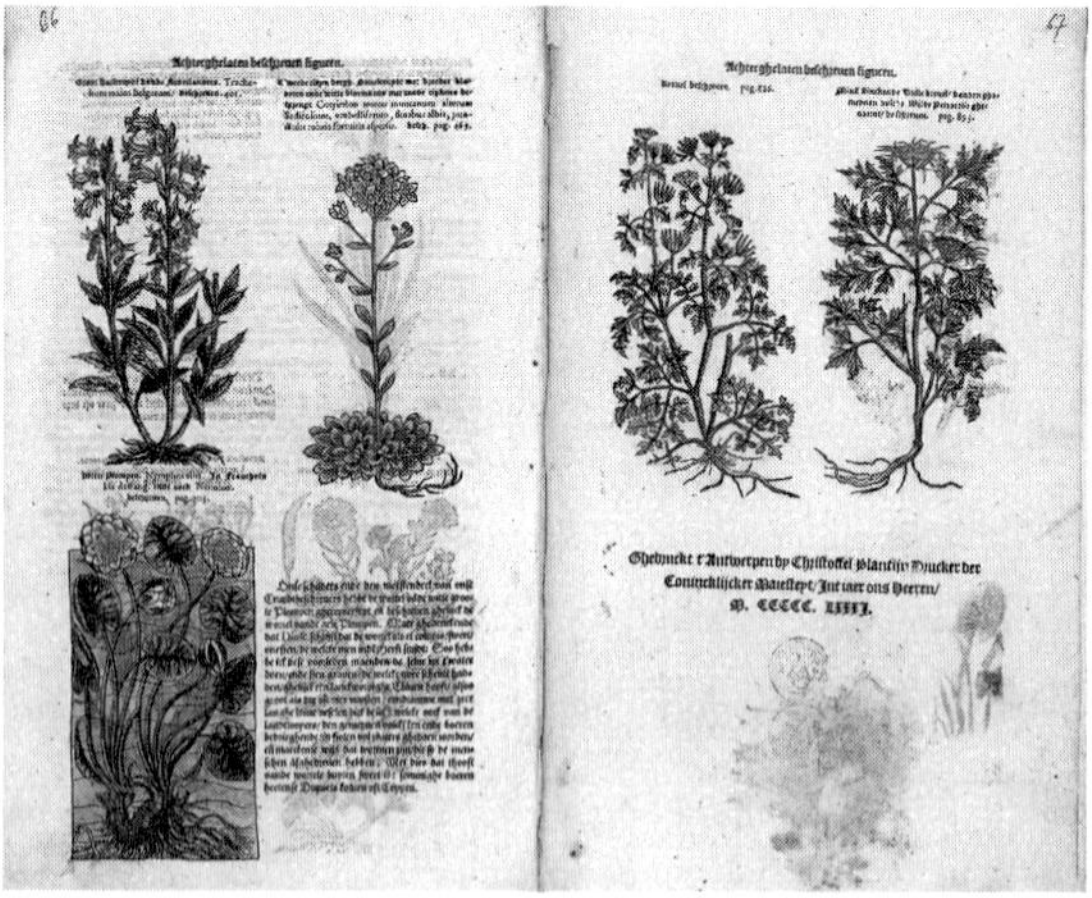

マティアス・ド・ローベル『本草書』（1581 年）の見開き頁
（アントワープ、プランタン＝モレトゥス博物館蔵）

**ローベルの植物学の主著『新植物稿』（ピエール・ブナとの共著）は一五七〇～七一年に刊行され、一五七六年には増訂版が『植物誌』として再刊、フランドル語にも訳されて『本草書』という表題で一五八一年に出版された。さらに、その直後に『本草書』の木版画だけを集めた本文のない画集（『植物の図譜』）がプランタンにより刊行されたという経緯がある。

★ジョン・ジェラード（一五四五～一六一二）
植物学者、本草家。ロンドンで学び、理髪・外科医となる。ロンドン郊外のホルボーンに自分の庭をもち、珍しい植物を栽培した。本草書のほか庭園植物の貴重な目録を作成した。

★ホルボーン
ロンドンの一地区。現在はロンドンの都心部に位置するが、当時は郊外。

★ヤーコプ・テオドルス・タベルナエモンタヌス（一五二〇頃～九〇）
医師、植物学者。「ドイツ植物学の父」と尊称される。主著『植物図譜』（一五九〇年）。

ラテン語の学者ではないので、翻訳も稚拙であった。これを知った出版元がローベルに助言を求めたいと申し出ると、ジェラードはそれを拒み、ローベルは「あまりラテン語ができない」と告げ口した。『本草書』の図譜は、初期のドイツの本草書の一冊から採用された。それはヤーコプ・テオドルス・タベルナエモンタヌス★の手になるもので、ブルンフェルスやボックより以前に公刊されていた。だが、ジェラードがおかした「植物学上の大罪」は、野生のボタンの種をまいて、イギリスの新しい花を発見したと言い張ったことである。

ジェラードの肖像画をみると、ひだ襟の上にやぎ髭をぴんとはやし、右側、左側、真ん中にそれぞれ紋章が描かれている。彼は理容外科医の同業者組合長で、責任感を絵にかいたような男であった。ジェラードが『本草書』を出版し、名声と賞賛をかち得た後、ローベルはジェラードと疎遠になり、巷間ローベルは「薄情者」になったといわれた。

しかし、ローベルは、他に何ができたというのであろうか。外国人の彼には理容外科医の同業者組合長を相手どって訴訟を起こすことなど、とうていできない相談であった。ローベルがジェラードを憎んだのも、当然のことであった。

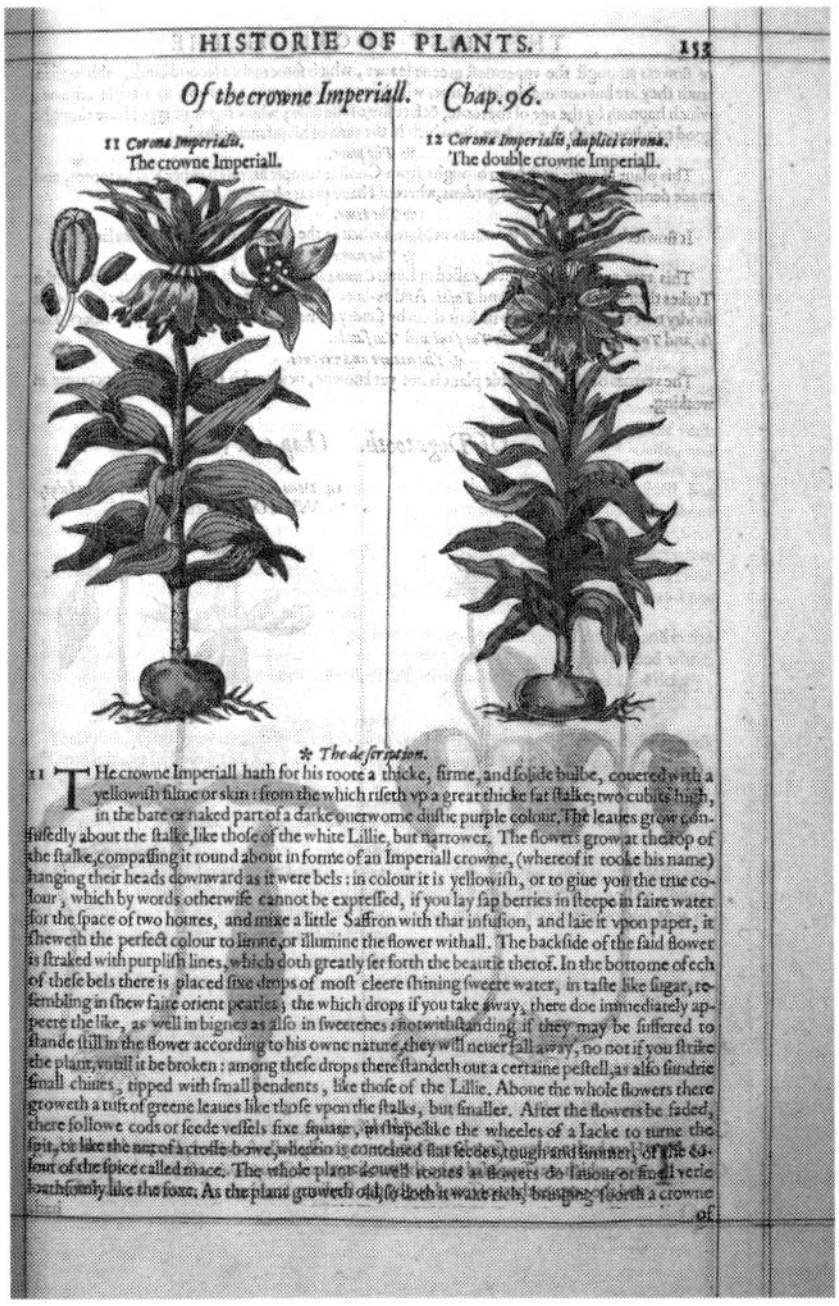

HISTORIE OF PLANTS. 153

Of the crowne Imperiall. *Chap. 96.*

11 *Corona Imperialis.* The crowne Imperiall.

12 *Corona Imperialis, duplici corona.* The double crowne Imperiall.

* *The description.*

11 THe crowne Imperiall hath for his roote a thicke, firme, and solide bulbe, couered with a yellowish filme or skin: from the which riseth vp a great thicke fat stalke, two cubits high, in the bare or naked part of a darke ouerworne dustie purple colour. The leaues grow confusedly about the stalke, like those of the white Lillie, but narrower. The flowers grow at the top of the stalke, compassing it round about in forme of an Imperiall crowne, (whereof it tooke his name) hanging their heads downward as it were bels: in colour it is yellowish, or to giue you the true colour, which by words otherwise cannot be expressed, if you lay sap berries in steepe in faire water for the space of two houres, and mixe a little Saffron with that infusion, and laie it vpon paper, it sheweth the perfect colour to limne, or illumine the flower withall. The backside of the said flower is straked with purplish lines, which doth greatly set forth the beautie therof. In the bottome of ech of these bels there is placed sixe drops of most cleere shining sweete water, in taste like sugar, resembling in shew faire orient pearles; the which drops if you take away, there doe immediately appeere the like, as well in bignes as also in sweetenes: notwithstanding if they may be suffered to stande still in the flower according to his owne nature, they will neuer fall away, no not if you strike the plant, vntill it be broken: among these drops there standeth out a certaine pestell, as also sundrie small chiues, tipped with small pendents, like those of the Lillie. Aboue the whole flowers there groweth a tuft of greene leaues like those vpon the stalks, but smaller. After the flowers be faded, there followe cods or seede vessels sixe square, in shape like the wheeles of a Iacke to turne the spit, or like the nut of a crosse-bowe, wherein is contained flat seedes, tough and limmer, of the colour of the spice called mace. The whole plant as well rootes as flowers do sauour or smell verie loathsomly like the foxe. As the plant groweth old, so doth it waxe rich, bringing foorth a crowne of

ジェラード『本草書』（1597年）より、ヨウラクユリの頁
（オクラホマ大学図書館蔵）

ジェラードの肖像
（『本草書』1597年）

十六世紀の転換期における庭園

［口絵15］

友人同士でもあった三人の偉大な植物学者が生涯をささげた仕事を成し遂げた頃、ある書物の出版に向けて準備がととのっていた。一六〇八年に出版された花譜がそれで、「一介の国王付刺繍職人にすぎないピエール・ヴァレ★により銅版に精巧に彫られた花々の気品の高さゆえに称賛に値する」。本書は叢書の最初のもので、「いとも寛容なるフランス王にしてナバール王であるアンリ四世に献呈された庭園」と呼ばれた。この王室庭園の門の両側にはレクリューズとローベルの彫像が置かれていた。

破壊の世紀が始まっていた。イギリスでは、人民の斧ではじめて国王の首がはねられた。フランスでは国民の富がたったひとりの人間とその取り巻きの栄誉のために浪費された。さらに悪いことに、ドイツでは国民の富は三十年戦争で無意味に霧消してしまった。見栄をはることが、時代の目的と化していた。城も庭園もこれまで以上に華美になった。

十六世紀半ばにゲスナーは庭園の地取りに関する規則をつくった。彼はクレッツェンツィが三百年前に認

★ピエール・ヴァレ（一五七五〜一六五七）オルレアン生まれの宮廷画家。パリで多数の彫版を制作した。代表作に花譜『国王アンリ四世の庭園』（一六〇八年）がある。

ピエール・ヴァレ『国王アンリ4世の庭園』(1608年) の扉に描かれたレクリューズ（左）とローベル（右）（フランス国立図書館蔵）

識していた富者と貧者の二分法とは対照的に、五つの所得グループに分けた。ゲスナーによる庭園の五つの類型は、次のとおりである。
(1)菜園。人間と獣のための野菜、ブドウ、果樹、芝生がある。
(2)薬草園。自生種ならびに外来種の薬用ハーブを含む。
(3)種々雑多な庭。すばらしいハーブのほかに、瞑想と自然賛美のための希少植物を含む。
(4)愉悦のための優美な庭。あずまや、涼亭、迷宮、高貴な常緑樹、ありとあらゆる形に刈り込んだ装飾樹。貴婦人、富裕な紳士、とりわけ修道士の庭である。
(5)豪奢な庭。所有者は賢者や君主もしくは政治家。豪壮な邸宅、池、噴水、人工の築山、体育場、競技場がある。

アイヒシュテットの侯爵にして司教でもあったコンラート・フォン・ゲミンゲン★は豪奢な庭を所有し、その銅版画を製作してもらうために画家バジル・ベスラー★に三千フローリン支払った。当時はそうした王侯にふさわしい庭園を絵で復元することが流行っていた。ベスラーは芸術家集団にこの仕事を委託したが、そのなかにはアウクスブルクの聖キリアン教会の建築にたずさわった建築家も含まれて

ピエール・ヴァレ『国王アンリ4世の庭園』(1608年)より、アイリス(フランス国立図書館蔵)

近年になって再建されたアイヒシュテットの庭園(バイエルン州)

★コンラート・フォン・ゲミンゲン(一五六一～一六一二)
アイヒシュテットの侯爵司教(一五九五～一六一二)。熱烈な植物愛好家で、バジル・ベスラーを雇用し、自分の庭(通称アイヒシュテットの庭)に数多くの植物を栽培する。

★バジル・ベスラー(一五六一～一六二九)
ニュルンベルクの薬種商、本草家、植物学者。アイヒシュテットの庭の管理を託され、一六一三年に花誌『アイヒシュテットの園』を制作した。これは初期の彩色銅版画による大型本のひとつで、花はほぼ原寸大で描かれており、完成までに十六年の歳月を費やしたといわれている。

いた。総数三百七十四枚の版画で六百六十七種、一千点にものぼる花の挿絵を描いた。こうしてできあがった『アイヒシュテットの園』はかなり大部なもので、運ぶのに手押し車が必要なほどであった。ベスラーはこの本の新版を出したり、市場で版画をばら売りにするために図譜を解体する者がいたら、訴訟を起こし、損害賠償を求めると警告した。しかし、ウィルフリッド・ブラントによれば、ベスラー自身、フランスの画家ド・ブリィ★の作品の海賊版をつくっていたのである。** 過去何世紀にも及ぶすぐれた植物学的な著作をばらばらに解体し、花譜を切り売りするという粗暴な習慣は、この三十年間にすっかり定着していた。『アイヒシュテットの園』の図譜の原版は一八〇〇年までアイヒシュテットに残

ベスラー『アイヒシュテットの園』1613 年
（ドイツ、ヴィースバーデン州立図書館蔵）

ベスラー『アイヒシュテットの園』（1620 年版）より、
各種のアイリス（ハールレム、テイラー博物館蔵）

ベスラーの肖像
（1613 年頃）

★ヨハン・テオドール・ド・ブリィ（一五六一〜一六二〇）彫版師。作品に『新花譜』（一六一一年）などがある。

**正確には、ブラントは『植物画の芸術』において、ベスラーの本にあるケシの一種の図とド・ブリィの『新花譜』の図を比べると、偶然の一致とはいいえないほどの類似がみられるが、ベスラーの刊行前に配られた数葉の版画をド・ブリィがみた可能性もあり、盗用については定かでない、と述べている。

存していた。もっとも、庭そのものは戦時によくみられるように、三十年戦争の間にすっかり荒れ果て、野菜畑にされてしまったのではあるが。一八〇〇年に原版はフランス人の手によって廃物として運び去られたが、これまた戦時にはありえないことではなかった。

フッガー家が一五八〇年に手に入れた庭園には、バラの木が七百七十五本あった。マスク・ローズを最初に栽培したのはゲオルク・フッガーであった。一五八四年、アウクスブルクの市民は、フッガー家の庭が自分たちの菜園を蚕食していると不満を述べた。また、ブレスラウのロレンティウス・ショルツ博士★がもっていた、やや衒学的な庭についても知られている。彼は一五七九年にパドヴァで学んでおり、その庭は次の四つに分割されていた。(一)菜園。(二)灌木の植え込み。ラブルヌム、ギルダー・ローズ〔和名カンボク〕、ライラックを含む。(三)ハーブ園。ポルトガル人航海士らによってヨーロッパに持ち込まれた植物を含む。(四)花の園。ここでは花の一つひとつにラベルが付けられている。オダマキ、ケシ、ヤグルマソウ、ユリ、チューリップ、キンギョソウ、そしてとりわけあらゆる種類のバラがあり、そのなかには「つい最近、ベローナから持ち込まれたばかりのエグランテリアと呼ばれる珍種の黄色いバラ」が含まれていた。またバラの生垣でできた迷路もあった。

4つのエリアに区切られたパドヴァの植物園は1545年の建設当時から今日まで、ほとんど姿を変えていない（16世紀の版画）

ギルダー・ローズ（カンボク）

ラブルヌム

★ロレンティウス・ショルツ（一五五二〜九九）
ドイツ人の医師、植物学者。ブレスラウ（当時はハプスブルク家のオーストリア帝国領であったが、現在はポーランドのブロツワフ）生まれ。アジア、アメリカ産の植物に強い関心を示し、ブレスラウに持っていた私庭でジャガイモなどを育てる。ショルツの庭は広さが約三ヘクタールで、四分円に分割されていた。庭の中央にあった建物は画廊兼晩餐会場として使われていたが、ショルツは賓客を招待し、そこで花祭りを開催していた。

古代とまったく同じように、ショルツは大園遊会を催した。それは「ヴラティスラヴィアの花祭り」として知られていた。十六世紀から一六一八年の間、ドイツがもっとも幸福であった時期に、オーデル河畔でローマ人の祭事に思いを馳せるのは、感動的ですらある。

三十年戦争の最中に、ヴァレンシュタイン★は自分の庭について思いをめぐらす余裕があった。彼はこう書いている。「私が理解している限り、造園計画において、開廊の前にある噴水についてはまだ何も決めていない。造園技師には、開廊の前にある矩形の敷地の真ん中に噴水を置くよう伝えて欲しい。そうすれば、他のすべての噴水の場合と同じように、水は二手に分かれて流れることができるようになる。それから、水の刺繍花壇にある各々の噴水を描いた図と番号を教えて欲しい。」

水盤、勢いよく吹き上げる噴水、意匠をこらした噴水は、ことさら人気が出はじめた。奇抜な流水の仕掛けには二種類あった。まず、水は必ずしも適切とはいえない場所に設置された彫像から噴き出た。次に、訪問者が気づかずに椅子に腰掛けた途端、あるいは門をくぐりぬけると同時に、水が散布される仕掛けもあった。

それまでは庭園にありとあらゆる種類の植物をあつめることが流行っていたが、それも一六〇〇年頃に終焉をむかえた。植物学者の後継者となったのは造園技師であった。邸宅から通常は荒れ果てた猟園へ移行する場所に、造園技師は階段のついた高い露壇を設計し、

★ヴァレンシュタイン（一五八三〜一六三四）
軍人。三十年戦争で神聖ローマ皇帝軍の総司令官をつとめる。一六三二年、ライプツィヒ郊外のリュッツェンの戦いでスウェーデン国王グスタフ・アドルフを戦死させるも、自らが率いる皇帝軍は敗北を喫した。プラハにバロック様式の庭園を所有していた。

意匠をこらしたチボリのエステ荘の噴水（G.F. ヴェントゥリーニの銅版画／1680 年／フランス国立図書館蔵）

階段を下りていくと刺繡花壇（すなわち地面）にたどり着くようにした。この花壇は、ヴァレンシュタインの手紙にも記されているように、水の刺繡花壇の場合もあった。花の刺繡花壇はユリ、ヒモゲイトウ、タチアオイ、マリーゴールド、カーネーション、ヨウラクユリでつくられた。露壇の下には、人工洞窟《グロット》がつくられ、それはすぐさま大評判になった。刺繡花壇の四隅にはイトスギが植え込まれ、それ以外の樹木はご法度であった。すべてが綿密に計算され、つくりあげられた。樹木や灌木の高さも、園路の幅や長さとのかねあいで決められた。ツゲはピラミッド、オベリスク、円錐形、円柱に刈り込まれた。

刺繡花壇の芸術家のなかでも最大の名匠ジャック・ボワソー★は大胆にも長方形を放棄し、あらゆる種類の幾何学的な形―星形、三角形、菱形―を用いた。最終的にはこうした幾何学的な形もすたれ、当時の錬鉄作品のように、羊腸たる模様にとって代わられた。「コムパルティ

リュクサンブール庭園の刺繡花壇（1619年）

ボワソーの肖像
『園芸論』（1638年）

★ジャック・ボワソー（一五六〇頃〜一六三三頃）
ルイ十三世おかかえの宮廷庭師、庭園設計師。リュクサンブール庭園をはじめ、パリの主要な庭園を設計し、最初に刺繡花壇をとりいれた功績は大きい。没後公刊された『園芸論』（一六三八年）は、アンドレ・ル・ノートルの庭園設計にも影響を及ぼした。

モン・ド・ブロドリ」、すなわち刺繍花壇という名称がそれをよく表している。十九回も版を重ねた有名な農書を著したオリヴィエ・ド・セール★はフランスの絨毯花壇、小さな植物を丹精こめて配置し、文字、絵、紋章をつくる方法、そしてツゲを刈り込んでつくられる彫刻品を絶賛した。「植物によって人間、動物、船、建物がつくられるさまはすばらしい。実際のところ、イタリアに行くには及ばない。」花の栽培よりも、いまや人びとは花壇のデザインに熱中した。この傾向が顕著なのはジャン・ロバンであった。彼は国王専属の刺繍花壇家にして「有名なパリ学派の薬草園の管理人」であり、花の正確な知識が重要なのは、もはや薬用のためではなく、模様のためであると考えていた。有名な彫版師メーリアンの娘マリア・シビラ・メーリアン★は刺繍用の花の図案集を出版した。

★オリヴィエ・ド・セール（一五三九〜一六一九）
農学者、土壌学者。その著『農業経営論』（一六〇〇年）は大好評を博し、十七世紀を通して四十五回以上も版を重ねた。本書は本来地主向けの農業手引書で、親友のアンリ四世に献呈された。ビール醸造に不可欠のホップをフランスに導入したのもド・セールで、しばしば「フランス農業の父」と称される。

★マリア・シビラ・メーリアン（一六四七〜一七一七）
画家、昆虫学者。ニュルンベルクの高名な銅版彫刻家マテウス・メーリアンの娘。南米スリナムで自ら収集した昆虫類をもとに『スリナム産昆虫の変態』（一七〇五年）を著した。本書は蝶を中心とした手彩色の銅版昆虫図譜であるが、昆虫が幼虫から変態する過程を一枚の画に描いている点で画期的な作品であった。植物も多数描かれており、花譜としても高い評価を得ている。

ジュリーの花飾り

［口絵16］

太古の昔から、バラとユリは求愛の花とされてきた。ギリシアの女流詩人サッフォーはバラを花の女王と呼んだ。フランス人にいわせれば、ユリは―フランス語では男性形―花の王様ということになる。

フランスの若い貴族たちは自分の花嫁に毎朝ブーケを贈らなければならず、それにはバラとユリが欠かせなかった。この結婚の贈り物でもっとも有名なのが、『ジュリーの花飾り』である。

ジュリー★はランブイエ侯爵の令嬢であり、母親が主宰する有名なサロンの花形であった。物騒な宗教戦争の時代が終息したのち、ランブイエ侯爵夫人★は自分のサロンで洗練された文化活動を開始していた。荒々しい者は受け入れられず、良き礼儀作法が新しい理想となった。すなわち「社交人《オネットム》」は「礼儀正しく《コム・イル・フォー》」あらねばならないのである。「礼儀正しい／きちんとした」という表現は、十九世紀末まで使われた。ランブイエ夫人は自分の前では無作法なふるまいを許さなかった。夫人に迎え入れられた者はだれであれ、礼儀正しくあらねばならなかった。というのも、「少なくとも礼儀正しさは表に出るものであり、それによって人間の内面的な良さが、外見から判断できるようになるからである」。イタリアではもはやなくなっていたが、たとえばフランスでは、一つの皿から各人がそれぞれ素手でとっ

★ジュリー・ダンジェンヌ（一六〇六～七一）
ランブイエ侯爵シャルル・ダンジェンヌ（一五七七～一六五二）の娘。

★ランブイエ侯爵夫人
カトリーヌ・ド・ヴィヴォンヌ（一五八八～一六六五）。パリの自邸（ランブイエの館）にサロンを開き、文芸談義をおこなう。サロンは美しい言葉を練る場でもあった。そこには作家、詩人、政治家、軍人などがつどい、ランブイエの館、なかでも夫人の「青い部屋」は社交界の中心となった。

て食べる習慣がまだ残っていた。しかし、ランブイエ夫人は客人ひとりひとりに皿を出し、コースごとに皿を変えたのである。彼女は建築設計もおこなったが、それがすこぶる好評で、二世紀もの間、劇作家は宮殿や城館の前庭もしくは庭園以外の場所を指定しなかった。ランブイエ夫人は部屋に青色の壁をとりいれた最初の人で、彼女の有名な青い部屋はオランダ風に花瓶に活けた切花で飾られていた。これは必ずしも斬新なものではなかった。受胎告知を題材にした多くの絵画には、きまって瓶に入ったユリが描かれている。ヒューホ・ファン・デル・フース★の祭壇画《羊飼いの礼拝》（一四七五年頃）には、今日われわれが目にするように、花瓶に入ったオダマキとアイリスとユリが描かれている。またハンス・ホルバイン★の《商人ゲオルグ・ギーゼ》（一五三二年）ではカーネーションの入った花瓶が机の上にのっている。しかし、花が家具の完備した部屋の一部になったのは、ランブイエ夫人によるところが大きい。穴の開いたふた付の花瓶もあり、水をかえるときには花ともども持ち上げられるようになっていた。暖炉ですら、夏には活け花に利

右：ファン・デル・フース《羊飼いの礼拝》の部分（ウフィッツィ美術館蔵）
左：ホルバイン《商人ゲオルグ・ギーゼ》の部分（ベルリン国立絵画館蔵）

★ヒューホ・ファン・デル・フース（一四三五頃〜八二）
初期フランドル派の代表的な画家のひとり。人物や草花の写実描写にすぐれているといわれ、ベルギーのヘントやブルゴーニュ公の宮廷で活躍した。《羊飼いの礼拝》は代表作『ポルティナーリの三連祭壇画』（一四七五年頃）の一部。

★ハンス・ホルバイン（子、一四九七〜一五四三）
ドイツの画家。バーゼルで肖像画家として頭角をあらわした。エラスムスの『愚神礼賛』の挿絵が縁でトマス・モアに招かれ、ロンドンに滞在。その後、再渡英して、永住。一五三六年にヘンリー八世の宮廷画家となり、イギリスで活躍した。

★リシュリュー（一五八五〜一六四二）
ルイ十三世の宰相。もともとカトリックの聖職者で、一六二二年枢機卿に任じられている。その二年後にルイ十三世に抜擢され、宰相となった。ユグノー（フランスの新教徒）と大貴族を抑え、中央集権化をはかった。

用された。

ランブイエ邸は政治家がつどう場でもあった。そこにはリシュリュー★、マザラン★、コンデ★が集まった。コルネイユ★はそこで自分の芝居の脚本を朗読し、ラ・ロシュフコー★は『箴言』を読んだ。ランブイエ邸は、あらゆる障害をのり越えるほど強固な真実の愛をはぐくむ理想の館であった。

ジュリーとサン＝モール侯爵★の恋もそうであった。ジュリーは多くの男性から求愛され、モール侯爵を待たせた。侯爵は出征し、捕虜になったが、四年後の一六四五年、ついに結婚式にこぎつけた。サン＝モール侯爵の結婚の贈り物、あるいは一説には花嫁の誕生日プレゼントともいわれているが、それはニコラ・ロベール★が描いた一冊の花のアルバムであった。このアルバムがロベールを一夜にして有名にした。パリの詩人たちが籤を引

右：ふた付きの花瓶に挿した花（ジョヴァン・バッティスタ・フェッラーリ『花の栽培』1638年）
左：使用していない暖炉に花が飾られている（ゴーウェン・ハミルトン画／1730年頃／グラスゴー美術館蔵）

★マザラン（一六〇二～六一）
リシュリューの後継宰相。内ではフロンドの乱を鎮圧し、外では外交手腕を発揮して三十年戦争の講和条約（ウェストファリア条約）でアルザスを獲得、ドイツの小邦分立化に成功した。

★コンデ（一六二一～八六）
公爵、軍人。若くして三十年戦争に従軍し、以後軍人として数々の武勲をたてる。ルイ十四世治下における大物軍人のひとりで、大コンデと呼ばれる。引退後、モリエールら文学者と交流をもった。

★コルネイユ（一六〇六～八四）
フランスの劇作家。弁護士、検事として仕事をするかたわら、悲劇・喜劇を問わず、多くの戯曲を執筆した。

★ラ・ロシュフコー（一六一三～八〇）
モラリスト、文学者。名門貴族の出身で、ルイ十三世の宰相リシュリューとは敵対関係にあった。『箴言』はモラリスト文学の傑作といわれる。

★ニコラ・ロベール　↓一八一頁参照

いて花を選び、それについてひとりずつ小恋歌を詠んだのである。こうして、たとえばコルネイユはオレンジの花と乾燥しても色も形も変わらない花についての歌を詠んだ。花のなかにバラとユリが含まれていたことは、いうまでもない。アルバムの表題の頁には、ジュリーという名前のまわりに花輪飾りが描かれていた。

『ジュリーの花飾り』はフランス革命期にハンブルクで競売にかけられ、その後一世紀間は所在不明のままになっていた。そして、ロンドンで再び売りに出され、さる古物骨董商がフランスからやってきた私人に売却したのである。** 普通はこういうことはありえないことで、有名なフランスの鳥類や花の画家たちの原画の大部分は、公的機関が買い取って、収集している。一九五四年、赤いモロッコ革で装丁されたクロード・オーブリエ★の手になる原本はロンドンで売りに出され、フランス政府が二千ポンドで購入した。

『ジュリーの花飾り』より、表題頁（左）と、ユリとバラの図（1641年／フランス国立図書館蔵）

★サン＝モール侯爵
シャルル・ド・サン＝モール（一六一〇〜九〇）。モントジエ侯爵。ランブイエ侯爵の令嬢ジュリー・ダンジェンヌに恋をし、『ジュリーの花飾り』を贈る。この豪華本には当代きっての詩人たちが頌歌をよせており、一六三四年の元旦にジュリーに贈呈された。ふたりは十四年間の婚約期間を経て、一六四五年にようやく結婚にこぎつけた。

**現在はフランス国立図書館の所蔵となっている。

★クロード・オーブリエ（一六六五〜一七四二）
植物画家。トゥルヌフォールに絵画の腕を見込まれ、中東レヴァント方面への植物採集の探検旅行に同行、植物のみならず、昆虫、風景、遺跡、人々の服装にいたるまで絵筆をふるった。帰国後は、王室植物園で植物画を描く仕事に従事し、ジャン・ジュベール没後、国王おかかえの植物画家として彼の後を継いだ。

パリ植物園の花譜コレクション

［口絵17］

ルイ十三世の弟でオルレアン公のガストンはブロア城を再建し、あらたに造営された庭園の監督者としてロバート・モリソンを雇った。知的生活は中断されることなく続いた。スコットランド人のモリソンは王党派に属し、一六四四年に王党派が敗北すると、フランスに亡命した。彼はジャン・ロバンの弟子であった。チャールズ二世は彼を呼びもどしてセント・ジェイムズ・パークの管理にあたらせたが、その後オックスフォード大学で最初の―ということはイギリスで最初のということであるが―植物学教授になった。モリソンの死は当時の世相を反映していた。というのも、彼は一六八三年、今日のトラファルガー広場で馬車にひかれて亡くなったからである。

ガストンは自分のために花の絵を描いてもらおうと思い、ニコラ・ロベール★を選んだ。ヴェラム（仔牛の革）に描かれたロベールの花譜はルイ十四世の書斎に保管されていた。フランス革命期に、ダニエル・ラベル★にはじまるこの比類のない絵画コレクションはパリ植物園付属の

★ニコラ・ロベール（一六一四～八五）
本の挿絵家。一六四一年『ジェリーの花飾り』の挿絵を描いた。

★ダニエル・ラベル（一五七八～一六三七）
画家。肖像画、風景画、とくに花の絵で名声を博した。一六二二年、『花譜』を出版。

ニコラ・ロベール画、通称「王のヴェラム」より、ケシ（パリ、国立自然史博物館蔵）

博物館に移管された。パリ植物園の前身は王室植物園で、その創設は一六三五年にさかのぼる。付属博物館（現在は国立自然史博物館の一部門）では、いまなおヴェラム画のコレクションが展示されている。

ロベールは「国王陛下専属の細密画家」の肩書きをもっていたが、彼の後継者ジュベールは一枚の絵につきルイ金貨二枚の報酬を手にした。ジュベールの後を継いだのは、オーブリエであった。オーブリエは当代きっての植物学者ジョゼフ・ピトン・ド・トゥルヌフォールといっしょにレヴァント地方を旅行した。王の命令で実施されたこの調査旅行は、じつに骨の折れる旅であった。トゥルヌフォール、オーブリエ、それにドイツ人医師グンデルシャイマーの三人はエーゲ海に浮かぶ三十二の島々を訪れたが、嵐や海賊とたたかいながら、さまざまな困難に遭遇した。コンスタンティノープルに到着すると、祖国から最初の郵便物が彼らを待ち受けていた。王室植物園の監督官から一通の手紙が届いていたのである。その内容は、オーブリエは素描しか送ってよこさず、しかも描かれている絵の緑色は本物の緑色ではないゆえ、旅の後援者たちはいたく失望しているというものであった。もろもろの決定権は費用をまかなっ

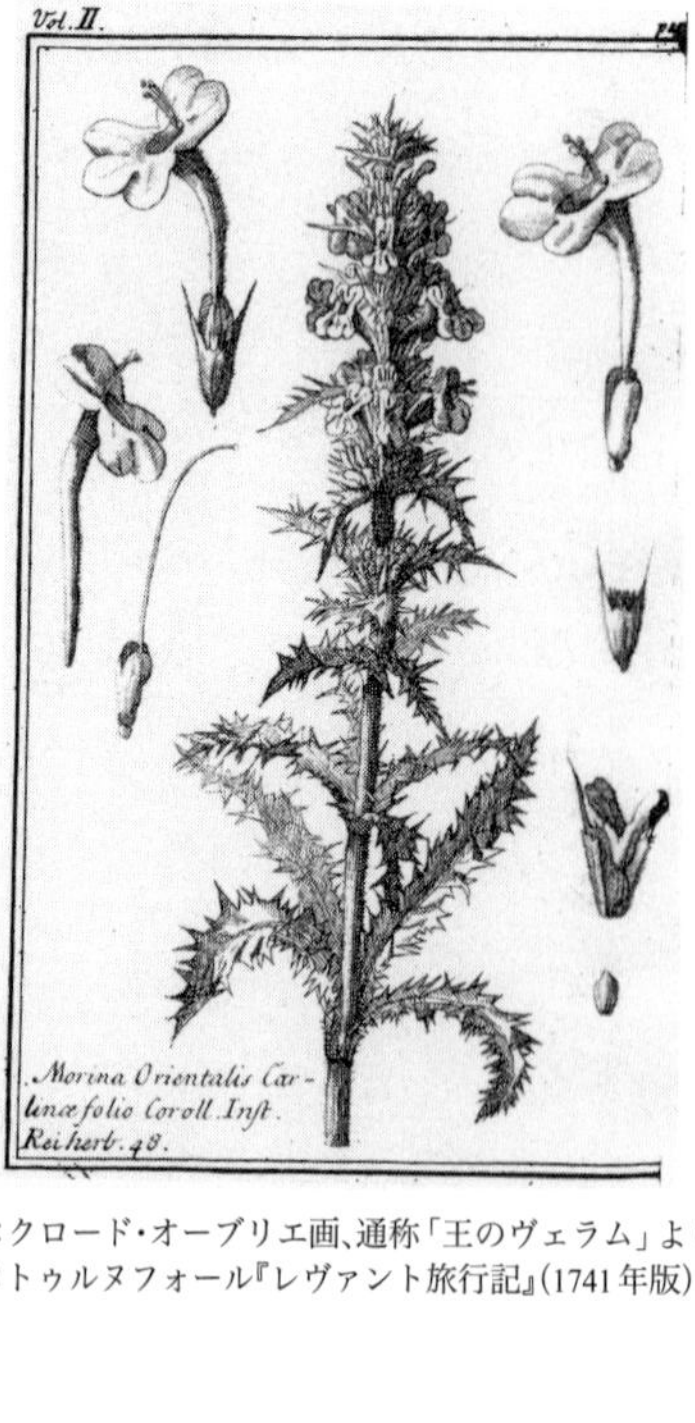

右：クロード・オーブリエ画、通称「王のヴェラム」より、柱サボテンのセレニケレウス（パリ、国立自然史博物館蔵）
左：トゥルヌフォール『レヴァント旅行記』（1741年版）より、マツムシソウ科モリナ属の植物（ミシガン大学図書館蔵）

てくれた後援者にあったが、彼らは往々にして無知であった。しかし、これは通常ではありえない愚かしい一例といえる。オーブリエは返事を書き、一日に何十もの新しい植物を発見していれば、それを素描するだけで手が一杯で、それ以上のことはできないと伝えた。さらに、旅は困難をきわめ、祖国から届く不満に耳をかたむける余裕などないことも書き添えた。オーブリエの描いた作品は、その後一世紀にわたり、植物学上もっとも貴重な資料であり続けた。

若い頃はさまざまな難問に直面したが、オーブリエの人生は幸せなものであった。王室植物園を見下ろす高台に居をかまえ、花の絵を描いては、ぶらりと散歩にでかけ、昆虫と遊ぶのもわるくはなかった。彼はいつか昆虫の変態に関する大作をものしようと、数多くの下絵を描いていたが、結局、未完のままで終わった。人間の一生はあまりに短すぎる。オーブリエの遺言にしたがい、葬儀は簡素にとりおこなわれた。遺産の一部は彼の霊魂の救済のために祈りをささげる人びとのためにとっておかれ、残りは慈善にまわされた。オーブリエはムラサキナズナ属の学名Aubrietia《オーブリエチア》〔現在はAubrieta《オーブリエタ》〕にその名をとどめている。ふっくらしたクッションのようなオーブリエチアの花群を自分の庭で観賞できるひとは幸運と

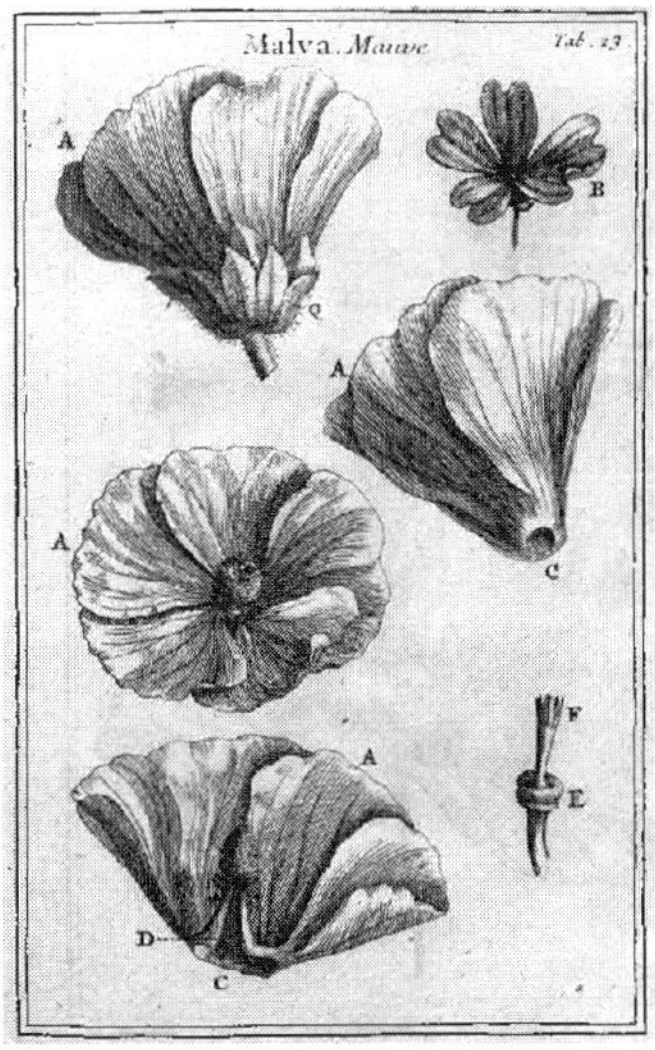

オーブリエのエッチング画。トゥルヌフォール『基礎植物学』（ラテン語版、1700年）より、ゼニアオイの図（ミズーリ植物園蔵）

オーブリエチアの栽培品種（ベルギーで刊行された挿絵入り園芸雑誌『リリュストラシオン・オルティコル』1865年）

いうべきで、感謝の念をもって彼のことを思い出すことであろう。オーブリエの後を継いだのはバスポルト★女史で、その後継者がスパーンドンク★であるが、彼は偉大な花の画家ファン・ハイスム★の弟子であった。ブラントによれば、スパーンドンクはルドゥテ★に自分の技法を伝授し、ルドゥテは実際にはスパーンドンクの技法を普及させたにすぎなかった。ヴェラム画のコレクションは、一九〇五年にムロンの絵画が加えられて完成をみた。

右：スパーンドンク画、クサフヨウ（1781年）
左：ルドゥテ画、ボタン
（通称「王のヴェラム」より／パリ、国立自然史博物館蔵）

★フランソワーズ・マドレーヌ・バスポルト（一七〇一～八〇）
女流画家。早熟なデザインの才を認められ、クロード・オーブリエの弟子となる。オーブリエ没後、彼の後継者として宮廷画家となり、ルイ十五世のために花や鳥の水彩画を描いた。

★ヘーラルト・ファン・スパーンドンク（一七四六～一八二二）
オランダ人画家。マドレーヌ・バスポルトの後を継いで、一七七四年パリの自然史博物館の花の絵画教授となる。同年、ルイ十六世のおかかえの宮廷画家に任命された。

★ヤン・ファン・ハイスム（一六八二～一七四九）
十八世紀前半のオランダを代表する花卉画家。

★ピエール＝ジョゼフ・ルドゥテ（一七五九～一八四〇）
「花のラファエロ」の異名を取る、ベルギー出身の植物画家。本文の二五一頁以降を参照。

ル・ノートルの登場

花から果樹・菜園へ

［口絵 18・19］

男性はどちらかといえば永続性のあるものを好み、樹木と灌木を植える。それゆえ、もしも男性が我意を通したならば、かくも多くの花はこの世に存在していないであろう。一般的に言って、男性で花に興味をもつのは、植物学者か庭師のいずれかである。さもなければ、男性にとって花は愛の使者にすぎない。

これに対して、女性が庭づくりをするとなると、花は欠かせない。一世紀半もの間、男性が造園に情熱をそそいでいたときは、花は庭園から姿を消していた。

フロンドの乱★の闘士は深靴と戦意を捨て、一組一万三千ターレルもする飾緒で自身を飾り立てた。一六六〇年のフランス宮廷社会で一六三〇年代を彷彿させる唯一のものは、紳士貴顕にライオンのような風貌を与えた金髪のかつら熱であった。みずからの信念のために百五十年間殺戮を繰り返したのち、人びとは人生の享楽を求めたのである。

庭園は宮廷社会の一部となっていた。ゲームとバレエは野外劇場でおこなわれるように手配され、イチイの緑樹や白い彫像のあいだをぬってダンスがくりひろげられた。ちょうど刺繍花壇、露壇、噴水がそうであったように、気品ある庭園には、養魚池、大きな小鳥の檻、高価な温

ヴェルサイユの野外劇場（ジャン・コテル画／1693年頃／ヴェルサイユ宮殿蔵）

★フロンドの乱
一六四八〜五三年にかけて起こったフランスの内乱。当時幼少であった国王ルイ十四世に代わって国政を担当した宰相マザランは、折からの三十年戦争の戦費を賄うために次々と新税を導入したうえ、高等法院の権限を無視して勅令を発布した。これに反発したパリ高等法院の法服貴族や市民が中心となって起こした反乱で、地方にも波及していった。最終的には、内部分裂によって鎮圧された。フロンドとは、当時子供たちの間で流行っていた投石玩具のこと。

室が不可欠のものとなった。

アンドレ・ル・ノートル★が登場し、風景を庭園に変えたとき、より正確にいえば、森や畑に代えて風景を創造したときの状況は、そのようなものであった。彼のたっての願いは、境目のない庭園をつくることであった。田園地帯は邸宅と結びつけるにはあまりに広大であった。いまでもわれわれの目を楽しませてくれる長い並木道を案出したのは、ル・ノートルであった。ル・ノートルに心酔していたイギリスの第二代モンタギュー公爵★は、田舎にある自分の所領とロンドンを結ぶ全長およそ百二十キロメートルにも及ぶ並木道を企図した。建物と彫像が脚光を浴びるようになり、樹木と灌木は建物の一部として活用された。ル・ノートルはローマで画家として出発した。次のような眺望点を考案したのは、ほかならぬル・ノートルであった。すなわち、大きな水路とその先にある神殿、静謐な水面、藪にひっそりと置かれた石のベンチ、彫像が点在する池、花壺や噴水、そして羊腸の階段である。こうしてル・ノートルは、風景を整形庭園に変えたのである。

牧歌劇はヴェネチアですでに始まっており、ローマに定住していたスウェーデン王妃

ル・ノートルが設計したシャンティイ城の庭園（17世紀）

ル・ノートルの肖像（1680年頃）

★アンドレ・ル・ノートル（一六一三〜一七〇〇）

十七世紀フランスを代表する造園家。フランス式幾何学庭園の生みの親ともいえる人物。チュイルリー庭園の管理官であった父親の家業を継ぎ、四十歳をすぎてヴォー＝ル＝ヴィコント城の庭園を造る。これがル・ノートルの出世作となった。その後、ルイ十四世に乞われてヴェルサイユ宮殿の庭園を手がけ、後世に名を残すことになる。

★第二代モンタギュー公爵

ジョン・モンタギュー（一六九〇〜一七四九）。イングランド中部のノーサンプトン州に所領と邸宅ボートン・ハウスを構え、庭づくりと植林に励んだ。邸宅からロンドンに至る楡の並木道を計画したのは一七四〇年代のことである。

クリスティーナによって継承された。クリスティーナはローマで芸術家と学者の集まりである「アルカディア」を創設した。ここで、男女の羊飼いたちが主演の最初の野外劇『エンデュミオン』が、小川のせせらぎや木々のざわめきのなかで上演された。牧歌的なファッションはルイ十四世の宮廷にもひろまった。宮廷人は木綿やモスリン織の衣服で牧夫の格好をして着飾り、刈り込まれた生垣のあいだをぬってダンスを踊った。こうした生垣は舞踏会場の延長部分として、ル・ノートルが魔法の手でつくりあげたものであった。ルイ十四世はヴェルサイユの建設に五千万ポンドを投じた。この金額はルイの戦費に比べれば、微々たるものであった。それでも莫大な金額であることにかわりはなく、庭園の建設のために四万人もの人足を雇った。ル・ノートルはヨーロッパの夢の庭園への道をきりひらき、美しいヨーロッパ大陸をつくるのに、他のだれよりも貢献した。大邸宅の庭師たちはパリまで出かけていっては、ル・ノートルに教えを乞うた。ロンドンのセント・ジェイムズ・パークやハノーバー近郊のヘレンハウゼンはル・ノートルの弟子が手がけたものであった。ル・ノートルの構想に端を発した庭園は、スペインのラ・グランハ・デ・サン・イルデフォンソからロシア

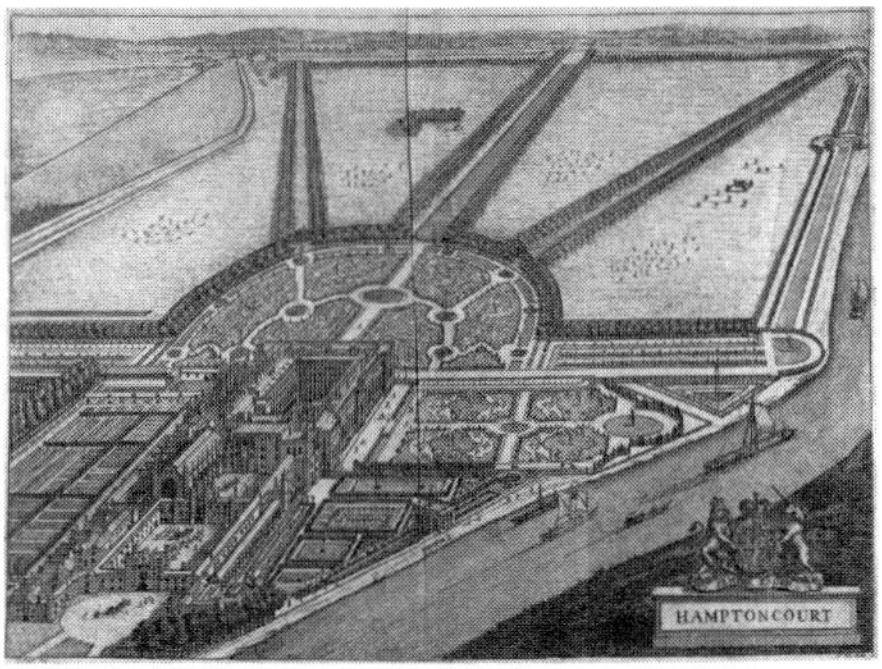

ル・ノートルの弟子が手がけた、英国ウィリアム3世時代のハンプトン・コート（『ブリタニア・イラストレイタ』1707年）

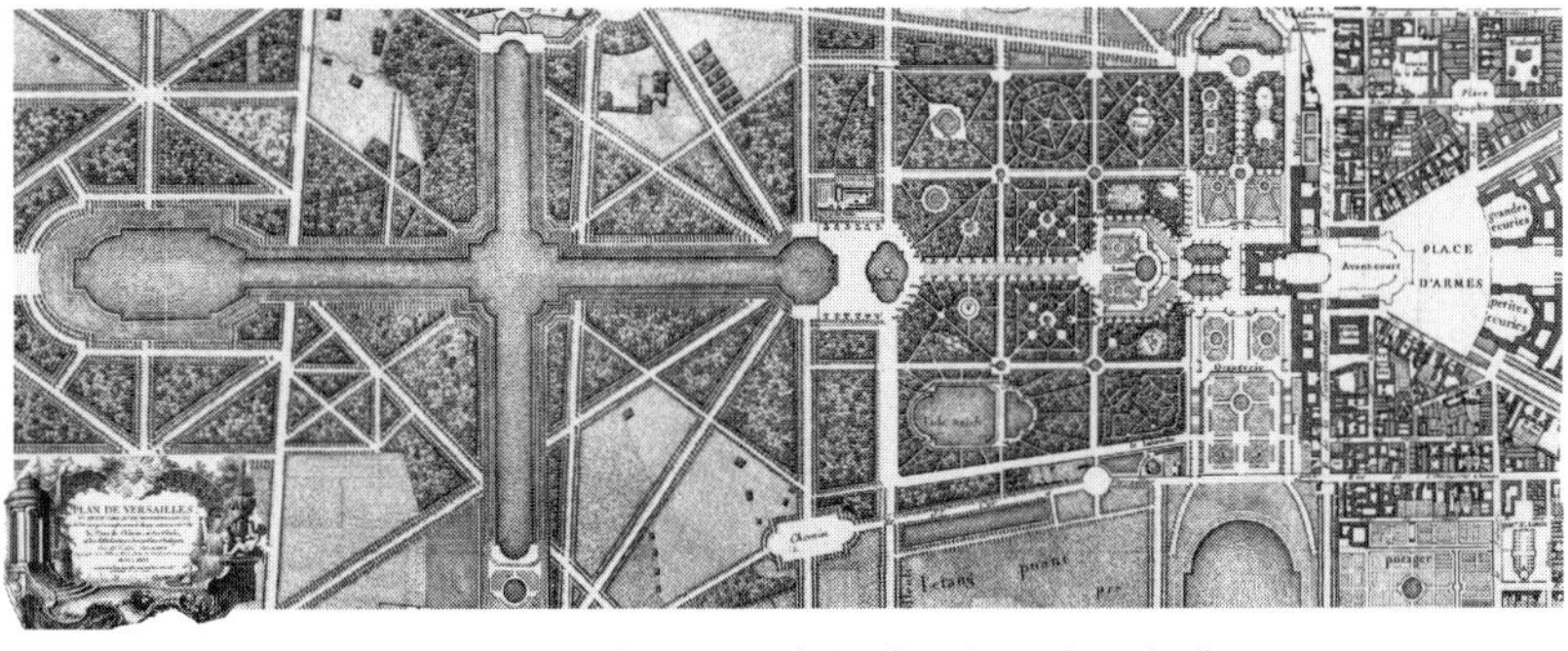

ル・ノートルによるヴェルサイユ宮殿の庭園プラン（1661年頃）

のピーターホフまで、ウィーンからストックホルムまで、グロースターシャーのウェストベリー・コートからベッドフォードシャーのレスト・パーク、そしてリーズ近郊のブラハム・パークまで、ヨーロッパのいたるところに見いだせる。

花は戸外から消えた。ル・ノートルは整形花壇をつくるのに彩色ガラスのビーズはもとより、人工のセーブル焼きの造花を使うこともあった。あるいは旧来のように、色砂を用いた。紳士淑女は風の強い日にはよく砂埃をかぶった。ヴェルサイユでは、庭のテーブルにも装飾用に色砂が積み上げられ、数本の花がしゃきっと屹立し、人目をひいていた。同じ頃、ドイツのニュルンベルク市庁舎で饗宴が催されたときには、会場は矮性の果樹で飾りつけがなされ、ホールには三十種類の果樹やたくさんの花輪が飾られた。このホールは、一六四八年にウェストファリア講和会議が開催されたところである。

花が戸外から消えたとはいえ、ルイ十四世の花好きは変わらなかった。国王おかかえの庭師ジャン＝バティスト・ド・ラ・カンティニ★は、西ヨーロッパで最初に花の促成栽培に成功した人物であった。それゆえ、彼は宮殿内で生け花用に使われる摘みたてのバラ、

ヴェルサイユのオレンジ園で働く庭師たち（ラ・カンティニ『完璧な庭師、もしくは果樹と野菜栽培の教科書』1695年）

★ジャン＝バティスト・ド・ラ・カンティニ（一六二六〜八八）
法律家、植物学者、造園家。ヴェルサイユ宮殿の食卓に献上される野菜や果物を栽培するために、五年をかけて九ヘクタールもの広大な「王の菜園」を造園したことで有名。著書『完璧な庭師、もしくは果樹と野菜栽培の教科書』（一六九五年）は版を重ねた。

「王の菜園」の造園（ラ・カンティニ『果樹と野菜栽培の教科書』1715年版）

ユリ、ヒアシンス、スイセン、ヘリオトロープ、ジャスミン、カーネーションをいつでもふんだんに提供することができたのである。約六百本のオレンジの木が銀製の大鉢に入れられてヴェルサイユの「鏡の間」に並べられ、冬場には三千鉢のオレンジが庭園から温室に移された。一八七一年のパリ・コミューンは短命に終わったが、革命家たちはオレンジの入った温室に押し寄せ、銀の大鉢を溶かし、オレンジの木を切って燃料用の薪にした。

花は依然として社交の場や会議のために使われていた。たとえば、十七〜十八世紀の間、ウィーンでは一種の仮面舞踏会がおこなわれていた。それは「ヴィルツシャフト★」―すなわち「タヴァーン」―と呼ばれていた。舞踏会では皇帝と帝妃はパブの主人とその奥方に扮し、宮廷にいる紳士淑女はウェイターとメイドの格好をして、それぞれ登場した。礼儀作法でがんじがらめにされ、退屈きわまりない宮廷生活をおくっていた廷臣たちにしてみれば、よい気晴らしとなったし、ときには外交問題の解決にも一役買った。一六九八年、皇帝レオポルドとロシアのピョートル大帝は、落ち合うときは「タヴァーン」でと決め、それぞれ宿屋の主人と農民の役をみごとに演じきった。そのような時には何ヶ月か前に籤《くじ》引きがおこなわれ、騎士は自分に割り当てられた貴婦人に生花か造花のブーケを贈らなければならなかった。

しかし、全般的に花は庭から一掃された。これを埋め合わせるために、木彫りや化粧漆喰でできた花、とりわけバラの花が壁、戸口、家具、鏡の枠に取り付けられた。また、炉棚の大理石にも花の模様が彫り込まれた。そうした花の絵は天井画にもみてとれる。白い雲が点在する至福の天空

★ヴィルツシャフト／タヴァーン
ヴィルツシャフト（Wirtschaft）は、ドイツ語で「飲食店・宿屋・居酒屋」の意味。英語のタヴァーン（tavern）にあたる。オランダでは、チューリップの取引は証券取引所ではなく、よく居酒屋で行なわれた。

ヴェルサイユ宮殿「ヴィーナスの間」の天井画

には、この世のものとは思われないほど美しい青空がひろがっている。有翼の小天使たちがバラの花輪を手にし、美の女神ヴィーナスと花の女神フローラのまわりには、たくさんのバラが咲き乱れている。

ジャン＝バティスト・モノワイエ★はタピスリーや室内装飾のために花の図案を描いたが、銅版画集『花の写生大図鑑』は後世の織物や壁紙のデザインに多大な影響を及ぼした。しかし、自然の花々、とりわけバラは好まれなかった。依然として花が賞美されていた国でも、球根植物が流行の兆しをみせはじめていたのである。

★ジャン＝バティスト・モノワイエ（一六三四～九九）
十七世紀フランスを代表する花卉画家。ルイ十四世時代、ヴェルサイユ宮廷の首席画家となり、六十点余の彼の作品が宮殿中を飾ったという。また、その名声はイギリスにもおよび、ウィンザー城、ハンプトン・コートなど英国王室の装飾も手がけた。

モノワイエ『花の写生大図鑑』（1670-80年頃）より、ヒマワリ、バラなどの花束（メトロポリタン美術館蔵）

チューリッポマニア

チューリップ狂騒事件

［口絵 20・21・22］

史上もっとも熱狂的な投機事業として有名なチューリップ・スキャンダルについては、だれもが知っている。だが、それが一六三四〜三七年というおぞましい三十年戦争の最中に起こったことについては、必ずしもすべての人が知っているわけではない。

独立戦争を終えたオランダは、繁栄の途上にあった。ことによると、オランダ人が花を愛好するようになったのは、単調な国土のせいかもしれない。ニコラ・ロベールは、フランドル人が十字軍時代とブルグント公爵の治世期におおいに花を愛でた様子を述べている。希少植物が高価で画家の報酬が低かった時代に、ある貧しい婦人がヤン・ブリューゲル★に自分ではとうてい買えなかった花の絵を描いてくれるよう頼んだという逸話が残っている。二世紀後、オランダの港を出帆する船の船長は必ずといってよいほど、植物の種子、球根、そして可能であれば、生きたままの植物をオランダに持ち帰るよう依頼された。

どんなに小さな村でも花卉栽培者のクラブがあり、各々の規則にのっとって儀式や祭事がおこなわれた。春ともなれば、新種の花を審査するための審査員を選ぶ会合がもたれた。こうした慣習はそれほど珍しいものではなかった。ムンバイのパーシー教徒は花が満開になると友人をさそい、お祭り騒ぎをして祝った。これにはどの庭師も共感するであろう。周知のように、庭は訪問者が訪れたときがもっとも美しいとはかぎらない。これはあまり

★ヤン・ブリューゲル（父）（一五六八〜一六二五）
十七世紀フランドルに活躍した花卉画家。父親は有名なピーテル・ブリューゲル。一六〇六年、ブリュッセル大公夫妻の宮廷画家となる。

にも自明の理で、庭師が「四週間前でしたら、本当にきれいでしたのに！」などと庭を訪れた人びとに話しかけようものなら、物笑いの種になるのがおちである。

　オランダでは園芸は一種の儀礼的慣習にまで発展した。専門家は花壇から花壇へと歩きまわり、褒美を分け与え、新しい品種の価値についてあれこれ議論をたたかわせた。春の花祭りでは夕方になると祝宴が催され、話題といえば、狩猟や戦争ではなく、花ときまっていた。フランス大使が書いているように、参加者は「花談義に花を咲かせていた」のである。政治家、学者、気品ある淑女はみな庭いじりに興じ、異国産の植物を植え、ライデンにある植物園に挿し木用の枝を送った。世界でもっとも美しい花の「静物画」はオランダで描かれた。それらをみると、往々にして四季折々の花々が混在しているが、もちろんそれは画家にとっては問題ではなく、むしろ花の記録としては重要なことなのかもしれない。

　新興国オランダはいくつもの小さな庭園からな

オランダの女性画家ラヒェル・ライスによる花の静物画
（17世紀末-18世紀初め頃／ロンドン、クリスティーズ蔵）

オスマン帝国のモスクのタイルに描かれたチューリップ
（イスタンブール／1578-80年）

★バーブル（在位一五二六〜三〇）　ムガル帝国の創始者・初代スルタン。文人としても名高く、自伝『バーブル・ナーマ』には動植物に関する記述も含まれている。

る国であった。広い空き地がある場所でも小区画に分けられ、その一つひとつにぎっしりと花が詰め込まれた。こうしたこぎれいで上品な庭は、市民生活になじんだ小国オランダにふさわしいものであった。オランダは庭園装飾の発祥地であった。珊瑚の塊、陶器の人形、色つきのガラス玉、今日まで残る花壇の縁取り（たとえば、タイル、羊骨、鉛、貝など）は、オランダで生まれたのである。しかし、イギリス人は花壇の縁取りに人間の鎖骨を使うようなことはしなかった。樹木の刈り込み装飾技術《トピアリー・アート》があらたな絶頂期を迎えたのも、オランダにおいてであった。艦隊、紋章に使われている動物、狩猟場面などがツゲの木を巧みに刈り込んでつくられた。

ビュスベックがアドリアノープルからコンスタンティノープルにかけて生育しているおびただしいスイセン、ヒアシンス、チューリップを目のあたりにし、それを書き記したのはまさにこの時代であった。チューリップはトルコのオスマン家の紋章であり、フランス王家の白百合の紋章と同じように、織物、陶磁器、石造彫刻に刻まれ、描かれた。

ペルシアではチューリップは野に自生していた。それは愛の象徴であり、詩人や画家の創造の糧となった。ムガル帝国の大帝バーブル★はカブール近郊で三十三種類ものチュー

オランダの春の庭を描いた銅版画（クリスペイン・デ・パス『花の園』1614年）

リップを見つけた。ペルシアの伝説によれば、チューリップも他の多くの花がそうであるように、元来、血の滴りから生え出た植物であった。「早春が過ぎて、チューリップが開花し、その赤い聖杯を高く揚げる場所で、フェルハドはシリンへの愛のために命を落とし、裂けた心臓から出た血で砂漠を真っ赤に染めた。」当時ですら、トルコ人はすでにチューリップに大金を払っていた。チューリップという単語は、ビュスベックがトルコ語でチューリップを意味する「ラーレ」を誤解したことに由来する。**

ビュスベックはチューリップの種子と球根をウィーンに送った。待ち受けていたレクリューズ（クルシウス）はそれを皇帝の庭に植えつけた。五年後、コンラート・ゲスナーはアウクスブルクの敬愛する市議会議員ヘルヴァルスの庭でチューリップを見て、その絵を描いた。こうして今日われわれが庭で目にするなじみのチューリップ、「ツリパ・ゲスネリアーナ」が知られるようになったのである。その少し後に、チューリップはアウクスブルクにあるフッガー家の庭に出現した。その頃、裕福なウィーン市民はヴェネチア商人に、トルコからチューリップの球根を持ち帰ってくれるよう頼んでいた。イギリスで最初にチューリップが出現したのは一五七七年のことであるが、おそらくレクリューズから送られたのであろう。それは初期のチューリップの親株「クレアモント」であった。それから数年後、淡黄色のチューリップやわずかにピンクがかった白色のものが登場した。当初、それらはあまり注目を浴びなかった。だが、一六一一年にソールズベリ伯爵がおかかえの庭師ジョン・トラデスカント★（父）を大陸に派遣し、ハットフィールドの私庭用に珍種植物を購入したのをきっかけに、注目されるこ

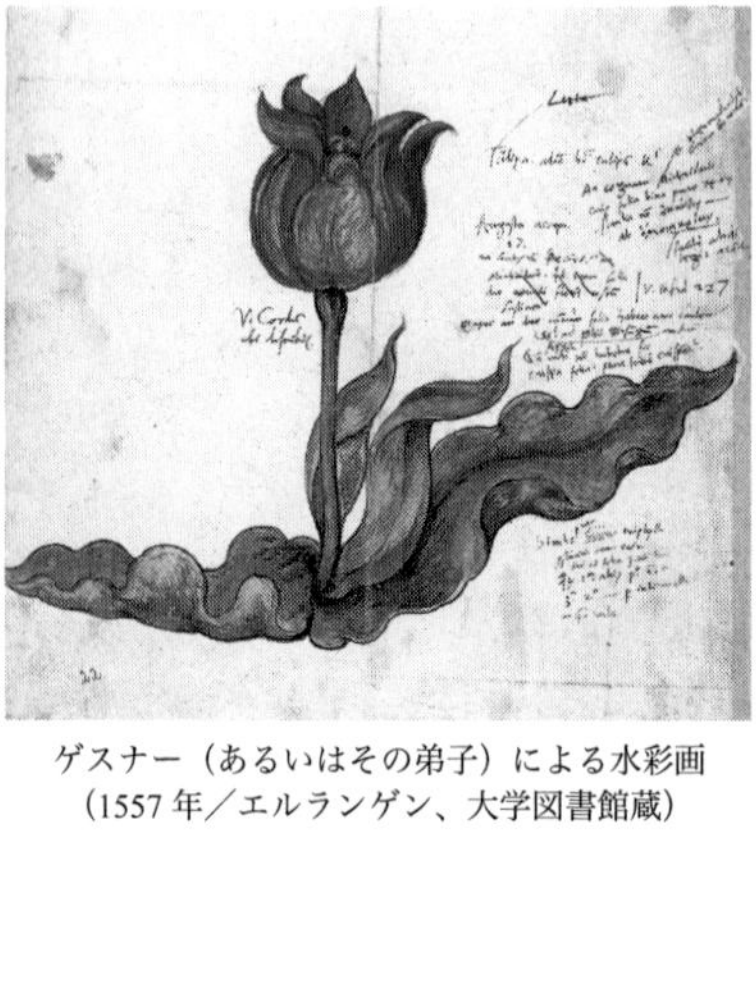

ゲスナー（あるいはその弟子）による水彩画
（1557年／エルランゲン、大学図書館蔵）

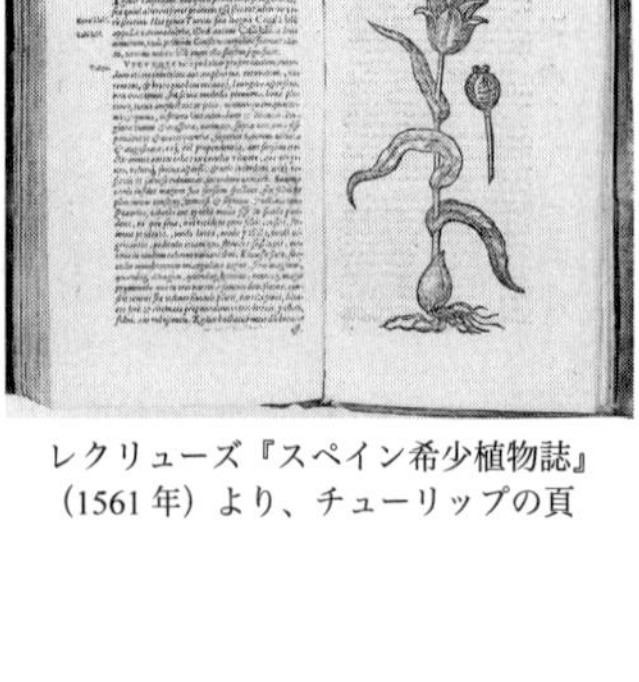

レクリューズ『スペイン希少植物誌』
（1561年）より、チューリップの頁

とになった。このとき、トラデスカントはオランダでチューリップの球根を一万三千株も買いつけたのである。

ついでながら、レクリューズはビュスベックから大量の球根を受け取ったが、いずれも古くて無用のものと判断し、土塊に捨てた。すると、色とりどりの花が開花した。レクリューズは百個の球根をウィーンの薬種商に譲った。薬種商はそれを砂糖漬けにして保存した。またアントワープのある商人は球根を油で揚げ、それをオイルと酢で味付けして食べた。一五八一年、ローベルは『本草書』のなかで二十品種のチューリップを描いている。

ドイツでは十七世紀に宗教戦争の嵐が吹き荒れたが、フランスでは十六世紀に宗教戦争によって国家が分裂した。フランス人がチューリップに関心をもちはじめたのは、十七世紀になってからのことであった。チューリップはバロック時代の花、換言すれば、ルイ十三世およびルイ十四世の時代の花であった。それは格式ばった儀式の際によく使われた。二十世紀初頭の淑女たちは好んで生花あるいは造花を身につけ

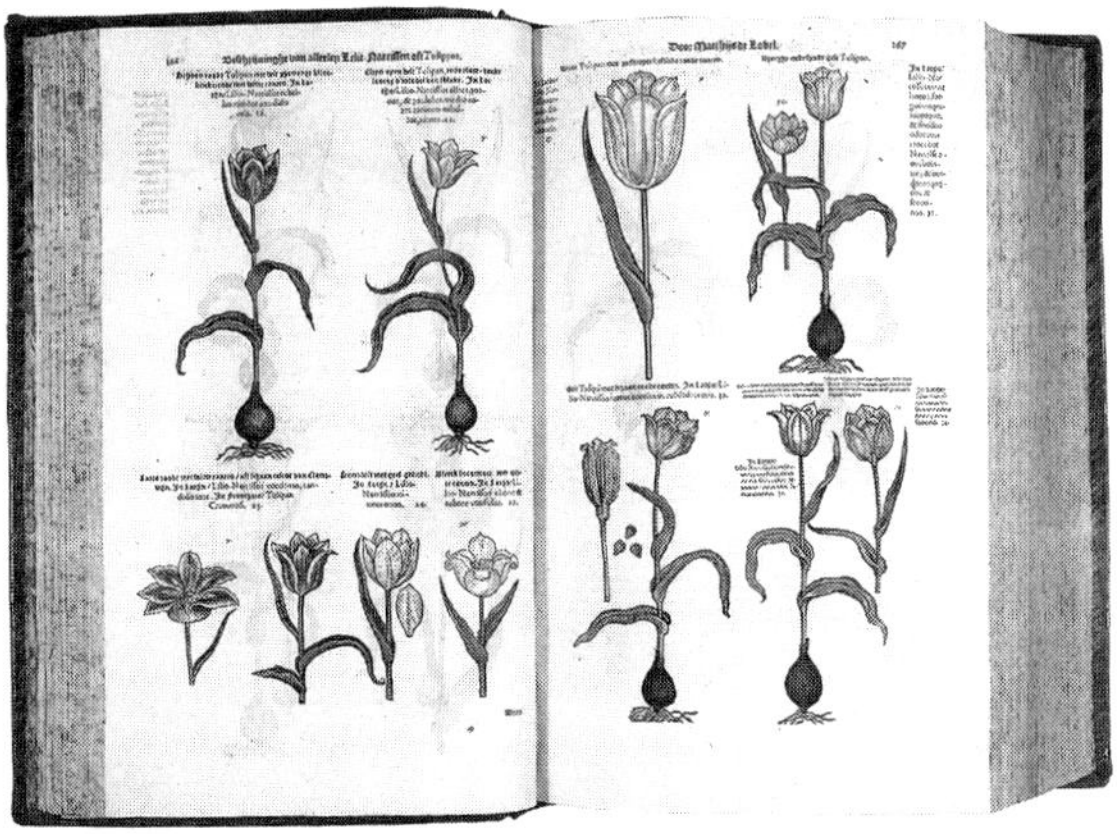

マティアス・ド・ローベル『本草書』(1581年) より、
チューリップの品種

**ビュスベックがその花を「トゥリパン」と呼んだのは、花びらがターバンに似ているからだといわれている。トルコ人はチューリップのことを「ラーレ」と呼んでいたが、ビュスベックの通訳はターバンについている花ではなく、ターバンのことを尋ねられていると勘違いし、ターバン自体をあらわすトルコ語の「トゥルベント」を告げたらしい。

★ジョン・トラデスカント（父）（一五七〇?〜一六三八）
庭師、植物収集家。ソールズベリ伯爵ロバート・セシルのもとでハットフィールドの庭師として働く。一六一一年大陸に渡り、チューリップ、スミレ、ライラックなどの草花のほか、オレンジ、サクランボ、プラムといった果樹も購入し、伯爵の庭に持ち込んだ。一六一八年にはロシアでも植物採集をおこなった。晩年は国王チャールズ一世おかかえの庭師をつとめ、同名の息子が後を継いだ。

たが、チューリップはつけなかったようで、一八八六年のファッション図版《プレート》に収載されている花のなかにチューリップは見あたらない。その図版のなかで、女性たちは春の高原地帯の牧草地にみられるような花で自身を飾りたてている。しかし、一六一〇年にはフランスの貴婦人たちは、極端に襟ぐりの深いドレスにチューリップをピンで留めていた。

その後しばらくして、チューリップは法外な高値を呼んだ。ある粉屋はたった一個のチューリップの球根と粉引き場を交換し、あるビール醸造業者は「ブラスリー」という名のチューリップを手に入れるために自分の醸造所《ブラスリー》を手放した。また、あるフランスの若者は、花嫁の持参金として珍種の球根一株を受け取って歓喜した。その品種は花嫁の父親によって「わが娘の結婚」と名づけられたが、そう呼ばれるのにふさわしいものであった。しかし、こうしたことは、オランダにおけるチューリップ熱のほんの序の口にすぎない。

オランダはヨーロッパにおいて急速に傑出した地位におどりでた。ヨーロッパはその顔を地中海からそむけ、大西洋に向けていた。ジェノヴァの商人やフッガー家もアムステルダムにみずからの商館をかまえた。人びとは裕福になり、花を愛でる余裕がでてきた。しかし、一六三四〜三七年にかけて、アムステルダム、ハールレム、ユトレヒト、ライデン、そしてロッテルダムで起こる騒乱は、花の愛好心や奢侈《しゃし》、あるいは豊かさとはまったく無縁であった。きわめて現実的にいえば、チューリップは純然たる商品のひとつになっていたのである。

チューリップを売買した人びとは、チューリップの育種家でもなければ、庭師でもなく、庭や花に対する情熱もなかった。大金持ち、職工、肉体労働者、貴族、農民、船乗り、お手伝い、農場で働く農業労働者、淑女、お針子、魚売り女、そして子供たちまでもがチューリップに投資した。「ブールズ」という言葉はこの時代に流行ったといわれているが、その理由はチューリップの投資家たちがブリュージュにあるヴァン・デ・ブールズ家の邸宅にあつまったからである。当初、チューリップの球根はフランドル地方のフランス側のリールから入手していた。そこではフランス革命まで修道士たちがチューリップを栽培していたのである。のちには、実在しないチューリップの球根が取引の対象となった。球根に代わって、買い手は証書を受け取り、それをより高値で転売したのである。

このようにして、一千万個にも及ぶチューリップの球根が取引された。しかし、取引のすべてがすべて、証書だけの取引というわけではなかった。それどころか、人びとはチューリップの球根を買うために、全財産を投げ売ったのである。「ゼンペル・アウグストゥス」〔口絵21〕には一万三千フローリン、「アドミラール・ファン・エンクハイゼン」には六千フローリンの値がそれぞれついた。「ヴィヴ・ル・ロワ」の球根一株を購入するのに、小麦二荷、ライ麦四荷、肥えた雄牛四頭、肥えた豚八頭、肥えた羊一二頭、大樽二つ分のワイン、八フローリンのビール四樽、バター二樽、チーズ一千ポンド、衣服一揃い、銀の広口コップ一個が納められた。球根一株の代金として二頭立ての新しい馬車一台が提供されることもあれば、約四・八ヘクタールの土地と球根一株が交換されること

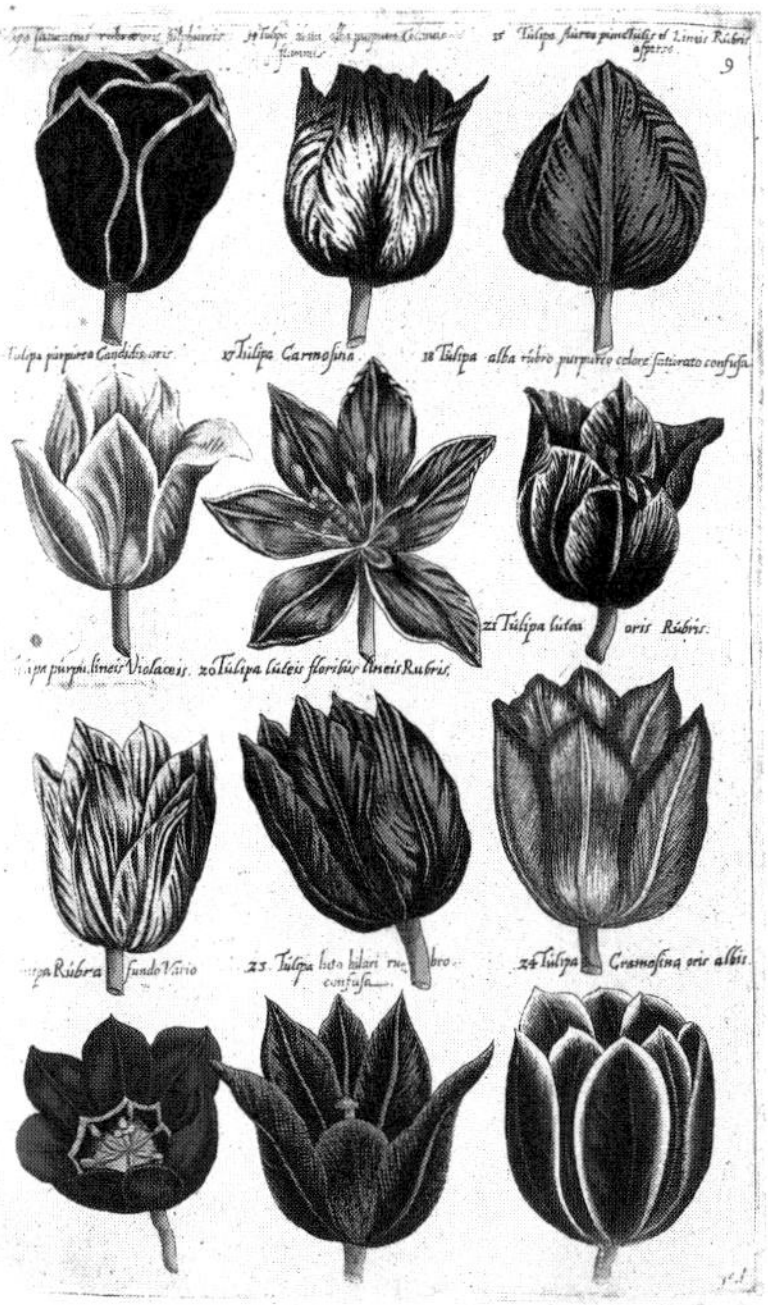

園芸植物の取引用カタログとして作られた、エマニュエル・スウェールツ『花譜』1647-54年版（初版1612年）より、さまざまなチューリップ（国立国会図書館蔵）

もあった。「ヴィス・ロア」一株に対して、四千二百三フローリンの値がついた。アルクマール孤児院のチャリティーセールでは、総数百二十個の球根が九万フローリンで売却された。

ある熱狂的なチューリップ愛好者は大枚をはたいて珍種の球根一株を手に入れたのち、ハールレムにいる靴修理人が同じチューリップの球根をもっていることを聞きつけた。そこで彼はハールレムに赴き、その球根を千五百フローリンで買いつけると、それを踏みつぶした。こうして、珍種のチューリップをひとり占めしようとしたのである。そのチューリップ愛好者がくだんの靴修理人に、本当は十倍の代金を支払うつもりだったと告げると、気の毒な靴修理人は屋根裏部屋に駆け上がり、首をくくって死んだ。

どの村にも居酒屋があり、そこでチューリップは取引された。どの家にも球根の貯蔵室があった。だれもがチューリップ栽培用に専用の部屋をもっていた。花の温室や花瓶の価格は上昇した。おそろしいことが起こった。ある船乗りが何気なしに店に入ってみると、タマネギに似たものがあった。彼は待っている間、何気なしにそれをかじっていた。ところが、それは希少なチューリップの球根だったのである。

大きな取引がおこなわれるとなれば、お祭り騒ぎであった。織物やレースはチューリップの柄で飾られた。画家が花の絵を描くときは、きまってチューリップが選ばれた。靴修理人、洗濯女、レース製造人はチューリップで財を成し、アムステルダムのひらの事務員は四ヶ月で大金持ちになった。人びとはシチュー用にタマネギをきざむことをやめた。「あ

白地に濃紫の斑が入った「ヴィス・ロア」（ピーテル・ホルステイン（子）による水彩画／1645年頃）

チューリップの刺繍が施されたオランダの聖書カバー（1645年）

きらかに球根に宿っている」神性を汚さないためであった。新たな崇拝がうまれた。「花を軽蔑することは、神を侮辱することに等しい。」ジョージ・クラブ★は次のように述べる。

「オランダ人はひどく落ち込んだふりをして、悲しみを装い、
法外な値をつけてチューリップの球根を売りつけた。」

チューリップの取引は未来永劫にわたって続き、ヨーロッパ全土がそれにかかわり、すべての金銭がオランダに流れ込むものと思われた。配達日が決められ、約束していた十二個の球根のうちたったの三個しか手元に届かなかった場合は、賠償金が支払われることになっていた。それが売り手の全財産を上まわることもよくあった。買い手が巨額の代金を支払えないこともしばしばであった。口論が生じ、チューリップの価格は下がりはじめた。たびたび会合がもたれ、かくも高価なチューリップは早晩、値崩れを起こすであろうなどと発言しようものなら、激しい罵声が浴びせられた。

だが、人びとは信頼を失った。チューリップに対する信用も徐々に失われていった。一六三七年四月二十七日、チューリップ契約も他のすべての業務契約と同じように履行されるべきであるという趣旨の法律が発効した。人びとはパニックに陥り、手に入るものは手当たり次第にあつめたが、期待はずれに終わることもよくあった。六万フローリンもの収入を得ていた者が、わずか四日で乞食になった例すらある。

チューリップ投機熱は終息した。しかし、チューリップそのものは愛好され続けた。一八三六年もの遅くになって新種の「アントワープの要塞」に六百五十ポンドの値がつい

★ジョージ・クラブ（一七五四〜一八三二）
イギリスの詩人、外科医、作家、博物学者。哲学者エドマンド・バークの知遇を得て、詩人として身を立てる。バークを介して、文豪サミュエル・ジョンソン、画家ジョシュア・レノルズ、作家ウォルター・スコットらと親交を結ぶ。また、クラブは終生、昆虫学や植物学に関心をもち続け、とりわけカブトムシの研究で知られた。

たが、これは結構な値段である。ブランデンブルク選帝侯フリードリヒ・ヴィルヘルムは、侍医のエルスホルツ★にことのほか貴重なチューリップの絵を七十三枚描かせた。『殿下の命によるチューリップ劇場、一六六一年』がそれである。エルスホルツはその著『園芸術』のなかで、二百十六種の異なるチューリップを挙げている。

十八世紀にトルコでチューリップ熱が再燃したが、それはオランダのチューリップ熱よりも古代ローマのバラ熱に似かよっていた。もっとも、その発端はどちらかといえばオランダのチューリップ熱に似ていたが。ペルシア産のチューリップの球根たった一株が金貨千枚分の値段で取引された。しかしながら、スルタンはコンスタンティノープルの市長に価格統制を命じた。

アフメット三世★（在位一七〇三〜三〇）治下のトルコの宮廷において、チューリップ祭りは、無神経なトルコ人についてこういう言い方が許されれば、猛威をふるった。一回の注文で五万株の球根が宮廷から発注された。宮廷付属の庭園には五十万本以上のチューリップが植えられており、大宰相おかかえのチューリップ栽培家シェイフ・メフメト・ラーレザリの目録には千三百二十三種類のチューリップが記載されている。

一七二六年、フランスの駐トルコ大使はルイ十五世宛ての書簡のなかで、大宰相がスルタンのために催したチューリップの祝宴について、次のように述べている。「チューリップが満開になるや否や、大宰相はしきりにチューリップをスルタンに披露したがる。開花しない球根や空き地があると、他の庭園から持ち込まれたチューリップが植えられ、あるいは花瓶に入れて地面の中に置かれる。チューリップの横には、四本おきにろうそくが立

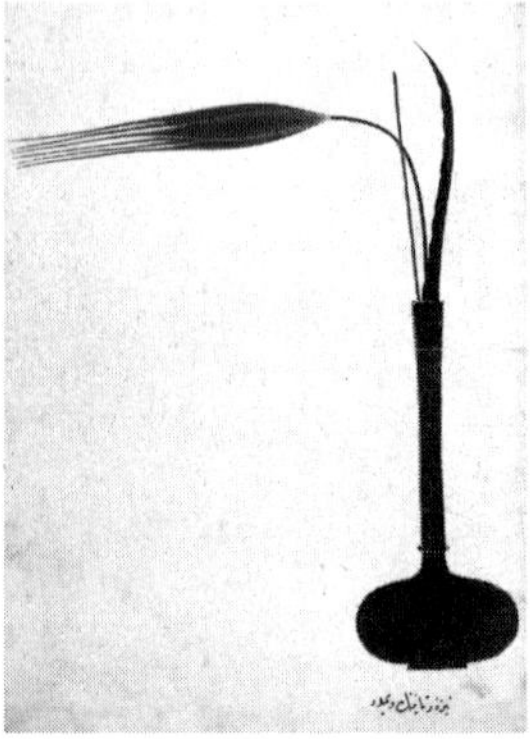

専用の一輪挿しに生けられたトルコのチューリップ（『チューリップ誌』1725年頃）

★ヨハン・シギスムント・エルスホルツ（一六二三〜八八）
植物学者。ブランデンブルク選帝侯フリードリヒ・ヴィルヘルムの侍医。一六五七年、ベルリンの中心部シュプレー川の中州（現在の博物館島）に造園された「ルストガルテン」（散策庭園）の責任者となり、ここを一流の植物園に仕立てた。

★アフメット三世（在位一七〇三〜三〇）
治世前半はロシアのピョートル大帝との戦争に費やされ、後半はチューリップ・ブームがイスタンブールで復活した。彼の大宰相イブラヒム・パシャはチューリップの愛好家として名高く、「チューリップ時代」を現出した。

てられ、広い並木道の木々には鳥籠がぶら下がっている。出入り口はたくさんの花で飾られ、きらびやかな色とりどりのガラスランプで照らされている。そのようなランプは、格子垣の後ろ側に立てかけられた樹木や灌木にもつるされている。それらの木々は、この祝宴のためにわざわざ近くの森から運ばれてきたのであった。絢爛たる色と光が無数の鏡に反射し、えもいわれぬ雰囲気をかもしだしている。このイリュミネーションを背景にトルコ人の楽団が耳ざわりな曲を演奏している。チューリップの開花期間中、こうした饗宴が夜毎くりひろげられる。この期間、スルタンとお供の者は大宰相の客人扱いで、費用はすべて大宰相もちである。」

　ある祝宴では、大宰相は生きた亀の背にランプをのせて運ばせようと思いついた。亀はチューリップのあいだをそぞろ歩いた。これに対して、ムンバイのパーシー教徒は晩餐会を開いて美しい花の開花を祝う。また、オランダ人は賞を授与し、正餐をともにするが、そこでの話題は戦争や喧嘩ではなく、もっぱら花のことである。トルコではブルーモスク★の建設期間中、何週間もチューリップの祝宴だけが催された。大宰相の饗宴以外にも祝宴は開催された。スルタンは五人の妻、後宮《ハーレム》にいる愛妾や奴隷たち、コーヒー儀式の主宰者ともいえるコーヒー給仕長、その他の高官たちの面前で祝宴を催した。宴会場には花があふれ、どの客にもショール、小さな宝飾品、そして礼服が贈られた。大宰相は慈悲深く審査員となるこ

★ブルーモスク
　アフメット一世（在位一六〇三～一七）の命によって建てられたモスクで、一六〇九年に着工し、一六一六年に完成した。ブルーモスクは通称で、内部の壁が青のタイルで埋め尽くされているところから、そう呼ばれる。正式名称はスルタン・アフメット・ジャミイ（ジャミイはトルコ語で「モスク」の意味）。

アフメット3世らしきスルタンの肖像には、花瓶に生けた7本のチューリップが描かれている（フランスの銅版画／1822年）

とに同意し、一番美しい花を栽培した者にはにぎにぎしく証書が交付された。それにはペルシアの細密画のように、いかにも花の証書にふさわしく、花をあしらった渦巻き模様やアラビア文字あるいはペルシア文字が記されていた。

「マフムト一世（在位一七三〇～五四）治下では、チューリップの開花時期にスルタンの後継者が誕生すると、コンスタンティノープルにあったハーレムの中庭で祝宴が催された。木製の棚付きの台がいくつも並べられ、棚には切り花をさした花瓶、ランプ、色つきの水でいっぱいになったガラス球、カナリアの入った籠が置かれていた。日没と同時に門が閉められ、ハーレムの扉が開くと、ボスポラス海峡を見下ろす砲台から礼砲が放たれた。ハーレムの扉が開くと、芳香ただよう一千本のたいまつの光明に照らされ、女性たちが興奮しながら中庭に殺到した。そこでふたたび礼砲が鳴らされ、宦官の庭師たちがけたたましい叫び声をあげた。」

「それでも、こうしたささやかな楽しみに浮かれていた女性たちの唯一の目的は、自分が仕えていたスルタンの気をひくことであった。時間がたつと、ハーレムをとり仕切る女官がスルタン好みの少女を差し出す。スルタンはすぐさまハンカチを投げ入れる。それがその娘とふたりきりになりたいという合図なのであった。中庭にいた人びとは一掃され、ほかの女性たちも退出し、耐え難いハーレムの退屈しのぎに思い出すことといえば、あの一夜の饗宴のことだけなのである。」

チューリップの祝宴ではダンスがくりひろげられ、影絵芝居が披露されることもあった。

自慢のチューリップをみせる栽培家（アントワーヌ・ボレル画／18世紀後半／ルーヴル美術館蔵）

チューリップ祭りの重要性が増したため、国民の休日は影が薄くなった。祭りは国事を妨げ、国家財政にも負担が重くのしかかった。

ほぼ同じ頃、すなわち十八世紀半ばに、アメリカから大量にチューリップの球根がロンドンに届いた。その結果、一八二四年にはチューリップは「小売店の店主や労働者の花になった」といわれた。一八二〇年、メイスンのカタログには六種の早咲きチューリップ、四種のパロット咲き、二十二種の八重咲き、六百種の遅咲きチューリップが収載されている。

それでも、ゴールダム氏は十九世紀に「ルイ十六世」一株を百ポンドで譲ってほしいという申し出を断っている。チューリップ一株当たりの平均価格は七シリングで、立派なチューリップの花壇ひとつは六十ソブリン金貨で購入することができた。これは買い得であった。

チューリップの発展には目をみはるものがあった。十七世紀を通して、大部分のチューリップは、白地あるいは黄地に赤や紫の斑が入ったものであった。それは当時のオランダの静物画に描かれている通りである。最大の難問は、いかにして「突然変異」を誘導するか、すなわち、どのようにしたら色斑の入った炎状もしくは羽根模様のチューリップに変化させることができるのか、ということであった。というのも、そうした変異品種のチューリップだけが高い評価を得ていたからである。肥料として尿を混ぜたり、湿気のある砂地に植えてみたり、あらゆる方法がためされた。三世紀にわたって、専門家たちもさまざまな著作においてこのテーマを取り上げてきた。だが、真相は藪の中で、すべては運まかせであった。もっとも、ひとたび突然変異が起こると、通常はもとの品種にもどることはなく、変

パロット咲きのチューリップ

ユリ咲きのチューリップ

異した品種の子球によって増殖したのであるが。こうして、栽培家たちは特定品種のチューリップについて、商標登録権を獲得したのである。いまではチューリップの「突然変異」は、アブラムシによって感染するウィルス性の病気で、無害であることが判明している。そのうちに単色のチューリップの人気が出はじめた。その後、チューリップの栽培家たちは開花期を早春から夏まで拡大しようと、異種交配や交雑をさかんにおこなった。オランダ人はペルシア、アルメニア、トルキスタンの野生のチューリップを使って、さまざまな実験をくりかえしてきた。偶然の品種開発とたゆまぬ努力の結果、いまでは三月から六月までチューリップを観賞することができるし、知られているチューリップも十七世紀のオランダとは比較にならないほど多彩である。さらに、今日では百年前の球根一株の平均価格を下まわる値段で一ダースの球根を購入することができる。あらゆるチューリップのなかでも最も優美なもののひとつである「帝冠《ケイゼルスクローン》」〔口絵21〕は一六八〇年からあるし、パロット咲きのチューリップは今日ではさまざまな姿をとっているが、最初のものは一六二〇年にまでさかのぼることができる。単色のダーウィン系チューリップが出現したのは一八八九年のことで、球根の育種家として最も著名なハールレムのクレラーへによって開発された。五月に開花する遅咲きのコテッジ・チューリップは一九〇〇年からある。一方、メンデル系、トライアンフ系、ユリ咲き系といったチューリップは、二十世紀に入ってから開発されたもので、比較的新しい品種である。＊＊

　オランダは今なお球根栽培の中心にある。何百万個ものチューリップの球根が毎年、地球のすみずみまで輸出されている。一九四五年、オランダ人は自国を解放してくれた返礼として、ロンドンに百万個の球根を送り届けた。

＊＊チューリップの品種区分
チューリップは栽培品種が非常に多いため、オランダ王立球根協会(KAVB)による園芸用の系統区分が度々おこなわれてきたが、現在は次の十五系統に分類されている。上記本文中のメンデル系はトライアンフ系に、ダーウィン系とコテッジ系は一重遅咲き系に統合された。

1 一重早咲き系
2 八重早咲き系
3 トライアンフ系
4 ダーウィンハイブリット系
5 一重遅咲き系
6 八重遅咲き系
7 ユリ咲き系
8 フリンジ咲き系
9 ヴィリディフローラ系
10 レンブラント系
11 パロット咲き系
12 カウフマニアナ原種系
13 フォステリアナ原種系
14 グレイギー原種系
15 その他

ヒアシンス熱

［口絵23］

　チューリップ投機のあと、オランダ人は花や球根に辟易していたと思われるかもしれない。ところが、チューリップ熱がさめると、それほど極端ではないものの、今度はヒアシンスへの関心が高まった。ヒアシンスはトルコで大規模に栽培されたが、トルコにヒアシンスをもちこんだのはアラブ人であった。この花は十六世紀にトルコからヨーロッパに導入、というよりはむしろ再導入された。実際のところ、ヒアシンスはヨーロッパにひじょうに古くからある花で、ホメロスも頻繁に言及している。一七〇〇年頃、ヒアシンスはオランダで大人気を博し、種類によっては高値を呼んだ。たとえば、「リーフケン提督」は一株四千九百フローリン、「オフィール」は二千フローリンでそれぞれ取引された。

　栽培家ペーテル・フールヘルムは何年間も八重の花はすべて投棄していた。だが、病床にあったとき、そのうちの一株が種苗に残っていた。これが彼に成功をもたらすことになったのである。ペーテルは、このうえなく優美な八重のヒアシンスや三重のヒアシンスを育てた。彼は栽培に成功した第三番目の品種を「大ブリテンの王」と名づけ、一七六〇年にはその球根を一株当たり百ポンドで売却した。すばらしい新種のヒアシンスが誕生

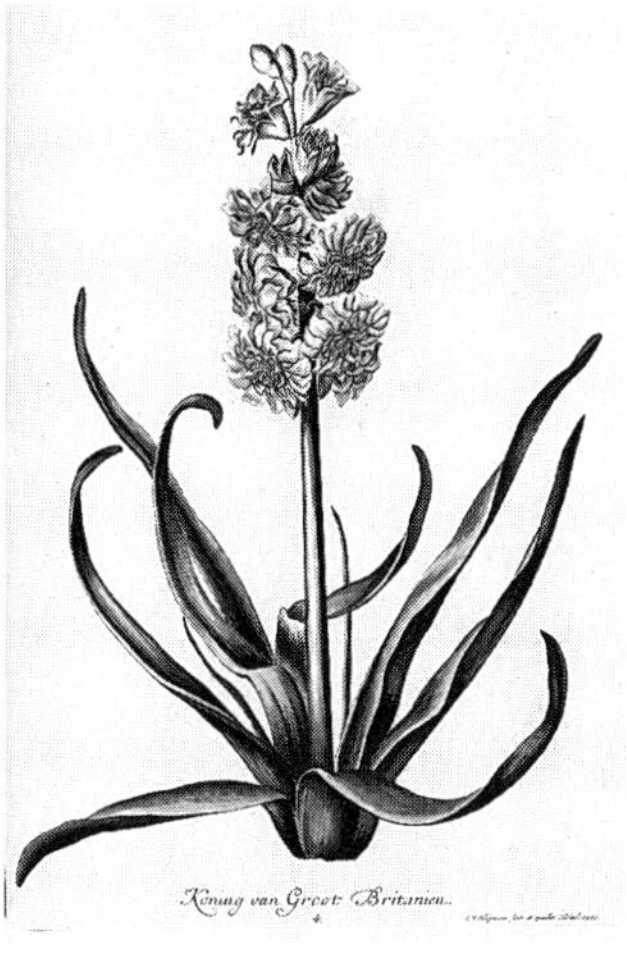

ヒアシンス「大ブリテンの王」（トリュー『美花図譜』1750-86年／キュー王立植物園蔵）

すると、そのたびに近所の人びとを大勢自宅に招いては、盛大なパーティーを開いて祝った。

一五九七年に知られていたヒアシンスの品種はわずか四つであったが、一七二五年には二千種にまで増加していた。平均すると、球根一個当たりの価格は二百ポンドであったが、一八二四年までには最良の球根で十ポンド、普通ののは一〜十シリングにまで落ち込んでいた。雑多な普通の球根百個の値段は二〜三ポンドであったが、「輝く赤」には依然として八十三ポンドという高値がついた。当時、栽培家たちはハールレムで五万個の球根を栽培していたが、たったひとりの栽培家が八百種の八重のヒアシンスを育てていた。ハールレムにはヒアシンス栽培のための土地が四十ヘクタールあった。一九一一年には品種の数は三百にまで減少していたが、種苗床の数は二千にまで増加し、ヒアシンスの栽培面積は四十ヘクタールから、三千五百ヘクタールに増大していた。一九一一年、オランダのヒアシンスの球根の輸出額は八十万ポンドであった。そのうち四十パーセントがイギリス、二十五パーセントがドイツ、十八パーセントがアメリカ合衆国にそれぞれ輸出された。オランダの球根ビジネスが甚大な損害をこうむった大不況直前には、あらゆる種類の球根栽培に当てられた土地は九千二百ヘクタールに達していた。第二次世界大戦がそれに追いうちをかけた。それにもかかわらず、一九五一年にはオランダはふたたび六千五百万個のヒアシンスの球根を輸出した。だが、ヒアシンス産業は規模の点では、チューリップ産業よりもつねに下まわっていた。一九三九年、オランダ

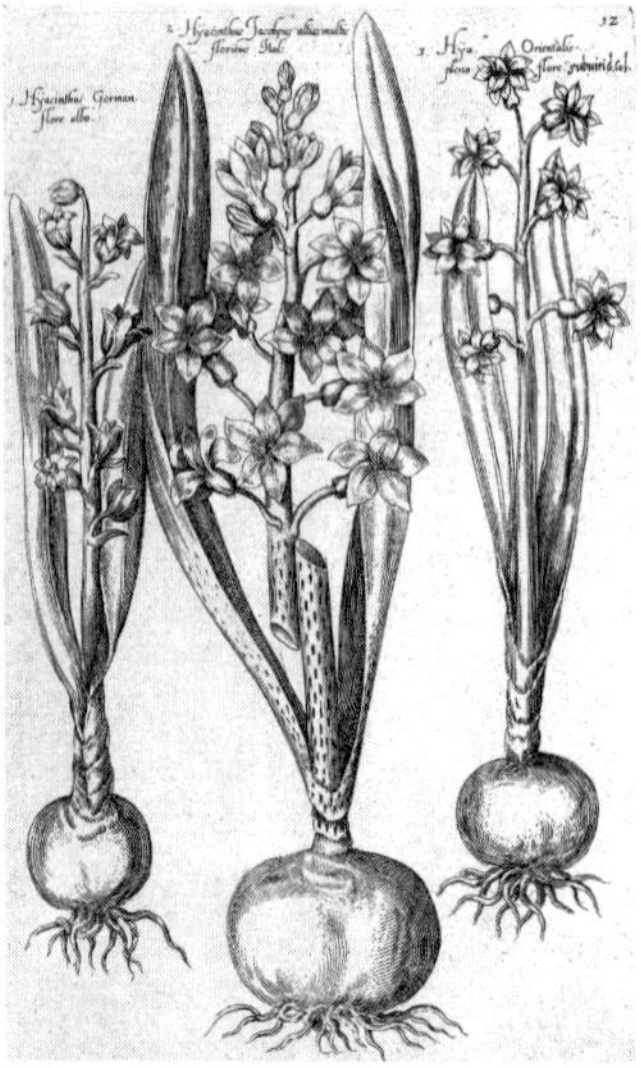

園芸植物の取引用カタログとして作られたエマニュエル・スウェールツ『花譜』1612年より、ヒアシンスの栽培品種

はアメリカ合衆国だけでも一億個のチューリップの球根を輸出したのである。

ハールレムのほか、ベルリンもヒアシンス栽培の一大中心地であった。ヒアシンスは一六八五年にフランスの新教徒《ユグノー》によって持ち込まれていた。ユグノーは行く先々に園芸技術を持ち込み、ドイツでは当時、大選帝侯が彼らを好意的に受け入れた。ベルリンの砂地の土壌はヒアシンス栽培に最適であることが判明した。ユグノー出身であるダヴィッド・ブーシェは、ベルリンでヒアシンスの展覧会をお膳立てした最初の人物であった。のちにその建物は有名なカフェとして使われた。フリードリヒ・ヴィルヘルム三世はかつてこの建物を訪れ、オーリキュラを絶賛した。これを本で知ったとき、ヴィルヘルム二世にも、たとえばライプツィヒ通りにあるヒルブリヒでコーヒーを飲む習慣があったならば、世界の歴史はちがっていたかもしれないと自問自答せざるをえなかった。

ヒアシンス栽培はベルリンでは一八三〇年頃に全盛期を迎えた。一八三九年、ある栽培家はひとりで約二百万本のヒアシンスを生産し、毎年およそ六十万本を売却した。ベルリンのヒアシンス栽培地は、その大半がベルリンの南東部にあった。一八三〇年には球根栽培に約六十平方キロメートル余りの土地が割り当てられたが、それには四百五十万個のヒアシンスの球根が含まれていた。これらのヒアシンス畑は、二十世紀初期にあらたに始まった宅地開発のために姿を消した。

イギリスでは、ヒアシンスはよくクリスマス用に家主や種

18世紀の鉢植えと水栽培（ジョージ・ブーアヘルム『ヒアシンスについて』1773年）

苗商によって促成栽培された。それを小鉢に入れて、いわばできあいのヒアシンスを販売したのである。一八二四年当時、イギリス人も好んでヒアシンスの水成栽培をおこなっていた。だが、現在ではそれほどでもない。ことによると、窓の内側に水成栽培用の瓶を置く場所がないからかもしれない。一方、ドイツではこうしたヒアシンスの栽培方法は長年にわたり、室内園芸のひとつとして好まれていた。昔は、そのために専用のガラス瓶が販売されていたほどである。また、早い時間からヒアシンスに陽光が当たらないようにするため、頭巾状の可愛らしい紙のふたや瓶にかぶせる刺繍をほどこしたカバーも売られていた。

一七八七年、ド・グッフィエ侯爵はパリの王立農業協会で、水の入った瓶のなかにヒアシンスの球根をわざと逆さまにして展示した。まず葉が、次いで花茎も水中に向かって生長した。葉は緑色だが、花は青色ではなく白色であった。根は上方、つまり空中に向かって生育しないという点で、観察者全員の意見が一致した。

ピンクとカーネーション

［口絵23・24］

十七世紀に球根に飽きると、人びとはディアンツス〔ナデシコ属の草本の総称〕に興味をもつようになった。

ディアンツスはひじょうに古くからある花で、小さなディアンツス・カリオフィルス〔和名カーネーション〕の存在を知っていたテオフラストスは、それを「神の花」と呼んでいた。ローマ人はその花をビスケー湾でふたたび発見した。イングランドには征服王ウィリアム〔在位一〇六六〜八七〕によって持ち込まれたと考えられている。征服王の生まれ故郷であるノルマンディーのファレーズの市壁には、いまでもカーネーションが咲いている。ルイ十一世〔在位一四六一〜八三〕によって追放された善良王ルネはプロヴァンス地方に隠遁し、余生をカーネーションの栽培に費やした。コート・ダジュール沿岸に生育するカーネーションは、今でも善良王ルネの方法にしたがって栽培されている。カーネーションほどフランスを代表する花はないであろう。

フロワサール★は十四世紀にピンク〔和名タツタナデシコ〕に言及している。十五世紀、ピンクはファン・エイクの絵画《ピンクを手にした男》では重要な位置を占めている。ピンクはメディチ家の庭園で栽培され

★ジャン・フロワサール〔一三三七頃〜一四〇五頃〕
中世の年代記作者。彼の手になるとされるいわゆるフロワサールの『年代記』は、百年戦争に関する重要な史料となっている。

ヤン・ファン・エイク《ピンクを手にした男》
（1435年頃／ベルリン絵画館蔵）

ていた「東洋の植物」のひとつであった。それはイングランド王エドワード三世（在位一三二七〜七七）治下ではクローヴ・ジロフル・ジリフラワーとして知られていた。チョーサーは「そして多くのクローヴ・ジロフルはエールに入れられ……」と書いている。その後、ピンクは見られなくなったようであるが、今度はヨーロッパの大半の地域が東ヨーロッパからカーネーションを仕入れた。それは野生種の赤いディアンツスを人工繁殖させてつくられた。一五七二年、カーネーションはウィーンに出現したが、それはシレジアから持ち込まれていたものであった。一六二九年、ウィーンには五十種のカーネーションがあった。一五九七年、イギリスには黄色のカーネーションがあったが、「それは敬虔なロンドン商人であるニコル・リート氏がポーランドから入手したものであった」。だが、カーネーションは一五六七年にフランドル人によってイギリスに持ち込まれたという説もある。チャールズ一世は妃のためにフランスからカーネーションを取り寄せたが、イギリスでは一六五〇年頃までには、ほとんど忘れ去られていた。その間にオランダ人は大規模なカーネーション栽培をはじめていた。チャールズ二世（在位一六六〇〜八五）治下ではオランダから一輪一ポンドで輸入された。その頃、デヴォンシャー公爵夫人はカーネーションの花冠を頭にかぶっていたが、その代価として夫人は百ポンド支払った。十年後にはカーネーションは温室で栽培され、たいへんな人気を博した。

コンデ公は宰相マザランによってバスチーユ牢獄に投獄され、獄中でピンクを育てながら時間をつぶした。巷間「軍神が庭師になった」と噂された。のちにコンデ公の兵士たち

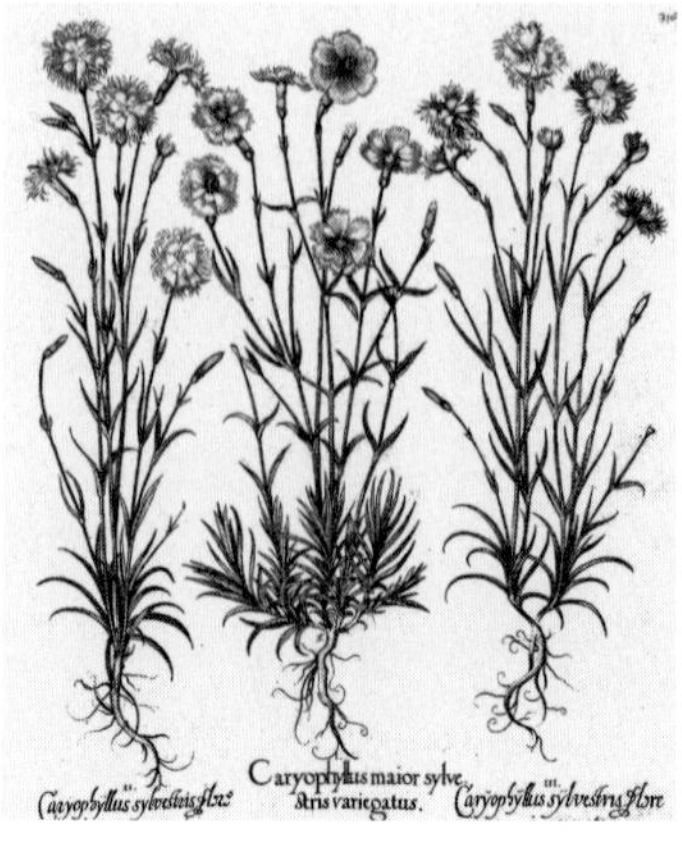

右：カーネーション（『カーティス・ボタニカル・マガジン』1788年）
左：ピンク（ベスラー『アイヒシュテットの園』1613年版／ハールレム、テイラー博物館蔵）

は、勇敢さのしるしにカーネーションを身につけた。

カーネーションが象徴的な意味をもったのはこれが最初であるが、カーネーションによって象徴されるものはさまざまであった。ギロチン台に向かうフランスの貴族は赤いカーネーションをつけていたし、社会主義者の労働者たちは抗議のデモ行進をおこなうときにカーネーションをつけた。ナポレオンはレジオン・ドヌールの飾り紐の色にカーネーションの緋色をえらんだ。国家主義者ブーランジェ将軍の支持者たちは、カーネーションでお互いに確認しあった。カーネーションの緋色は共産主義者の旗の色でもある。

一八〇〇年頃、カーネーションとその栽培に関する書物は百冊ほどあった。チューリップの場合とまったく同じように、色、形、模様が厳密に分類され、いかにきれいなものであっても、規定外のものはきびしくはねつけられた。どの品種も議論の対象となった。

一八二〇年までには、カーネーションはイギリスでは流行遅れになっていた。それは「職工たちの花に成り下がっており」、五十のうちたった一つの庭でしか見ることができなくなっていた。だが、フランスやドイツでは、カーネーションでつくられた大きなブーケは依然として流行っていたし、品種も百八十あり、どれも強い匂いを放っていた。一八四〇年には、今日でいう四季咲きのカーネーションがフランス人によって最初につくられた。アメリカ人はそれらのカーネーションにすぐにとびつき、一八九七年、「ミセス・W・T・ローソン」は三万ドルで売却された。一八五〇年、リヨンの種苗園主レオン・リールは二千種のカーネーションを栽培していた。フランスではどの花よりもカーネー

さまざまなカーネーション（ハンス・シモン・ホルツベッカー『ゴットルプ家の写本』1649-59年／デンマーク国立美術館蔵）

ションがよく売れるし、どこでも花卉栽培家の取引の目玉のひとつになっている。現代のカーネーションは直径が八センチもあり、赤、紫、黄と色もさまざまであるが、単一の祖先から長い道のりをへて、誕生したのである。

カーネーションは、階級を問わず、あらゆる人びとに愛されている花である。オーストリアの農家の娘は体にぴったりした胴着《ボディス》にカーネーションをピンで留め、恋に浮かれた若者は帽子にカーネーションをつける。スペインの女性たちは高い飾り櫛といっしょに、髪にカーネーションをつけ、イタリアの少女たちは耳の後ろにそれをはさむ。アルプス地方の小屋の出窓に置かれた植木鉢にはカーネーションが植えられ、はなやかな彩を添えている。高所になればなるほど、カーネーションはよく育つ。

カーネーションは、リヴィエラの花市場では文字通り花形になっている。私はかつてヴァンスで教会の行列を見たことがあるが、さながらカーネーション祭りのようであった。このプロヴァンス、すなわちアルプスの向こう側のガリア★では、歴史の流れは決して中断されることがなかった。ローマ皇帝ガッリエヌス★の子息は地方官吏のはからいで一家が快適な休暇を過ごすことができたことに感謝し、大理石の銘板に謝辞を残している。司教の館にはメロヴィング朝の彫刻がほどこされ、大聖堂ではローマ時代の石棺が祭壇として使われた。人びとは複雑な刺繍模様がほどこされた白いベッドカバーを窓からつるし、それに緑の葉や赤・白のカーネーションをピンで留めた。また、ベッドカバーにカーネーションを突き刺して、大きな十字架をつくった。女性たちは、白いベッドカバーにカーネーションで飾りつけを試みた。カーネーションを持ち上げ、後ろに下がって、右に左に数センチほど動かしてみては、どこに留めたら可愛らしくみえるかやってみた。カーネーションの

★アルプスの向こう側のガリア
古代ローマの慣用語で、「アルプスの向こう側のガリア」とはアルプス山脈の北側・西側のガリアを指す。これに対して、アルプス山脈の南、ルビコン川に至るイタリア半島の北部は「アルプスのこちら側のガリア」と呼ばれた。

★ガッリエヌス
軍人皇帝時代のローマ皇帝。父親とともに共同皇帝として在位（二五三～六〇）したのち、単独で在位（二六〇～六八）。ギリシア哲学に精通し、哲学者プロティノスと交流があったほか、自ら詩作もおこない、文人を保護した。

太い綱飾りが木から木へと渡された。街路はカーネーションで縁取られた。道の両側に少年たちがカーネーションを三～四列にわたって帯状に並べ、その内側を人びとがぞろぞろと行列をつくって行進した。聖人を描いた絵画や彫像の前には、カーネーションの鉢植えがいくつも置かれた。男性たちは道端に腰掛け、カーネーションがいっぱい詰まった大袋を持っていた。その袋からカーネーションを取り出しては花びらをちぎり、それを路上にばらまいた。あらゆる創造物のなかでもっとも無用のもの、すなわち花とその美しさに感じ入る素直なよろこびがヴァンスの町をつつみ込み、だれもがそれに酔いしれた。

別種のディアンツス・バルバツス〔和名ビジョナデシコ〕は先が細くとがった総苞《そうほう》〔葉が変形してできたもの〕をもつピンクで、ドドエンスがドイツの山岳地帯で発見し、一五五四年に記録した。これは今日でいう「スウィート・ウィリアム」であるが、斑入りの赤白の品種も知られていた。「ロンドンの誇り」と呼ばれているのがそれである。

バラの場合もそうであったが、人目をひくカーネーションについても記録が残されている。十九世紀半ば、ベルギーには百六十～百八十枚の花弁をつけるカーネーションがあった。そうしたカーネーションには六～十フランの値がついた。これはあきらかに高級花とみなされた。なぜならば、栽培家たちは一本のカーネーションをつくるのに精魂込めて世話をし、三年の歳月を費やしたと弁明しているからである。当時、木のように大きくなったカーネーションは、背丈が約一メートル五十～八十センチあったともいわれている。

スウィート・ウィリアム（『カーティス・ボタニカル・マガジン』1792年）

リンネまでの植物学

ルネサンス以降、植物分類の必要が喫緊の課題になった。知られている植物の数は着実に増加した。適切な分類がおこなわれなければ、混沌はまぬがれないであろう。

古代にはテオフラストス、ディオスコリデス、プリニウスが知られていた植物を三つの範疇、すなわち「樹木、灌木、本草」に分類した。アルベルトゥス・マグヌスは三百五十種の植物を知っていたが、分類についていえば、樹木と本草という二つの範疇しかなかった。

未刊行の写本に千五百種もの植物を記したフックスとブルンフェルスは、まったく分類をおこなわなかったが、ボックは八百種の植物を次の三つに区分した。

1　芳しい花をつける野生の植物　2　クローバー、草、食用植物とツル性植物

3　樹木と灌木

ドドエンスはさらに精緻な分類をおこなった。彼の植物分類の全体を俯瞰すると、今日では自明の理である植物学の分類体系が、初期の段階では、苦心惨憺の末にできあがったものであることがわかる。ドドエンスの分類目録は次のようなものである。

1　紫色の植物　2　球根植物　3　野生の花　4　ブーケ用の芳香植物

5　散形花序の植物　6　薬用植物　7　下剤となる植物　8　巻きつく植物

9　有毒な植物　10　シダ類、コケ類、菌類　11　穀類　12　豆類

13・14 飼料用植物　15 水生植物　16 食用本草　17 食用果物
18 根菜類および球根植物　19 香辛料　20 アザミ類
21 とげのある灌木　22 とげのない灌木　23 果樹
24 野生の樹木　25 常緑樹

これより早くに、ゲスナーは果樹および花の特徴にもとづく分類系を考案していた。また、観察眼の鋭いローベルは、一五七〇年に穀類と草類をひとまとめにしていた。真の植物分類を試みた最初の人物はアンドレア・チェサルピーノ（一五一九～一六〇三）であった。彼はテオフラストスとアリストテレスの唱えた種子と果樹の重要性に関する説を援用しながら、植物の分類を展開し、完成させた。

　ロジャー・ベーコン★が一二七六年に考案した光学レンズは、一五九〇年にサハリアス・ヤンセン★による顕微鏡の発見につながり、さらに一六三五年にはロバート・フック★によって改良が加えられた。フックはあらゆるものを太陽の下で実用性の観点から調査した。コルクの細胞に関する彼の論説は植物細胞学の基礎となった。その数年後、コヴェントリーのグルーとメッシナのマルピーギは人間の血液循環についての新しい知見を植物研究に応用した。このことがジョン・レイ（一六二七～一七〇五）、ニーヒルマイヤ・グルー（一六四一～一七一二）、そしてアントニ・ファン・レーウェンフック（一六三二～一七二三）による植物解剖学につながったのである。最後に、テュービンゲンで研究をおこなっていたカメラリウスは植物の性別を明らかにした。

　ジョゼフ・ピトン・ド・トゥルヌフォール（一六五六～一七〇八）については、先にオーブリエとの関連で触れたが、フランスの偉大な植物学者で、パリの植物園長もつとめた。

★ロジャー・ベーコン　→一二六頁参照

★サハリアス・ヤンセン（一五八〇頃～一六三八頃）
　オランダの眼鏡職人。二枚のレンズを組み合わせ、父親のハンス・ヤンセンとともに複式顕微鏡を発明した。

★ロバート・フック（一六三五～一七〇三）
　イギリスの自然哲学者、建築家。一六六五年、自作の顕微鏡でコルクを観察している時に、小さな部屋のような構造を発見し、それが修道院の小部屋が並んでいる様子に似ているところから、「セル」（細胞）と名づけた。同年『顕微鏡図譜』を発表。化学者ロバート・ボイルの助手も務めた。また、一六六六年のロンドン大火後、焼け跡の測量を指揮し、ロンドンの復興に貢献した。

彼は一七〇八年交通事故で亡くなったが、生前レヴァント地方を旅行し、千三百種の植物を本国に持ち帰ったほか、総数一万千四百六種にも及ぶ植物に関する記述を残した。彼がおこなった植物の分類は、文字通り最初の分類系であった。それは一六九四年に『基礎植物学』として出版されたが、二十二の綱と六百九十八の属を含んでいる。トゥルヌフォールとライプニッツはともに植物の生殖器の重要性を指摘した。トゥルヌフォールの弟子のひとりセヴァスティアン・ヴァイヤンは植物の生殖機能に関する講義録を公刊した。これにもとづいてリンネは講義をおこなったのである。

リンネウスの本名はカール・リンネで、のちにはカール・フォン・リンネと呼ばれた。彼は一七〇七年にスウェーデンのロースフルトに牧師の子として生まれ、自身も牧師になるつもりであった。しかし、彼は決して良い生徒ではなかった。というのも、植物にしか興味を示さなかったからである。リンネのどの伝記にも書かれているエピソードがある。中等学校の教師が彼の父親に、リンネ少年は上級学校に進学するよりは、靴職人になった方がまし、と語ったというのがそれである。事実、リンネは一時、靴職人の見習いをしていたという話もある。リンネの担任が父親にそうした所見を述べたことは確かであるが、何のききめもなかった。リンネは少年時代にそれを深く脳裏に刻み、大人になってもその

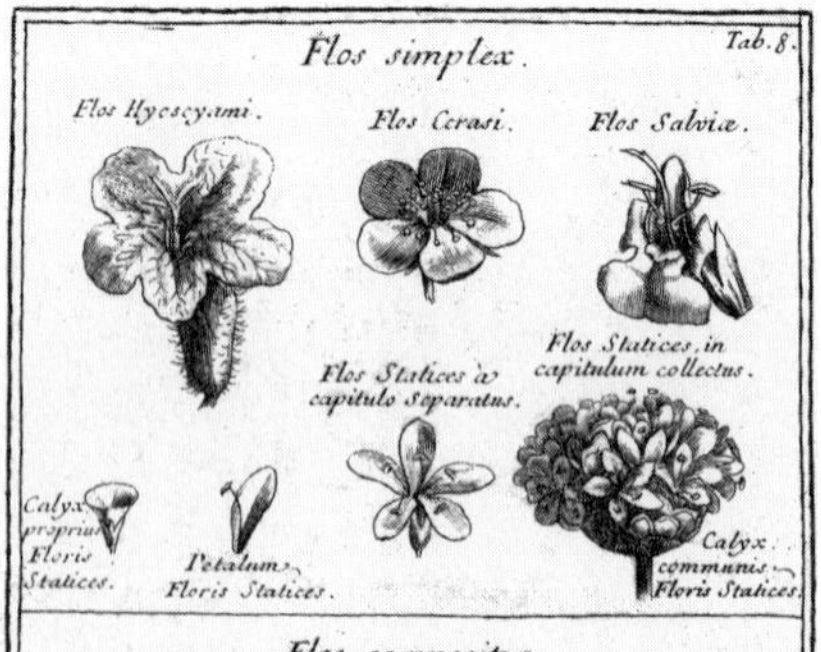

トゥルヌフォール『基礎植物学』1797年版（初版1694年）より、花冠の形状を示した図

リンネの肖像（1775年／スウェーデン国立美術館蔵）

ことをよく口にしていた。彼の伝記にその逸話が挿入されたのも、そのためである。早くからリンネに関心を抱いていたロートマン博士は、リンネと親交をむすび、医学を学ぶように勧めた。リンネはルンド大学でたまたまヴァイヤンの著作を目にし、多大な影響を受けた。著名なアルブレヒト・フォン・ハラーはスイスへの帰国を望んでいたので、ゲッティンゲン大学の教授職をリンネに譲りたい旨の手紙を書いたが、彼のもとには届かなかった。リンネは医師になり、その後ウプサラ大学の教授になった。ウプサラには三十六年間とどまった。

一七三四年、リンネは雄しべの数にしたがって植物の分類をおこなった。ケンブリッジ大学の植物園長ジョン・ギルモアの見解によれば、リンネの体系の勝利は心理的なものであった。「十八世紀初期には、自然を分類する真の方法は競合する一連の系統群に具体化されていたが、従来の本草家たちから受け継いだ難解な名称や用語が大きな障害となっていた。当時の若い植物学者は、改革そのものには着手するに至らず、スウェーデンから持ち込まれた一見もっともらしい難問の解決法の上にあぐらをかいていた。……リンネの植物分類はきわめて人為的なものであった。」

ブラントによればあらゆる花の画家のなかで最もすぐれた画家であるエーレット★は、リンネにつ

★ゲオルク・ディオニシウス・エーレット（一七〇八～七〇）
ハイデルベルク生まれの植物画家。有能な彫版師でもあった。ドイツやフランス各地で植物画を描き、最終的にはイギリスに渡り、ロンドンで活躍した。ハンス・スローン卿の推薦により、『王立協会紀要』の図版も描く。

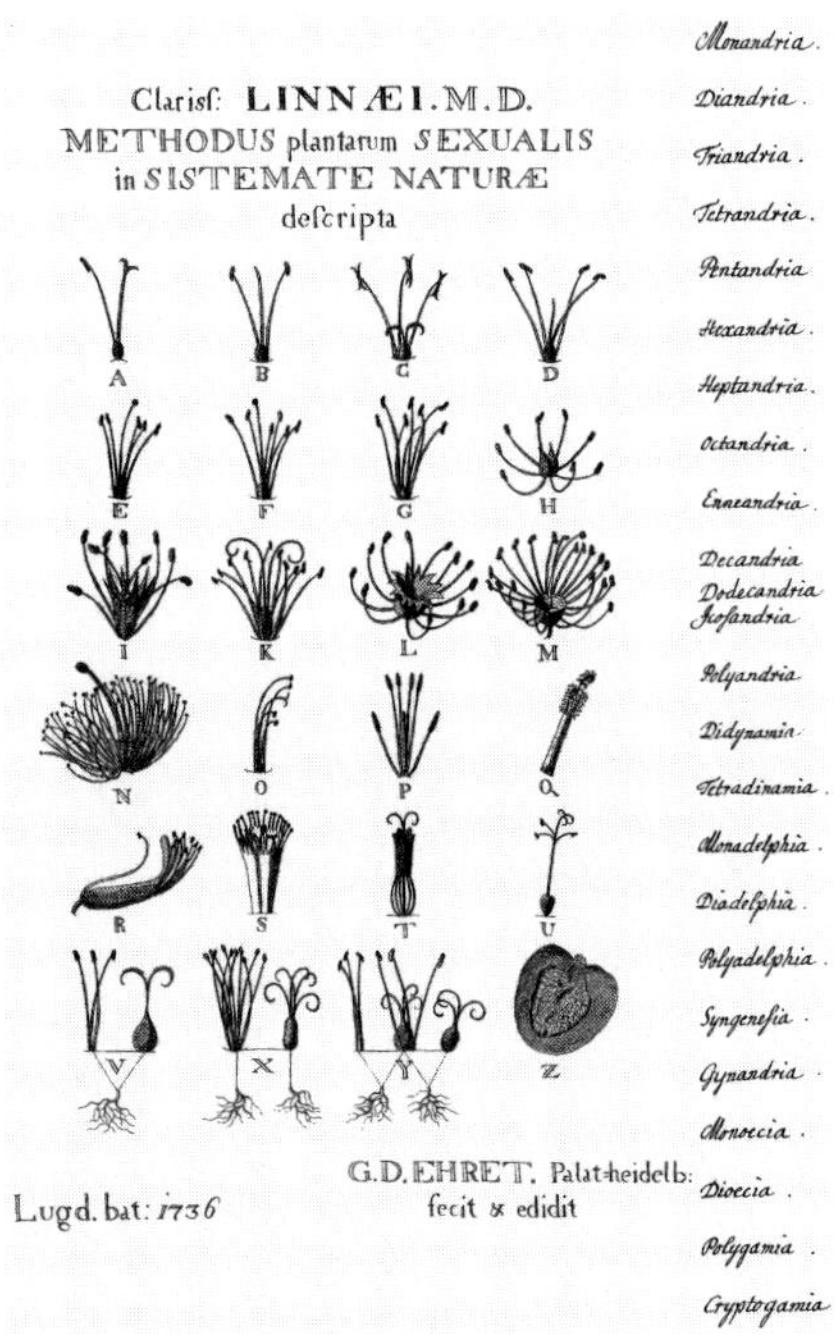

エーレットがライデンで出版した「リンネ氏の雌雄蕊分類体系一覧」（1736年）

いてこう述べている。「リンネは私に雄しべを調べる新しい方法を教えてくれた。私はそれをすぐに理解し、その方法を図示した一覧表を出版した。……その一覧表で私はいくらか儲けた。なにしろ、それは一枚二オランダグルデンで売れたのである。リンネは駆け出しの頃、有名になりたい一心で、聞いたことすべてを自説として発表した。」

リンネの植物標本は、現在ロンドン自然史博物館にあるが、いかにもイギリス的な方法でロンドンに持ち込まれた。ジョゼフ・バンクス卿★は今日あるキュー植物園を世界最大の植物園にのしあげた立役者で、それによって世界の植物を体系的に研究しようという彼自身の目的を達成した。フクシア、アジサイ、その他多くの植物をイギリスに持ち込んだのは、ほかならぬバンクスであった。彼は四十二年間にわたって王立協会会長をつとめ、ジェイムズ・クックの世界周航の旅にも同行した。ある日のこと、バンクスは植物学者のジェイムズ・スミス卿★といっしょにステーキに舌鼓を打ち、黒ビールを飲みながら、スウェーデンでリンネの植物標本が売りに出されているという話をもちだした。スミスは裕福な工場主の息

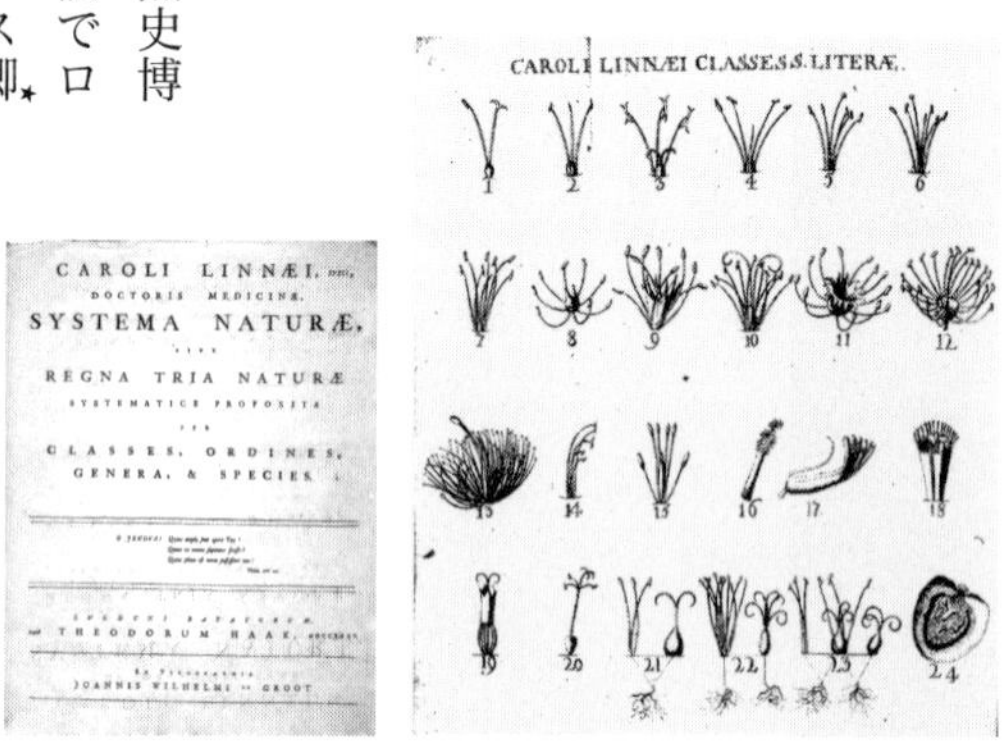

左：動物・植物・鉱物の三界の分類体系をまとめた、リンネの代表的著作『自然の体系』（1735年）の扉頁
右：リンネの著書に無承諾で掲載されたというエーレットの図版。各図に付された記号がアルファベットから数字へ変更されている（『植物の属』1742年版（初版1737年）／フランス国立図書館蔵）

★ジョゼフ・バンクス卿（一七四三〜一八二〇）
植物学者、キュー植物園の園長、ロンドン王立協会会長。国王ジョージ三世の厚い信頼を得て、世界各地から植物を収集し、キュー植物園の基礎を築いた。生来の冒険好きで、一七六八年、ジェイムズ・クックの第一回世界周航にも参加、とりわけオーストラリアや南太平洋で貴重な植物を多数収集し、持ち帰った。英国の囚人をボタニー湾沿岸地域に移送し、オーストラリアを植民地化する計画を立案したのもバンクスである。また、フランシス・マッソンをはじめ、優れたプラントハンターを世界中に送り出したことでも知られる。

バンクスの肖像（1812年）

子で、その植物標本を一千ギニーで購入した。一七八四年、二十六個の大きな箱に詰められた標本は帆船アピアランス号に積載され、イギリスに向けて出航した。スウェーデン国民がそれを知ったとき、危うく外交問題に発展するところであった。しかしながら、スウェーデンの軍艦がそれらの箱を取り戻すためにアピアランス号を追跡したという話は本当ではない。ある画家が想像をたくましくして、追跡の様子を画布に描いたのは事実であるが。

ジェッセン★に言わせれば、ジェイムズ・スミスはリンネの後継者と呼ぶにふさわしい植物学者で、ロンドンにリンネ協会を創設した人物でもある。ジェッセンが述べているように、ロンドンには「中身はかなり乏しくなったとはいえ、今でも粗末な箱が何箱か大切に保管されている。それらの箱は栄光に輝く膨大な植物収集の頂点を成すもので、なかに収められている植物は金に糸目をつけず、ロンドンに集められたものであった。そのコレクションは科学界全体の財産であり、それゆえにすべての科学者は研究のため自由に閲覧することができる」。

★ジェイムズ・エドワード・スミス卿（一七五九～一八二八）
植物学者。エディンバラ大学の植物学者ジョン・ホープに学ぶ。一七八四年、二十五歳のときに、リンネの植物標本と手稿を購入、一七八八年にはジョゼフ・バンクスらとリンネ学会を設立した。

★ヌード・ジェッセン（一八八四～一九七一）
デンマークの植物学者。

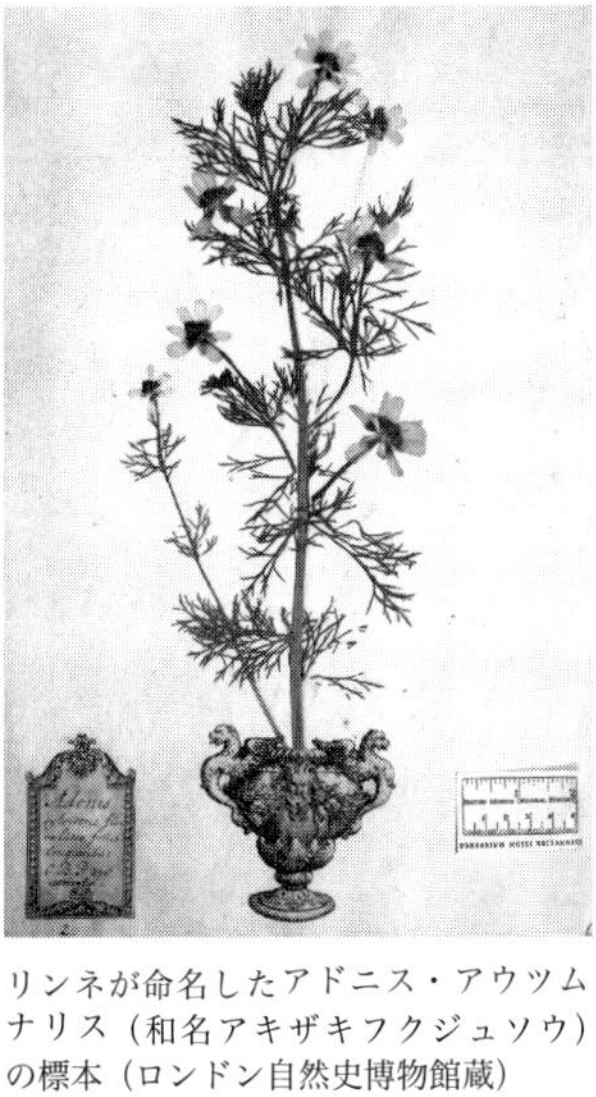

リンネが命名したアドニス・アウツムナリス（和名アキザキフクジュソウ）の標本（ロンドン自然史博物館蔵）

イギリス庭園対フランス庭園

［口絵25］

ル・ノートルの庭園、というよりはむしろ彼の庭園を模倣した庭はますます華麗なものになっていった。ル・ノートルの庭園では緑の壁は切り分けられ、青々とした構造物となった。窓、戸口、柱、アーチは葉群でおおわれ、動物や人間の像はツゲでつくられた。

　これらの庭園の維持には大金が投じられた。古代エジプトのように八千人もの庭師はいなかったであろうが、ツゲの刈り込みに数百名の庭師が必要とされたことはたしかである。一六二五年もの早い時期に、フランシス・ベーコン卿★はこのような様式に異論を唱えていた。「さまざまな色砂に彫像が置かれている結び目花壇……それは児戯に等しい。果実入りのパイ菓子のなかに、そうした美しい光景をいくらでも目にすることができる。私としては、ネズやその他の庭木を刈り込んでつくられた彫像は好まない。それらの刈り込み装飾は子供だましみたいなものだ。」ほぼ同じ頃、ミルトン★は「険しい原野」を提唱した。「ぞっとするようなその周囲は、草ぼうぼうの、グロテスクな野性味あふれる藪で覆われており、だれもなかに

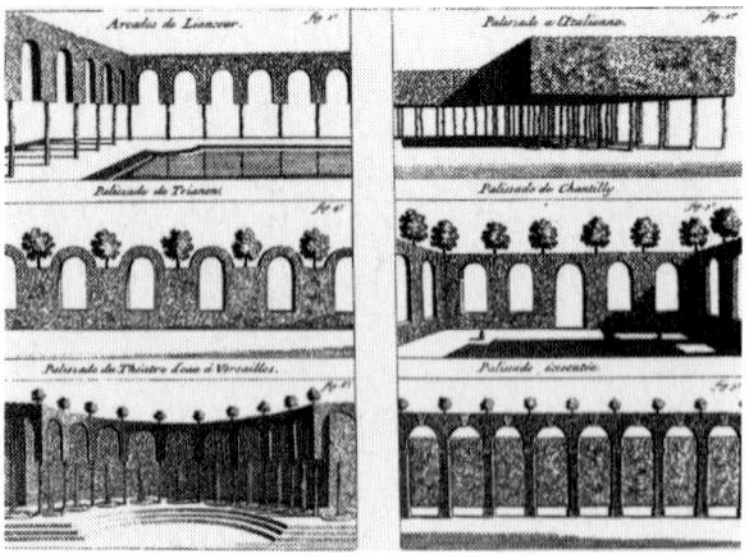

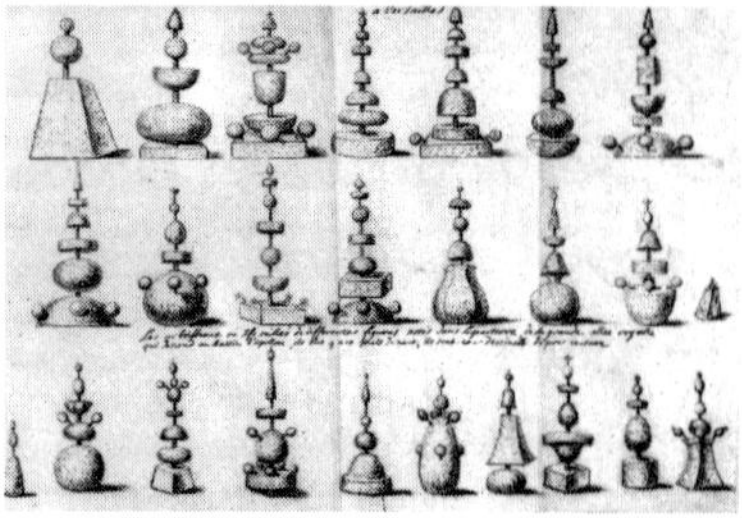

上：様々な緑の壁（ダルジャンビル『造園の理論と実践』1712年より）
下：17世紀にヴェルサイユで用いられた装飾的な刈り込み（トピアリー）の見本

入れない。」ミルトンは「ツゲでできたみごとな人工物や奇妙な結び目花壇」よりも「マツやモミの木」を好んだ。

ジョゼフ・アディソン★が一七一二年に公刊したいくつかの論稿は、政治や哲学にとらわれず、はるかに要領を得たものであった。「人工の巧みな技法や装飾物よりも、自然のもつ荒けずりで、粗野な手法の方がより大胆で、すばらしい。私は非の打ちどころがない刺繍花壇から成る小さな迷路よりも、花咲く果樹園の方がはるかに歓びをもたらすと思わずにはいられない。」アディソンはさらに続けて、こう述べる。「私は人工の暖房で生かされている外国産のひよわな植物を眺めるよりも、自分が栽培している非結球性のキャベツや結球性のキャベツを調べる方がずっとたのしい。」彼は自宅の庭（約一・六ヘクタールの庭！）に「菜園、刺繍花壇、果樹園、花壇が混在していて」、「あたかも手つかずの原野のごとく、国土のなかで何も栽培されていない場所のひとつであるかのように見える」のがうれしくて仕方ないのである。しかし、アディソンはこう付言している。「私は、造園に関しては愚かもの扱いされていることをご承知いただきたい。」

事実、アディソンは風景庭園のみならず、造園におけるロマン主義的な胎動を予知していた。「荒々しい岩塊、苔むした洞穴、細工されていない不規則な人工洞窟、そして断続的に落下する滝の水ですら、手つかずの原野それ自体がもっている身震いするような魅力とともに、より自然らしさを表象するものとして、いっそう人びとの心をゆさぶるであろう。これらの諸要素からなる庭園は、外見上、王候貴族の庭園を模倣した整形庭園よりも壮観である。」

アディソンがフランスにいたのは、ル・ノートルの後継者デュフレノワが風景庭園を導

★フランシス・ベーコン（一五六一～一六二六）
イギリスの哲学者、政治家。実験と観察を重視し、その結果から法則を導き出す帰納法を唱えた。ジェイムズ一世の下では大法官もつとめた。

★ジョン・ミルトン（一六〇八～一六七四）
イギリスの詩人。叙事詩『楽園喪失』（一六六七年）を著す。庭園に関しては、人工美と対立する自然美を称賛し、十八世紀の英国式風景庭園を先取りしていたといわれる。政治的には、クロムウェルの共和派を支持し、内乱（ピューリタン革命）を擁護した。

★ジョゼフ・アディソン（一六七二～一七一九）
イギリスの評論家、随筆家、詩人。十八世紀初めに『タトラー』誌や『スペクテイター』誌上で規則的な整形庭園を批判。アディソン自身は、菜園と装飾花壇、果樹園と花園が混在した不規則な自然風の庭園を理想としていた。

入しようとしていたときであった。アディソンがフランスで風景庭園を目の当たりにし、それをイギリスに導入した可能性もある。風景庭園はイギリスではフランス以上に注目をあつめたのである。

ほぼ同じ頃、アレクサンダー・ポウプ★は種苗園目録を題材に風刺文を書いた。ときあたかも偉大な風刺作家のスィフトやデフォーが一世を風靡していた時代で、その目録には次の項目が含まれていた。

　イチイでできたアダムとイヴ。小人のアダムは大嵐で倒れた知恵の木によって粉砕されている。イヴと大蛇は勢いよく生長している。

ツゲでできた聖ゲオルギウス。★彼の腕はまだそれほど長くないが、四月になればじゅうぶんに生長し、竜を突き刺すこともできるであろう。

同じくツゲでできた緑の竜。目下、尾は地面を這うツタでできている。

注意──これらツゲでできた二つの造形物は、セットで販売されている。

一組の巨人。発育が遅く、廉価で売りに出されている。

ゲッケイジュでできた近代の著名な詩人たち。やや枯れており、売値は一ペニー。

ラベンダーでできた豚。腹部にセージが生えている。

ほどなくして、新たな趣向の兆候が出はじめた。一七〇七年、ブレニム・パレスを手がけた建築家ジョン・ヴァンブラー卿★はマールバラ公爵夫人に手紙を書き、庭園のなかにぽつんと立っている古い邸宅から退去するよう勧めた。なぜならば、「廃墟こそ、傑出した

★アレクサンダー・ポウプ　↓八七頁参照

★聖ゲオルギウス　キリスト教の聖人。古代ローマ帝国末期の軍人で、四世紀初めにディオクレティアヌス帝の迫害を受けて殉教した。竜退治の伝説で有名で、ラフェエロの作品《聖ゲオルギウスと竜》（一五〇四〜五年）にも描かれている。英名はセント・ジョージで、イングランドの守護聖人でもある。

★ジョン・ヴァンブラー卿（一六六四〜一七二六）
　イギリスの建築家、劇作家。ブレニム・パレスやカースル・ハワードの設計者としても知られる。イギリスにおけるバロック建築の提唱者。庭園の設計にも関与し、ストウの庭園では造園家チャールズ・ブリッジマンとともに庭づくりに従事した。

風景画家が案出できる最も心地よい造形物になる」からである。

風景画家は造園家になった。ガスパール・プッサン★、クロード・ロラン★、サルヴァトール・ローザ★らの価値が発見された。彼らの描く古典的な風景がイギリス人の理想になった。丹精こめて、大金を投じてつくられたすべてのもの、すなわち、刈り込まれた生垣、幾何学的な庭、円錐形やピラミッド形の刈り込み装飾樹が姿を消した。花壇は引き抜かれ、露

ガスパール・プッサン《想像上のチボリの風景》（1670年頃／ロンドン、ナショナル・ギャラリー蔵）

英国風景庭園を代表するバッキンガムシャー、ストウの庭（ジャック・リゴー画／1739年頃／ニューヨーク、メトロポリタン美術館蔵）

★ガスパール・プッサン（一六一五〜七五）
ローマ生まれの風景画家。本名はガスパール・デュゲ。歴史画や宗教画、神話的風景画を描いたニコラ・プッサンの義弟で、兄ニコラのもとで絵画の修業を積み、自らガスパール・プッサンと称するようになる。ローマ近郊の山岳地帯を題材とした風景を好んで描き、十八世紀英国の風景画家たちに大きな影響を与えた。

★クロード・ロラン（一六〇〇頃〜八二）
フランス・ロレーヌ地方出身の風景画家。本名をクロード・ジュレというが、ロレーヌ地方出身のため、ロランと呼ばれ、生涯の大半をローマで送った。ニコラ・プッサンの同時代人。古代ギリシア・ローマの理想的な美・風景を追求する画風で知られ、風景画家、海景画家として名声を博した。

★サルヴァトール・ローザ（一六一五〜七三）
ナポリ出身の画家、詩人、作曲家。牧歌的な風景画よりも、険しい山岳、荒れ狂う海、嵐など、劇的な風景を主題として描き、崇高さと畏怖の念をかもし出す作風で知られる。

壇は平らにされ、柵や壁もすっかり取り壊された。簡素な掘割が邸宅の近くにある土地の境界となったが、最終的にはその掘割も姿を消した。結局、五十年後には、パラディオ様式の邸宅の堂々とした列柱がぽつんと野原に立ち、樹塊が点在する風景のなかにある主軸だけが、整形庭園の面影を残していた。花壇づくりを生業とする庭師たちは、生計をたてるのが容易ではなくなった。

その後、アロエをめぐる恐ろしい事件が起こった。一七二九年、ホクストンのある庭師が大成功を収めた。彼の庭で、齢《よわい》七十二にもなるアロエがついに花を咲かせたのである。三十個の花をつけたそのアロエを庭師はガラスケースで囲み、できるだけ迅速に生長するよう、日々奮闘した。彼はそれを展示して金儲けをした。すでに大勢の人びとがその花を賞美していた矢先のこと、突然立派な身なりをした三人の男がアロエめがけて突進し、それをずたずたに切りきざんだ。持ち主の庭師はそのアロエをまもろうとし、大喧嘩になった。刀剣が引き抜かれ、哀れ庭師は重傷を負った。さらに悪いことに、訪問者たちが拝観料を支払わずに四散したため、その庭師は自分の大事な植物、稼ぎ、健康の三つを失ったのである。この事件がなぜ起こったのか、真相は藪の中である。だが、同業者の妬みによるものではないかとみられている。

一七二八年、ある自然愛好者は、設計のいきとどいた田舎の庭園に、なにはさておき「曲がりくねった渓谷、さらさらと流れる小川、小さな穀物畑、積み重ねられた薪、絶壁、水槽、小屋」があることを望んだ。アディソンは、庭園は芸術作品であり、芸術作品は自然に近似していればいるほど、価値が増すという持論を展開した。

イギリスの風景はつくりかえられた。ときはランスロット「ケイパビリティ」ブラウン★

★ランスロット・ブラウン（一七一五～八三）
建築家、造園家。十八世紀英国の風景庭園の生みの親。ストウ庭園の改修に従事し、頭角を現す。キュー庭園やブレニム・パレスなどの庭園を設計した。広大な庭園のあちこちに樹塊《クランプ》を配置し、視点の拡散を防ぐと同時に、奥行きをもたせた。自然を模した風景庭園の主唱者で、敷地に秘められた「改良の余地《ケイパビリティズ》」をよく口にしたところから、「ケイパヒリティ」の渾名がついた。

支柱を立てて栽培されたアロエ・ヴェラ（ヨハン・ヴィルヘルム・ヴァインマン『花譜』1737年）

の時代であった。彼は一七五〇～八三年にかけて「英国式庭園」をつくりあげた。イギリス人が、まっすぐな並木道、まっすぐな園路、まっすぐな道路、そして、まっすぐな通りですら好まないのは、ほかならぬブラウンのせいであった。「S字形の美」が高らかに推奨された。それを表現するホレイス・ウォルポール★の言葉に、「ケント★の基本的な考えは、自然は直線を忌み嫌うというものであった」というのがある。ヨーロッパ全体が築山や蛇行する園路を備えた庭園をつくっていたときに、ひとりフランス人だけが依然として直線にこだわっていたのである。

ピュックラー公爵によって英国庭園のシェークスピアと呼ばれたブラウンは、一介の庭師から身をおこし、長じて庭づくりを仕切るまでになった。監督官となった彼はアイルランドよりも前に、まずイングランドの庭づくりを済ませなければならないと言明した。ル・ノートルと同じようにブラウンは花を廃棄したが、その理由はまったくちがっていた。オウシュウブナのような秋の色合いをのぞき、どの色も緑地

ブラウンが手がけたブレニム・パレスの庭園（F.O. モリス『イギリスとアイルランドの貴族の邸宅の美しい景色』1840年）

ブラウンの肖像（1769年頃）

★ホレイス・ウォルポール（一七一七～九七）
イギリスの政治家、小説家。有名な政治家ロバート・ウォルポールの三男で、庭園評論家としても活躍し、『近代造園史』（一七八〇年）を著す。

★ウィリアム・ケント（一六八五～一七四八）
イギリスの造園家および建築家。また、画家、家具設計家でもあった。自然を写すことこそが新しい造園の指標であるとし、ランスロット・ブラウンに先立つ風景庭園の創案者となる。ブリッジマンの後継者としてストウの庭園に取り組むが、この事業は後にブラウンに引き継がれることとなる。

との調和を妨げることがあってはならなかった。鉢植えのオレンジ、レモン、ギンバイカに代わって、果樹や森の樹木が植え込まれた。それまであった華麗な装飾庭園を取り壊し、飾り気のない自然に改造するのに、いかに莫大な出費がなされたか、想像を絶するものがある。

ブラウンはイギリス国内でも反発をくらっていた。彼が世に出る前に、アディソンは他のところで次のように公言してはばからなかった。「私は、近所の放蕩息子たちが先祖の勤勉さを物語る光輝な記念碑を打ち倒し、何世代にもわたって築き上げてきたものをたった一日で廃墟にしてしまうのを目のあたりにして、言いようのない義憤を覚える。」この言葉は、決してブラウンの造園活動と無関係ではない。

ブラウンと同時代のウィリアム・チェンバーズ卿★は中国の芸術を賞賛し、岩山や小さな橋、それに多層の塔をもった中国の庭園を模倣したが、それだけではなく、トルコ風の寺院、エジプトのピラミッド、ゴシックの廃墟もしつらえた。庭園の施主は使用人たちにその場にふさわしい格好をさせた。中国は一六六一〜一七九五年にかけて、満州族のふたりの偉大な皇帝、すなわち康熙帝および乾隆帝の統治下にあり、輝かしい繁栄の絶頂期にあった。乾隆帝は、だれもが喜んだことに、壮大な円明園★を造営した。周囲約十六キロメートルの大庭園で、おびただしい大理石や木材でできた三千余りの建造物には漆や彫刻がほど

1762年に建造されたキューガーデンのパゴダ

★ウィリアム・チェンバーズ（一七二三〜九六）
イギリスの建築家、造園家。王立植物園キューガーデンのパゴダ（多層の仏塔）の設計者として知られる。自然から逸脱した整形庭園と自然に忠実なブラウン流の風景庭園の双方を批判し、中国式庭園をよしとした。ブラウン批判の急先鋒で、十八世紀のイギリス建築に最も大きな影響を与えた人物の一人でもある。

★円明園
中国、北京の北西郊にあった清朝の離宮。一七〇九年、雍正帝が康熙帝より譲り受けたものを、乾隆帝が増改修した。バロック風建物と優美な庭園を有し、広大壮麗で世界にその名を知られたが、一八六〇年のアロー戦争の際に英・仏軍により破壊された。

こされ、いくつもの人造湖、築山、磁器の塔がつくられた。ヨーロッパの庭園にみる多層の塔、中国風の塔、ロココ時代の中国趣味《シノワズリー》は、こうした中国風の庭づくりに起因している。

ブラウンの人為的な自然らしさは、使用人や御用聞きの勝手口が邸宅からかなり離れた場所にあり、地下通路を通って台所に出るようになっているところにみてとれる。こうして、貴族の館は平凡な日常生活をいとなむ庶民の目から隔絶され、ぽつりと佇んで郷愁をさそう。菜園も館から約八百メートル離れた場所につくられた。

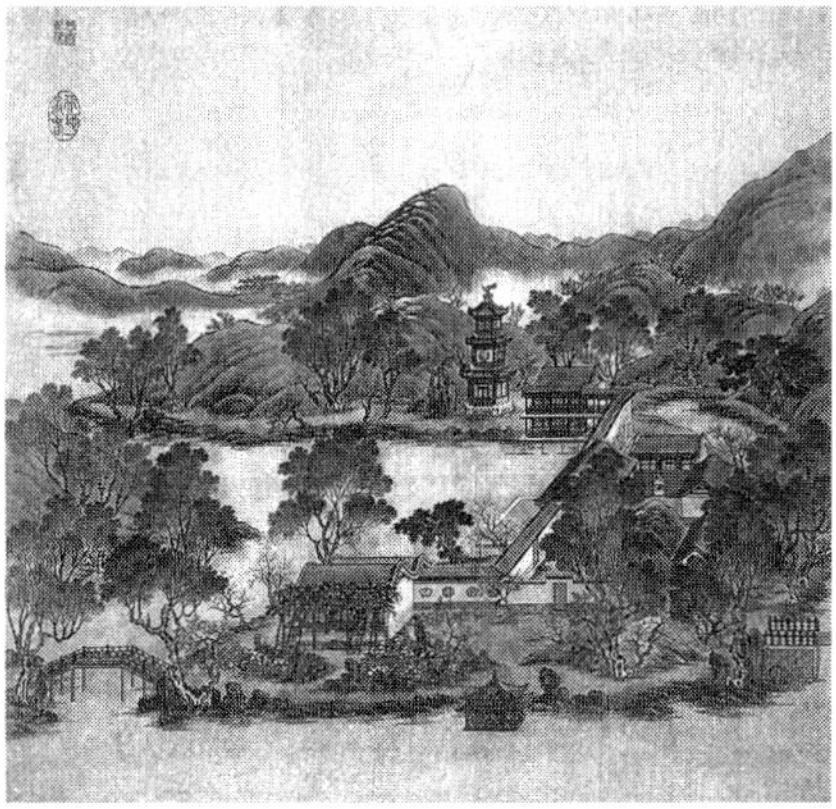

円明園内の名所の一つ慈雲普護（『円明園四十名所図詠』1744年／フランス国立図書館蔵）

円明園に造営された西洋風の建築、海晏堂（18-19世紀の銅版画）

十八世紀末と陰鬱嗜好

ロマン主義の風潮は、驚くべきことに、早くも一七一二年にアディソンによって表明されていたが、十八世紀後期にヨーロッパ中にひろまった。繊細な感情に対する郷愁が全般にみなぎっていた。数十年前には浮かれ気分が蔓延し、庭園のどこかに腰を下ろすと、大理石でできた妖精の奥から水が噴出してはね返り、水を浴びては笑いがまきおこっていたものであるが（ついでながら、こうした仕掛けはザルツブルク大司教のヘルブルン宮殿★にもあったが、この種のいたずらは大司教の威厳を損なうものではなかった）、十八世紀末になると、不幸をもてあそぶ風潮とあいまって、かなわぬ恋がもてはやされた。笑いは流行おくれになっていた。ヨーロッパ人が原始の自然の恐怖から解放されて二百年後には、ブラウンがイングランドの農村を改造してつくった、あのゆるやかに起伏し、木々が点在する風景、こぎれいで魅力的な風景はもはや好まれなくなっていた。つたが木々を厚く覆い、小川の土手はでこぼこで、道路には深い溝ができ、大きな丸石やハリエニシダのある場所は、ほんの少し歩いただけでも、はらはらする体験となるであろう。粗野と陰鬱。イギリスの地主階級はこのようにして周囲の景観を変えていった。彼らは「恐怖に満ちた」、「憂鬱な」、冷淡な、そして荘厳な自然を好むようになった。人工洞窟はこうした不気味な自然の一部となり、多くの地主のあいだで流行した。ニューカッスル公爵の洞窟は、三人

★ヘルブルン宮殿
　ザルツブルクの大司教マルクス・フォン・ホーエネムスがイタリア人建築家サンティノ・ソラリに造らせた夏の離宮。完成は十七世紀初め。ヘルブルンの庭は奇想天外な仕掛け噴水で知られる。石の食卓のまわりから突然噴水がほとばしり出る「びっくり噴水」はその一例。園内には多数の噴水やグロット（人工洞窟）がある。十六世紀後半から十七世紀前半には、それまでの端正美を誇るルネサンス様式とは違い、自由奔放で奇想天外な庭がたくさんつくられた。ヘルブルンの庭もその代表例のひとつ。

ヘルブルン庭園の「びっくり噴水」

の労働者が五年がかりで建造したものである。

装飾的な壺や祭壇がヨーロッパ各地に出現した。「死の谷」は棺、骸骨、人間の虚栄に関する啓発的な忠告で装飾されていた。老齢のヘル・フォン・マントイフェルの娘たちは、父親の誕生日を祝うために人工の木立をつくり、そこに祭壇をしつらえ、巫女に扮した。ダルムシュタットにいるゲーテの友人で侍女のルイーゼ・フォン・ツィーグラーは、自分の庭にあるバラのあずまやに墓を掘らせ、時々そのなかに横たわっては、自然の芳しさにつつまれながら、死の感覚を味わった。ルソー流の隠者の庵は樹皮と石でつくられた。また、フランスの宮廷では、粗木作りの小屋は貴婦人たちが羊飼いに扮して着用した衣装とリボンの付いた杖の格好の背景となった。貴婦人たちは、よく緑の小枝を持って散策した。紳士淑女は、花を手にしてパレ・ロワイヤルの列柱や木々の下を散歩した。ルソーは『新エロイーズ』のなかでアディソンの考えを四十年後に支持した。「あらゆる野の花に庭の花が入り混じって生えていた。私は広々と開けた場所のそこかしこに秩序も均整もなく、群がっているバラやラズベリーを目にした。」牧歌的な様式は、内面の不確かさによって特徴づけられる様式へと変化していった。新しい庭園は「バガテル★」（すなわち「フォリー★」）と呼ばれた。ブタン氏は果実とミルクを金のボールに入れて客に出した。王妃マリー・アントワネットは、セーヴル焼きのこのうえなく美しいピンクの磁器でできたボールにミルクを入れて出した。そのボールは彼女自身の完璧な胸を模してかたどられていた。プチ・トリアノンは野の花、ヒナギク、小麦の穂で飾られた。

★バガテル／フォリー

バガテルは「くだらない物・取るに足らない物」、フォリーは「愚行・狂気・ばかげたこと・法外な出費」の意味。ここから敷衍して、大金をつぎ込んだ無用の建造物、あるいはそれを取り込んだ庭園のこと。十八世紀のフランス庭園、英国庭園には古代風の建物、人工の廃墟、農家、水車、隠者の庵などがよく「お飾り《フォリー》」としてつくられた。

右：乳房形のミルク・ボール（1788 年／国立セーヴル陶磁博物館蔵）
左：田舎風に装ったマリー・アントワネットの肖像（1783 年頃／ワシントン、ナショナル・ギャラリー蔵）

ロシアにも隠者の庵はあったが、様相は異なっていた。晩餐会用のホールは大温室と連結していた。温室内の小径は白砂で覆われ、緑の木々の下を歩いたり、花をつけた灌木や果樹の下に腰をおろして休息をとることもできた。庭は高い丸天井の屋根で覆われていた。人工の暖房が快適な暖かさをまんべんなく供給し、極寒の時期でもバラや夏の花々が咲きほこり、グズベリー、赤いスグリ、モモ、ブドウが実をつけていた。この冬の庭園の上にテラスがあり、もうひとつ別の庭園があった。この庭園は「アジアの趣があり」、夏に利用された。

ドイツでは、ロマン主義的な時代思潮はクリスティアン・ヒルシュフェルト★の造園論において体系的に述べられている。それによると、庭園は愉悦、歓喜、陰鬱、驚嘆、敬意、平安、瞑想といったさまざまな感情を喚起する場所でなければならなかった。したがって、彼は庭園をいくつかの区画に分割した。「敬意」の区画には著名人の記念碑が建立されるべきであった。「陰鬱で身震いする」区画には墓碑、骨壺、石棺を置き、枝が垂れ下がった柳によって陰影をつけ、一面ツタで覆い、死者の彫像にはたいまつを下げて持たせることを勧めた。

こうした庭づくりの工夫のあらましを評論『一七九五年の園芸年鑑』のなかで述べているのが、かのシラー★である。フランスやイギリスの庭園建築について論じながら、彼は次のように述べている。「造園術は建築家の厳格な規律から詩人の自由へと逃避し、突如として、過酷きわまりない隷属状態を脱して、勝手気ままな自由を享受した。」シラーは中道を模索し、それを実行できる適任者はヒルシュフェルトであると考えた。ヒルシュフェルトはドイツの庭園愛好家の多くがイギリス趣味にかぶれていることに異を唱え、「水の

ヴェルサイユの離宮プチ・トリアノンの庭園（クロード・ルイ・シャトレ画／18世紀後半／スウェーデン国立図書館蔵）

★クリスティアン・ヒルシュフェルト（一七四二〜九二）
ハレ大学で学び、後にキール大学教授に就任し、哲学、美学、論理学などを講じた。ドイツきっての造園理論家で、フランス式幾何学庭園を嫌悪する一方、ブラウン以前の初期英国式風景庭園にも批判の矛先を向けた。全五巻から成る『造園術の一般理論』（一七七九〜八五年）を著す。

ない橋、街道沿いに建つ隠者の庵などに」反対し、「象徴的な、そして楽曲や詩のように、ある種の情感を表現したり、喚起したりすることができるような、いわば感傷的な庭園」を設計することは、決して不可能なことではないと考えた。

シラーは続けて次のように言う。「幸運にもホーエンハイムの庭園を訪れる機会に恵まれた旅行者の大部分は、ローマ時代の墓や神殿、それに崩れかかった壁とスイス風の小屋が交互に配置され、華美な花壇と監獄の黒壁が入れ替わり併置されているのを見て、怪訝な顔をした。彼らはそういう異質なものが自由に結びつけられて、ひとつの全体を構成しているとは思いもよらなかった。ヒルシュフェルトにいわせれば、われわれの眼前にあるのはローマ風都市の廃墟にそびえたつ田舎の村なのであり、同時にそれは矛盾を一掃し、このバロック的な構成に才知豊かな統一感を吹き込んでいるのである。田舎の簡素さと埋没した都市の栄光という、二つの極端な社会状態が隣接してあるさまは、じつに感動的である。……風景全体に深遠で、哀愁を帯びた気配がただよっているのは、こうした混合の妙による。」これで終わりではなかった。シラーは訪問者に宮殿の方から近づくように進言した。「その宮殿はめずらしいことに、雅趣と豪奢が調和している。四方から目にとまるあまりの壮麗さに簡素への欲求はいやがうえにも増し、いわゆるイギリス村にいる旅行者たちの周囲に卒

★ヨハン・クリストフ・フリードリヒ・フォン・シラー（一七五九～一八〇五）
ドイツの詩人、劇作家、軍医、歴史家。シュトゥットガルトで軍医となり、仕事のかたわら詩や劇を書いた。一七八八年、親交のあった文豪ゲーテの推挙により、イエナ大学の歴史学教授として迎えられる。歴史研究では『オランダ独立戦争史』や『三十年戦争史』といった著書を残している。

ホーエンハイムの庭（1845年頃の版画）

然と広がる農村風景の厳粛な凱旋を準備する。と同時に、耕作者たちは自分の小屋を輝かしい過去の記念碑の壁にもたせかけており、その記念碑は訪問者にえもいわれぬ印象を与える。われわれは、このような崩れかけた廃墟が技術に対する復讐であることを実感し、ひそかにほくそ笑むのである。」

われわれ近代人の耳には、これらすべてがやや滑稽じみて聞こえるし、感傷主義の時代の残滓として捨て去りたくもなる。だが、世界のまったく違う場所で、まったく違う時代に、人びとはヒルシュフェルトと同じように象徴的な庭園をつくろうとしていたのである。そうした庭園は美的な歓びのみならず、ある種の感情を呼びさますためにつくられた。ラフカディオ・ハーン★は次のように述べている。偉大な風景庭園の造園家でもあった仏教の僧侶たちは、まず造園術を日本に持ち込み、のちにそれをほとんど秘術の域にまで発展させたが、それにとどまらず、みずからの理論をさらにねりあげた。仏僧たちは道徳的な教えのみならず、純潔、忠誠、子供への愛情、満足、平安、瞑想、夫婦の幸せといった抽象的な観念を表現する庭づくりさえ可能であると考えた。そのため、庭園の趣はその施主によって、つまり庭の持ち主が武士か、詩人か、哲学者か、僧侶かによってちがったのである。

★パトリック・ラフカディオ・ハーン（一八五〇〜一九〇四）『怪談』その他で有名な作家、日本研究家。アイルランド人の父親とギリシア人の母との間に生まれ、アイルランドで育つ。アメリカで活躍した後、日本に帰化し、小泉八雲を名のる。小泉八雲は彼のペンネームでもある。

スミレのために命を、ツバキのために死を

十八世紀は奇妙な時代であった。多くの人びとにとっては相変わらず厳しく、恐ろしい時代であったが、他方ではほんの一握りの人びとが特権として享受していた多くのものは想像もできないほど洗練されていた。

一七一五年にはフランスの全人口の三分の一に相当する六百万人が餓死した。一七七九年には乞食の一群がフランス中を闊歩したが、これはフランスに限ったことではなかった。たとえば、ミュンヘンでは六万人のうち二千六百人がひもじい思いをしていた。どの軍隊も想像もつかないほどの残虐行為を繰り返した。イギリスでは、工業化の初期の段階には子供と女性は過酷な労働を強いられ、残酷な恐怖を体験した。ワットによる蒸気機関の発明によって、緩慢ではあるが、これまで以上に世界の富が増大しはじめた。しかし、それと同時に感傷のためにだけ生きる人びともいた。

たとえば、フランス革命以前の旧体制下では有名なスミレ熱が吹き荒れていた。時代はロココ。ある女優と恋におちた紳士は自分の生涯をスミレ栽培だけにささげ、文字通り、それ以外は何もしなかった。こうして、彼は三十年間、毎日摘みたてのスミレの花束を愛する恋人に送り届けたのである。彼が生涯のすべてをかけてつくったこの貴重な贈り物を無駄にしないように、彼女は頭状花を摘み取り、毎晩スミレのハーブティーをつくって飲

んでいた。

そうした極端な例をもうひとつ挙げれば、ツバキを損失したために亡くなったピーター卿★の事例がある。ツバキの原産地は日本で、赤色、白色、多色、八重、一重のツバキが、それぞれ一本の灌木に咲いている。高さ約四メートル五十センチ〜六メートルまで生長する。モラヴィア人のイエズス会牧師ゲオルグ・ヨーゼフ・カメル★は、十八世紀半ばにツバキを日本かフィリピンか定かではないが、いずれにせよ極東からヨーロッパにもたらした。カメルが導入したところから、リンネはその花にカメリアと命名したのである。

カメルは帰国すると、一七三八年にロンドンの王立協会でマニラについて講演をおこなった。このとき、彼はピーター卿にツバキを二株売った。ピーター卿はそれを郷里のソーントン・ホールに持ち帰った。だが、卿のおかかえの庭師は育て方がわからず、温室に入れて世話をしたが、結局、枯死してしまった。ピーター卿は自分が栽培していたツバキよりも長く生きることを望まず、伝えられるところでは、失意のうちに亡くなったという。

ピーター卿の庭師は、主人よりもたくましい性格の持ち主で、一七四〇年に自分自身の種苗園を開いた。そこでツバキを栽培してみると、みごとに花をつけ、それがイギリス中のツバキの親株になったのである。

最初に赤いツバキを育てたのは、ヘントの王立農業協会の創設者であった。彼は変人で、自分の育てた赤いツバキを内緒にしておいた。しかし、ヘントの花の愛好者たちが一八〇八年以降、ロンドンからツバキを入手した。同年、ナポレオンは二隻の商船をロンドンに派遣したが、乗船していたヘントの一商人が運よくパリにいる友人のド・エールにロンドンから赤と白のツバキを送り届けることができた。ド・エールはこの二株の貴

★ピーター卿
第八代ピーター卿、ロバート・ジェイムズ・ピーター（一七一三〜四二）。イギリスの貴族、園芸家。イギリス南東部のエセックス州ソーントン・ホールに館をかまえ、園芸にいそしむ。温室でバナナやパイナップルなどを栽培する一方、植林にも熱心で、自領に外国産の樹木五十種六万本を植えつけた。

★ゲオルグ・ヨーゼフ・カメル（一六六一〜一七〇六）
イエズス会の宣教師。フィリピンのマニラに派遣され、フィリピン最初の薬局を開設、貧民に無償で薬を提供した。ルソン島の植物を多数収集してイギリスに送ったが、その目録はジョン・レイの『植物誌』（一七〇三年）に付録として収載されている。

重なツバキをヘントの商人団に代わって、貿易相手国フランスへの感謝のしるしとして皇后ジョゼフィーヌにプレゼントした。その一年後、ド・エールはマルメゾン宮殿にいるジョゼフィーヌにたくさんのツバキを送り、それらはマルメゾンですくすくと育った。一八七五年、パリの種苗商クルトワは高さが約七メートル五十センチもあるツバキの木を育てていた。それは一八〇八年にナポレオンが派遣した船で運んだものであった。ジョゼフィーヌ没後、親木に当たるツバキが売却されたが、それは二万フランの高値で売れた。ドイツでは十八世紀後半、最初のツバキがシュヴェツィンゲンで栽培された。一株の値段はソブリン金貨二枚分であった。十九世紀、ツバキには輝かしい未来があった。

ゲーテは、ヨーロッパではもっとも著名な花の愛好者のひとりに数えられるが、ワイマル近郊を散歩するときにはいつもポケットにスミレの種子を入れて持ち歩き、それをばらまいていた。こうして世界の美化に貢献したのである。機知に富むフランス人アルフォンス・カル★はゲーテよりも大規模に、同じようなことをおこなった。彼は八重のケシとスィートピーの種子をばらまきながら、田舎の散策を楽しんでいた。また、野バラの生垣に赤、白、黄色のバラを、野生のマルメロの木に上等のナシをそれぞれ接木した。カルはその結果をもとに、将来、植物学者が学術論文を書いてくれるのものと期待していた。そして、播種した植物が田舎に根づいてすくすくと生長するのを想像しては悦に入っていた。

★アルフォンス・カル（一八〇八～九〇）
フランスの批評家、ジャーナリスト。『フィガロ』誌の編集者として活躍する一方、月刊誌『雀蜂』を創刊し、辛口の批評を展開した。一八五五年、南仏ニースに移住し、園芸にいそしむ。コート・ダジュールの花卉栽培の基礎を築いた人物でもある。

密集して花をつけた温室のツバキ（L. ファン・ウーテ『ヨーロッパの温室と庭の花』20巻／1874年／ミズーリ植物園蔵）

花卉栽培家としての労働者

富者の庭園には依然として花はなかったが、十八世紀後半のほぼ五十年間に花は富者とは異なる社会階層のあいだで人気が出はじめた。この階層については、フリードリヒ・エンゲルス★が有名な著書『イギリスにおける労働者階級の状態』のなかで書いている。いわゆる花卉栽培家《フローリスト》の花はもっぱら労働者によって栽培された。彼らは社会の明確な一部を形成した。一八二四年、ヘンリー・フィリップス★は富者の庭の刺繍花壇にふさわしい花について述べながら、時折、ある花は職工の花に堕してしまったと慨嘆している。つまり、その花は労働者によって栽培される花のひとつに成り下がったというわけである。

一八七五年に公刊されたドイツの書物によれば、オーリキュラ、アネモネ、ヒアシンス、チューリップ、ラナンキュラス、カーネーション、ピンク、ポリアンサスはランカシャーの労働者たちによって大規模に栽培されていた。もちろん、栽培とは花の世話だけにとどまらず、新品種の作出や繁殖をも意味した。これらすべてをランカシャーの織物工場で働く労働者がおこなっていた。一方、女性や子供たちは毎日十六時間くらい働いていたであろう。こうした状況の下で、暴動は一再ならず発生した。

エリザベス一世の時代にフランドル地方の織工たちがイギリスに逃亡してきた際、彼らは各種の種子、球根、ラナンキュラスの球茎を持参してきた。のちに彼らはイギリスの広

★フリードリヒ・エンゲルス（一八二〇〜九五）
ドイツの社会思想家。その著『イギリスにおける労働者階級の状態』（一八四五年）は、マンチェスターをはじめとするイギリス各都市の労働者の状態を調査し、その実態を明らかにしたもの。当時、マンチェスターの労働者街は工場群に隣接し、郊外にあった上中流階級の住宅街とは分離されていた。また、アイルランド移民労働者のスラム街もあり、生活環境は劣悪であった。

★ヘンリー・フィリップス　↓一六一頁参照

大な繊維工業地帯に定住し、長い間かたい結束で結ばれた共同体を形成していた。この間、織工たちはあまねく花の栽培に熱中した。一八二四年までにはランカシャーはオーリキュラの産地として名を馳せていた。ジェフリー・テイラーは魅力あふれる著書『ヴィクトリア朝の花園』において、これらの庭師について次のように述べている。「彼らはほとんどすべての町、とりわけ工業化が進展しているミッドランド地方において、花卉栽培家のクラブや花卉園芸協会を結成した。これらのクラブは展示会や組織だった品評会を開催した。」賞金は半クラウンないしは四ペンス貨で、何ヶ月も手をかけたわりには多くなかった。週に約一ポンド稼いだ労働者にとっても、決して多いものとはいえなかった。一七九二年、これらのクラブは、先に述べた花のうちの一つないしは二つに特化して栽培した。のちにスウィート・ウィリアム、ずっと後にはパンジーがそれに加わった。織工たちは単に展示会用の花を栽培しただけではなかった。丹精こめて、入念に異種交配を重ねながら、新しい品種の作出にも取り組んだのである。

チューリップでは、オランダのチューリップ投機熱の際に登場した炎上模様ならびに羽根模様のものが好まれた。われわれの時代とはちがい、単色のほうが好まれるということはなかった。ダービー出身の機関士トム・ストーラーは、一八五〇〜六〇年に数種の美しいチューリップを栽培した。多くのクラブはピンクだけを栽培した。縞模様のピンクが開発されたのはペイズリー★においてであった。ペイズリー・クラブは「ポリアンサスの開花期からカーネーションが姿を消すまで」、毎週木曜日に会合をもった。年会費は二シリングで、もっとも可憐な花を咲かせた者には賞品として、移転ごて、くま手、シャベルの類か、他の園芸道具が贈呈された。ペイズリーの織工集団はいくつかの点ですぐれていた。

★ペイズリー
スコットランドの繊維工業都市。ペイズリー柄の織物は、この町で十九世紀はじめに量産された。

1813年7月2日、12種類のもっとも素晴らしいピンクを育てたペイズリー・フローリスト協会の会員に贈られた角製の嗅ぎたばこ入れ

彼らは十九世紀の五〇年代および六〇年代に非常な人気を博したペイズリー織りの肩掛けを織ったばかりではなかった。テイラーによれば、幅広く勉強会を開き、ハトを飼育し、作詩もおこなったのである。彼らは新種の花に大金をつぎこんだ。いうまでもなく、園芸は情熱である。それゆえ、ある織工が一八四七年の大霜のときに、自分の毛布でチューリップを覆い、それによって彼自身の死期が早まったということもあったが、同じようなことは他にもあったにちがいない。

花卉栽培家のクラブは、独自の雑誌を発刊していた。ほんの数頁で挿絵はたったの一枚。それで六ペンスという高価なものであったが、それでも一八三六年には、定期購読者は一万人もいたのである。

パンジーも一八四一年にパンジー協会によって定められた厳しい規則に従って、織工たちの手で育てられた。パンジーはベルギーとフランスに届いた。のちにフクシアとの関連で詳しく述べるが、ジョン・ソルター★は一八四七年に両国でパンジーの花を見た。花卉栽培家クラブの規制を受けなかったソルターは、パンジーに改良をほどこした。これが、今日われわれが目にする幅広の顔をしたパンジーの祖先にあたる。

一八七五年という遅くに、ドイツの書物には次のような賛辞が記されている。「十九世紀の五〇年代、ランカシャーの織工や鉱夫ほどみごとな花づくりをする者はいなかった。」のちに他の人びとも花卉栽培家の花々を育てたが、ランカシャーの労働者たちにはとうていかなわなかった。一八四〇年代以降、花卉栽培家のクラブ数は徐々に減少していった。新たな宅地開発の下で、小さな庭は姿を消していった。だれもが顔見知りであった工業地帯の村も姿を消した。「しかし、われわれの時代にあっても多くのパブの壁には色あせた

★ジョン・ソルター（一七九八〜一八七四）
イギリスの種苗商。一八三八年に渡仏し、イギリスの花を販売するためヴェルサイユに種苗園をかまえた。十年後イギリスに戻り、一八六一年にはじめて園芸種のパンジー（ファンシー・パンジー）を作り出した。また、厚物の菊も作出したが、それは彼の出身地ジャージー島にちなんで、「ジャージーギク」と命名された。一八六三年頃、ロンドンはハマースミスのウィリアムズ通りに菊の専門店を開き、好評を博す。イギリスでは「菊の父」と呼ばれる。

写真が飾ってある。そこには、日曜日のための黒いスーツを着て、山高帽子をかぶり、ひげをはやした男性諸氏が、牧師を真ん中にして写っている。写真は、おそらく地元のオーリキュラ協会の受賞日に撮られたものであろう。」

しかし、花に対する熱狂的な愛好心はイギリスの織工たちに限られたものではなかった。ベルギーの鉱夫たちは、帰宅すると、手や顔を洗った水をカーネーションにかけた。石炭の粉末は花によいと考えられていたためである。ヴェルヴィエ★にある織物工場の労働者はカーネーションの栽培家として有名であったし、ベルリンのひどい貧民窟ですら、労働者は花を愛でた。彼らはバルコニーで花を育て、たくさんのアメリカヅタを栽培しては、紐で結び、あずまやに這わせた。ベルリンの労働者は競い合ってバルコニーを飾りたて、ハトを飼育した。

★ヴェルヴィエ
　ベルギー、リエージュ州の都市。十五世紀より織物産業で栄え、第一次世界大戦後はとくに毛織物工業で繁栄した。

園芸家（『イギリスの商売と有用な技法の図書館』1824年）

十九世紀の庭園

一八〇〇年頃、イギリス人は「勝手気ままな自由」に飽き飽きしていた。ちょうどそれ以前に「過酷きわまりない隷属状態」に辟易していたように。シラーが評論を書いたのとほぼ同じ頃に、ハンフリー・レプトン★は人工の丘や湖に代わって、ふたたび花のあるテラスを導入し始めていた。庭園はふたたび邸宅の外延部とみなされ、猟園《パーク》から切り離された。

ドイツにおけるもっとも完璧な英国式庭園は一八三四年頃、ピュックラー＝ムスカウ侯爵★によってつくられた。イギリス人は百年前にクロード・ロランやガスパール・プッサンの絵画を模して彼らの庭園を設計したが、五十年前のフランスではジャン＝ジャック・ルソーの友人ジラルダン侯爵★がみずからの発注した絵画に倣ってエルムノンヴィルの庭園★を設計していた。それとまったく同じように、ピュックラー＝ムスカウは画家シルマー★に何枚かの風景画を依頼し、それを手本に庭園をつくった。これらポツダムの庭園もレンネ★によって英国風に仕立てられた。ちなみに、レンネ種のモクレン（現在はスーランジアナ種の栽培品種とされている）は、一八五〇年彼の名にちなんで命名された。一方、シンケル★は一八二九年にサンスーシ宮殿の庭園の真ん中に

マグノリア・スーランジアナ「レンネ」(H. ヴィッテ『フローラ』1868 年)

★ハンフリー・レプトン（一七五二〜一八一八）

事業に失敗して一念発起し、造園家に転身。画才に長けたレプトンは庭園の改造「前」と「後」を水彩画にして描き、それに赤いモロッコ皮の表紙をつけて「レッド・ブック」（庭園改造計画図）として顧客に提供し、大成功を収めた。レプトンはブラウンのつくった多くの庭園を改修し、花壇と欄干を復活させた。

★ヘルマン・フォン・ピュックラー＝ムスカウ侯爵（一七八五〜一八七一）

ドイツの貴族で、十九世紀に活躍した造園家、作家、景観デザイナー。英国庭園の美しさに感銘を受け、シュレージエンの領地ムスカウに英国式風景庭園をつくる。現在のドイツとポーランドの国境にまたがるムスカウ公園がそれで、ヨーロッパ最大規模を誇る。総面積は七百ヘクタール以上。この造園には建築家カルル・シンケル、画家アウグスト・シルマー、それにイギリス人庭園設計家ジョン・エイディ・レプトンも協力した。侯爵は作家でもあり、多くの伝記を書き残した。

上 2 点：ムスカウ公園と園内の装飾花壇（ピュックラー＝ムスカウ『造園指針』1834 年）

上左：エルムノンヴィル庭園でジラルダン家の子供達に植物を教えるルソー（18 世紀の銅版画／モンモランシー、ジャン＝ジャック・ルソー博物館蔵）

シルマー《羊の群れのいる風景》1840 年頃

ポツダム、サンスーシ庭園内のシャルロッテンホフ宮殿（19 世紀の版画）

★ジラルダン侯爵

ルネ・ルイ・ド・ジラルダン（一七三五〜一八〇八）。ジャン＝ジャック・ルソーの友人にして後援者で、エルムノンヴィルにフランス最初の風景庭園をつくる。ルソーの作品に心酔し、子供たちもルソーの『エミール』に従って育てたほど。

★エルムノンヴィルの庭園

ジラルダン侯爵によって、パリ郊外のエルムノンヴィルにつくられたフランス最初の風景庭園。一七六四〜七六年にかけて造られたこの庭園は、ルソー崇拝者であった侯爵がルソーの思想を具現化したものといわれる。ルソーは最晩年にジラルダンの庇護を受けてエルムノンヴィルに落ち着き、そこで没した。

★アウグスト・ヴィルヘルム・フェルディナンド・シルマー（一八〇二〜六六）

ドイツの風景画家。一八二七〜三一年までイタリアに滞在。一八三一年にベルリンに居を定め、一八三九〜六五年までアカデミーの景観に関する教授をつとめた。

WATER AT WENTWORTH, YORKSHIRE.

WATER AT WENTWORTH, YORKSHIRE.

サウス・ヨークシャー、ウェントワースの庭園の改造前と、糊づけしてある部分をめくってあらわれた改造後の風景（レプトン『風景庭園の理論と実践に関する考察』1803 年）

シャルロッテンホフ宮殿を建設したが、庭園の設計はプリニウスの競走路を忠実に模していた。

この間、レプトンはル・ノートルの華麗さとブラウンの風景庭園がもっている魅力の折衷案を模索していた。彼は菜園を邸宅の近くに移し、裏に引っ込めた。それでもレプトンの庭園は珍奇なもので満ちあふれていた。彼の主張によれば、庭園には「神聖な井戸、修道士の庭、外国産の樹木園、モクレンの庭、刺繍花壇、人工洞窟、泉のあるバラ園」がなければならなかった。

こうして十九世紀の混沌とした庭づくりが始まった。庭園は曲がりくねった玉石の園路によっていくつもの小区画に区分けされ、芝生ですら、ソラマメ形、円形、六角形の多くの花壇によって寸断された。これは偶然の産物ではなく、実用本位のもので、世界観とは無縁であった。

十八世紀半ば以降、美しい花々が大量にヨーロッパに流入してきた。アメリカの大農園主はロンドンに代理人を置き、家具、磁器、タペストリー、織物を買いつけ、アメリカ産の植物を代理人に送った。ひとりの代理人だけで百五十種類ものアメリカ産植物をイギリ

花と色彩を取り入れたレプトンのコテッジ（レプトン『風景庭園の理論と実践に関する考察』1803年）

★ペーター・ヨゼフ・レンネ（一七八九〜一八六六）
ドイツの造園家。プロイセン王室の庭園管理主任としてプロイセン宮廷に五十年間仕え、ポツダムを中心に活躍した。一八二四〜二八年にかけて、マグデブルクのフォルクスガルテンの設計にかかわり、期せずして自治体が設置するドイツ最初の都市公園の設計者となった。当公園のデザインは自然らしさを旨とする風景式。

★カルル・フリードリヒ・シンケル（一七八一〜一八四一）
十八世紀ドイツを代表する建築家。一八〇三〜〇五年にイタリア、フランスに留学し、建築、絵画、造園など幅広い知識を身につける。ベルリンの都市計画に際しても活躍した。

スに輸入した。のちにはイギリスの大種苗商が植物を探し求め、プラントハンターの遠征隊を派遣した。これに関連して、まったくの偶然によるものであったが、ナサニエル・ウォード★の発見はすこぶる重要である。彼は密封した瓶のなかに、湿った土とともに蛾のさなぎを入れておいた。しばらくして瓶をのぞいてみると、なかで羊歯が発芽していた。他の方法では、羊歯の生長は望めなかったであろう。ウォードはすぐさま、この方法でいとも簡単に、清浄で、乱れない、均一の空気を得ることができることに気づいた。

一八三三年以降、密閉したガラス箱は世界各地に送られ、そのなかに種子と植物が収められて、途方もない距離を往復した。事実、ウォードの箱は彼が生きたロマン主義の時代思潮でもあった、「都会の中に自然を」というウォード自身の欲求を満たしただけでなく、世界経済にも劇的な変化をもたらした。二つほど例を挙げれば、茶の木はウォードの箱に入れられて中国からヒマラヤ山脈の山腹に運ばれた。またキナノキの木は南米からジャワまで運ばれた。

田舎家の庭《コテッジ・ガーデン》では四季を通じて花が栽培されていたし、今日では洗練された庭園でも各種の花、とりわけ新種の花の栽培用地を確保しようという欲求がますます高まっている。どの庭園でも温室は欠かせないものとなり、ついに庭師にして建築家のジョゼフ・パクストン卿★が大温室をもとに水晶宮を完成させた。大きな敷地の庭に花を植える方法は、季節ご

1930年代までキュー植物園で使用されていたウォードの箱

初期のウォードの箱（1852年の版画）

★ナサニエル・バグショー・ウォード（一七九一〜一八六八）
外科医、園芸家、アマチュア昆虫学者。一八三四年、いわゆる「ウォードの箱《ウォーディアン・ケース》」を発明した。これはガラス張りの密封された木製の箱で、その中に植物を入れ、適度な水を与えておけば、植物は生命を保つことができた。この箱の出現によって、数ヶ月に及ぶ長い航海の間も水をやる必要がなく、安全に植物を輸送することができるようになった。

とに花壇に花を植えつけることであった。こうしたことは多くの国の公園や私人、もろもろの機関、庭師を雇い入れる余裕のある富裕層のあいだで、いまでも実践されている。オックスフォード大学やケンブリッジ大学のすばらしい庭では、しばしば鉢をまるごと花といっしょに地中に埋め、花壇をつくっている。

とはいえ、新しい花がたくさん持ち込まれたわりには、その選択が限られていたことに驚くばかりである。花壇は型通りのものであった。すなわち、イギリスでは赤いゼラニウムが青いローベリアや白いアリッサムで縁取られた。フランスではベンケイソウとベゴニア、ドイツではしばしばパンジーが植え込まれた。富者のバルコニーはペチュニアとゼラニウムで飾られ、農民のバルコニーと窓辺にはカーネーションが置かれた。

★ジョゼフ・パクストン（一八〇一〜六五）
造園家。チャッツワース庭園の庭師主任。デヴォンシャー公爵の所領管理人もつとめる。一八五一年ロンドンで開催された第一回万国博覧会のパビリオン、通称「水晶宮《クリスタル・パレス》」の設計者。鉄骨総ガラス張りの水晶宮の建設には、チャッツワースにおける温室づくりの経験が活かされた。パクストンは鉄道会社の経営にもかかわり、事業家としても成功。一八五四年には国会議員に選出された。

第1回ロンドン万国博覧会の水晶宮の外観と内部（上：『万国博覧会絵入りカタログ』1851年、下：1851年の石版画））

チャッツワースでパクストンが設計し、1840年に完成したスチーム暖房完備の大温室（19世紀末-20世紀初めに撮影）

皇后ジョゼフィーヌのバラ

［口絵 26・27・28］

歴史家はひとつのテーマを深く掘り下げていくなかで、ひとかどの人物は数えるほどしかおらず、そのような人物ですら、持っているものはごくわずかでしかないことを知って驚くことが多い。

現代世界の富は、十八世紀に始まった産業革命の結果もたらされたものである。花の世界の富といえば、アメリカ大陸の発見や地球上の探検のみならず、人類のたゆまぬ努力の賜物でもある。

十八世紀末以来、もっとも人気のある花はバラである。プリニウスは十二種類のバラを知っていたが、アルベルトゥス・マグヌスはわずか四種類しか知らなかった。しかし、十八世紀半ばまでは、ほとんど進歩はみられなかった。リンネが目録に挙げているバラの品種は十四で、バラの国フランスの重要なバラ栽培家であるフィラシエ★の目録には一七九一年の時点で、わずか二十五種類しか載っていない。もっともフランス革命の少し前には、モンペリエのリボン兄弟の種苗園だけでも、四万本のバラが植えられていたのであるが。というのも、バラはフランス革命の前にも後にも、毎日使われていたからである。ナポレオンの時代には古代ローマ人になりきって遊ぶのが流行し、美男子の青年が注いでくれる壺からワインを飲んだ。一八一〇年、ボルゲーゼ公爵は大宴会場と庭園の園路の双

★ジャン＝ジャック・フィラシエ（一七三六～一八〇八）
フランスの農学者、道徳教育者。ジャン＝ジャック・ルソーの崇拝者で、『教育史辞典』（一七七一年）を執筆した。

方にバラの花びらをまくよう指示した。ゲーテとその孫ですら、今日東西ドイツの国境になっている町ヘルムシュテットにおいて、かわいい乙女たちからバラの花冠をかぶせてもらったほどである。

一八二七年に公刊されたスウィートの『ブリタニアの庭』には百七種のバラと千五十九の変種が挙げられている。その二年後にフランスで作成されたバラのカタログには、二千五百六十二種のバラ（うちガリカ種千二百十三、ケンティフォリア種百二十、アルバ種百十二、モス種十八）が記載されている。その五十一年後の一八八〇年、宮廷庭師ニートナー★は著書『バラ』において、五千七種のバラを挙げている。

この途方もないバラの増加は、ナポレオン一世の妻ジョゼフィーヌ・ド・ボアルネの熱意と惜しみない出費によるものであった。しかし、ふたりの仲をとりもったのは、バラではなく、スミレであった。ナポレオンはジョゼフィーヌと舞踏会で出会ったが、そのとき彼女はスミレの小冠とブーケを身につけていた。そして別れるときに、乗っていた馬車からナポレオンに向かってそのブーケをほうり投げたのである。これを記念して、ジョゼフィーヌのウェディングドレスにはスミレの刺繍がほどこされたし、ナポレオンはどこで戦っていても結婚記念日にはいつも彼女にスミレを送っていた。さらに、ジョゼフィーヌがナポレオンからスミレの花束を受け取ったのは、誕生日のときだけではなかった。というのも、ナポレオンはベルナール夫人に命じて、毎日摘みたてのスミレの束を送らせ、年間六百フランの代金を支払っているからである。

★テオドル・カール・グスタフ・ニートナー（一八二三〜九四）　ベルリン近郊にあったプロイセンの宮廷付属庭園の庭師。

ニートナー『バラ』(1880年)より、濃桃花の「ゴネーラ男爵」(スタンフォード大学図書館蔵)

エルバ島に流される前にナポレオンが発した最後の言葉は、「春になったらスミレの咲く頃にもどって来よう」であった。一八一四年三月九日にエルバ島を脱出したナポレオンは、離婚した先妻ジョゼフィーヌの住むマルメゾン宮殿に向かった。ナポレオンには再婚相手であるハプスブルク家のマリー・ルイーズとのあいだにできた三歳の息子がいたが、その息子にスミレの花束を持たせ、先発隊として送り込んだ。チュイルリー宮殿ではすばらしいスミレの装飾がナポレオンを迎え、貴婦人たちはみなスミレ色のドレスを着用していた。一八一四年五月二十九日、ジョゼフィーヌが亡くなると、ナポレオンは摘みたてのスミレを送った。ナポレオンがセント・ヘレナ島で息をひきとったとき、彼は金の形見入れ《ロケット》をつけていたが、そのなかにはジョゼフィーヌの墓から摘んだ二弁のスミレの押し花が入っていた。ナポレオンはそれをいつも胸元につけ、肌身離さず、もっていたのである。スミレの押し花をひそかに自分の胸元につけている独裁者など、現代では想像しがたいように思われる。ナポレオンはセント・ヘレナ島でもスミレを育てようとした。

フランスではスミレは自由主義者やナポレオン支持者の象徴となり、彼らにとっては「父親スミレ」★や「伍長スミレ」★は一種の合言葉になった。ブルボン王朝下では、ある有名な女優は、スミレを身につけていたために野次られた。ナポレオン三世が一八七三年にチズルハースト★で亡くなったとき、フランスから大量のスミレがイギリスに送られた。

それにもかかわらず、われわれがジョゼフィーヌに多くを負っているのは、バラなのである。

ナポレオンは一七九八年にマルメゾンの館を購入し、ジョゼフィーヌはリュクサンブールのバラ園の園長であったデュポンを雇い入れ、当時知られていたあらゆる品種のバラを

★「父親スミレ」「伍長スミレ」
いずれもナポレオンの愛称。エルバ島に流刑中、パリにいるナポレオンの支持者や兵士たちは、スミレ好きのナポレオンのことを愛情を込めてこう呼んだという。

★チズルハースト
ロンドン南東部の地区。ナポレオン三世は普仏戦争でプロイセンに敗れた後、イギリスに亡命し、一八七一年から亡くなるまでの三年間を皇后ウジェニーとともにここで過ごした。

かきあつめた。こうして、マルメゾン宮殿は当時もっとも有名なバラ園になったのである。

ジョゼフィーヌのバラはあらゆる国境を越え、戦線を突破した。ナポレオンの軍隊は行く先々で、マルメゾン宮殿にバラを送った。イギリスの提督は捕獲した船舶がマルメゾン行きの種子や植物を積んでいたならば、ただちにそれを転送するよう命じた。ロンドンのハンマースミスにヴィンヤード種苗園をかまえていたジョン・ケネディとリュイス・ケネディは、「植物公使」の肩書きで特別な旅券をもっていた。それによって、ナポレオン戦争中もロンドンとパリの間を自由に往来し、ジョゼフィーヌのためにバラを手に入れることができたのである。一八一五年、イギリスの軍隊はマルメゾンの庭園をまもるよう厳命を受けたが、すでにフランス側は独自の予防措置をとっていた。連合軍がパリに接近しつつあったとき、大規模なバラ栽培家の先駆者であったデスメは同業者ヴィベールに対して種子から育てた一万本のバラを手渡していた。バラが絶滅しないようにするためであった。ヴィベールは一八五〇年頃までバラの栽培家のなかではもっとも有名な人物であった。晩年、彼はもっぱら縞模様や斑模様の品種の作出に専念した。

ジョゼフィーヌはマルメゾンの私庭に巨額の資金をつぎ込み、二百五十万フランの負債を残した。しかし、マルメゾンの庭は世界中の人びとに多大な歓びをもたらした。そこは芸術家、植物学者、バラ栽培家た

マルメゾンの庭（『庭園の樹木』ライプツィヒで刊行／1871年）

城館の左、川にかかる木橋の眺め（上）とマルメゾンの温室（下）
（オーギュスト・ガルヌレイ画／1815-20 年頃／国立マルメゾン城美術館蔵）

ちのたまり場でもあった。ジョゼフィーヌの庭園とそれに対する関心の深さは、十九世紀の第一、四半世紀におこなわれた多くの新しい育種実験の契機となった。花に関する書物も、その恩恵に浴した。当時数多く出版された植物書のなかでもっとも有名なのは、皇后陛下付きの植物学者エチエンヌ＝ピエール・ヴァントナの『マルメゾンの庭園』（一八〇三〜〇四）とエメ・ボンプラン★の『マルメゾンおよびナヴァールの希少栽培植物』（一八一二〜一七）であった。ボンプランはマルメゾン庭園の管理人で、それらの著書はピエール＝ジョゼフ・ルドゥテの原図をもとにした彩色図版で飾られていた。これに続いて、ルドゥテが八巻からなる『ユリ科植物図譜』（一八〇二〜一六）と『バラ図譜』（一八一七〜二四）（口絵27）を出版した。

美しいバラの植物画（ルドゥテによってあり余るほど描かれた）を壁にかけている人は、皇后ジョゼフィーヌに感謝すべきである。なにしろ、彼女はルドゥテに一万八千フランもの年棒を与えたのである。

しかし、ルドゥテは金銭的にはつねに困窮していた。十七世紀および十八世紀の芸術家の生涯を調べていて驚かされるのは、最高の俸給を手にしていた者の暮らし向きが、往々にして最も悪いという奇妙な事実である。上流階級の生活様式を維持するには莫大な金がかかったので、芸術家たちはほとんどそれについてゆくことができず、むしろ富者に寄食したほうが暮らし向きはずっと良

★エメ・ボンプラン（一七七三〜一八五八）
フランスの探検家、植物学者、外科医。アレクサンダー・フォン・フンボルトとともに、メキシコ、コロンビア、アンデス山脈オリノコ川、アマゾン川流域を五年にわたって探検旅行した。マルメゾンの庭園監督もつとめる。

ヴァントナ『マルメゾンの庭園』（1803-04年）より、ムラサキギボウシ（ハント財団蔵）

かったのである。ルドゥテはパリに邸宅をかまえ、フルーリ＝ス＝ムードンに別荘をもっていた。彼の絵は一枚二百五十ポンドで売れたが、びた一文も金はもっていなかった。何度も交渉を重ねた末に、シャルル十世は一八二八年、『バラ図譜』の原画を三万フランで購入した。それでもルドゥテのふところは潤うことがなかった。ルドゥテは手持ちの銀器、自作の絵画、家具を売り払った。八十歳のときに、彼はこれまでにない大作を描こうと企図した。それには一万二千フランの値がつくであろうとふんでいた。しかし、絵の完成を待たずして、この世を去った。とはいえ、名誉を手に入れなかったわけではなかった。一八二五年、ルドゥテはアングル★やトマス・ローレンス卿★とともに、レジオン・ドヌール勲章を授与された。

　われわれがパリの植物園付属博物館や大英博物館の植物部に収蔵されている至宝を目にしたときと同じように、ラスキン★は「いまや、容易に立ち入ることのできない戸棚に無造作に置かれている偉大な植物学者たちの優美な原画や素描」が、ごみ同然に放置されていることを嘆いた。一八七八年、ラスキンは行きつけの書店に手紙を書き、こう頼んだ。「す

ルドゥテ『バラ図譜』(1817-24年)より、キャベッジ・ローズ（ケンティフォリア種）の栽培品種（ハント財団蔵）

★ジャン・オーギュスト・ドミニク・アングル（一七八〇～一八六七）
　十九世紀のフランスを代表する新古典主義の画家。肖像画、歴史画の習作を残した。彼の絵画は画家エドガー・ドガやパブロ・ピカソに影響を及ぼしたといわれる。

★トマス・ローレンス（一七六九～一八三〇）
　イギリスの肖像画家。巨匠ジョシュア・レノルズに認められ、一七九一年アカデミー会員となる。レノルズ没後、国王ジョージ三世のおかかえ画家となり、王侯貴族の肖像画を数多く手がけた。

★ジョン・ラスキン（一八一九～一九〇〇）
　イギリスの美術評論家、社会思想家。オックスフォード大学教授。中世ゴシック美術を再評価し、ウィリアム・モリスらのアーツ・アンド・クラフツ運動や造園家のウィリアム・ロビンソン、ガートルード・ジークルにも大きな影響を与えた。イギリスを代表する風景画家ウィリアム・ターナーを高く評価したことでも知られる。

ぐさまパリにいる代理人たちに、ルドゥテの挿絵が入ったルソーの『植物学★』（一八〇五年）をくまなく捜し出し、入手可能なものはすべて買い上げるよう伝えてほしい。」

ルドゥテは性格的にみて、とりたてて強い人間というわけではなかった。彼は、フランス革命前は貴族を相手に、そして革命後は貴族を殺害した人びとに絵画を教えた。ジョゼフィーヌからは年金を受給し、ナポレオンが後妻として迎えたマリー・ルイーズのみならず、ナポレオン失脚後はブルボン家の貴婦人たちにも絵画の手ほどきをした。一八三〇年の七月革命で最終的にブルボン王朝は倒されたが、それでもルドゥテの生活はまったく変わらなかった。というのも、今度はルイ・フィリップの妻、王妃アメリとその娘たちに絵画を教えたからである。

ジョゼフィーヌの没後、マルメゾンの庭園は放置され、結局、一八二八年に宮殿ともども競売に付された。庭園も宮殿も一八七〇～七一年の普仏戦争期間中に完全に破壊された。公共心に富むダニエル・オシリス★は一八九六年にそれらを購入して修復し、一九〇四年フランス政府に贈与した。

マルメゾンの庭にあった二百六十種のバラのうち、百九十七種が再現され、それらはすべて、いまではサン＝クルー★の庭園で見学することができる。

サン＝クルー庭園のバラの植込み

★ルソーの『植物学』
啓蒙思想家として有名なジャン＝ジャック・ルソー（一七一二～七八）は、他方で音楽家・植物学者でもあった。その著『植物学』はルドゥテの描いた挿絵でも知られる（一六三頁に図版掲載）。ルソーは、その後半生の大半を植物の研究に費やしたが、その際参考にしたのがリンネの著書で、リンネ本人とも親交があった。

★ダニエル・オシリス（一八二八～一九〇七）
銀行家、慈善事業家。マルメゾンの宮殿を修復し、フランス政府に贈与するなど、多くの慈善的な贈与をおこなった。

★サン＝クルー
パリの西隣の高台にある町。丘の上にあったサン＝クルーの城は、ナポレオン・ボナパルトのお気に入りで、居城とした。古城は一八七〇年に焼失したが、残された庭園が国立公園として公開されている。

バラの起源

もっとも重要な品種

［口絵2・5・6・29］

バラの起源は不明である。

三千二百万年前のバラの化石がコロラド州およびオレゴン州で見つかっている。それらの化石を見ると、今日のアメリカのバラよりも東アジアのバラにちかい。

ヨーロッパの正真正銘のバラに関する最初の記録はギリシアのクノッソス宮殿にあるフレスコ画〔口絵2〕にみられるもので、かなり様式化されている。時代的には、紀元前十六世紀のものである。

ペルシアの都市はバラにかこまれていた。ペルシアからバビロンまで放浪をかさねたバラは、バビロンで国家権力の象徴となり、鷲やリンゴとともに、職杖を飾った。バビロン捕囚★の際に、ユダヤ人はバラの存在を知り、それを愛でるようになった。

次いで、バラはフリジア、トラキア、マケドニアで言及されている。紀元前四五〇年頃、ヘロドトスはミダスの庭には六十枚の花弁をもつバラがあると記した。キャベッジ・ローズ、すなわちケンティフォリア種のバラに最初に言及したのは、テオフラストスである。テオフラストスによれば、バラには五～百枚の花弁があった。ヘロドトスが六十枚の花

★バビロン捕囚（前五八六～前五三八）
ユダ王国が新バビロニアに滅ぼされ、ユダヤ人が虜囚としてバビロンに連行された事件。

クレタ島、クノッソス出土のバラを描いた壁画（前1550年頃／イラクリオン考古博物館蔵）

弁といったのは、古代バビロニアでは六十進法が使用されていたからかもしれない。

ロドス島出土のアレクサンダー大王の貨幣の裏にはバラが刻印されている。プリニウスは、イギリスがかつて「アルビオン」と呼ばれたのは白バラが豊富にあったからであると述べているが、その呼称がドーヴァー海峡の白亜の絶壁に由来するものである可能性を否定しなかった。

バラのふるさとは、中央アジアの可能性がある。インドの絶世の美女である女神ラクシュミーは、百八枚の大きな花弁と千八枚の小さな花弁からなる大輪のバラから誕生したといわれている。

孔子は北京のバラ園について述べている。すでに紀元前五〇〇年に、中国の帝室図書館にはバラに関する膨大な文献が収蔵されていた。

カシミールや日本にもバラ園があった。

コロンブスはバラを見つけた。インカ族は庭にバラを植えていた。ペルー人はバラの木を「太陽の灌木」と呼んでいた。アメリカ先住民はしばしば野営地のまわりに野バラを植えた。

モルトケ伯爵★は、こう書いた。「カザンリクはトルコ人のいうグリスタン、すなわちバラの土地を意味する。バラはジャガイモと同じように、岩地や畑のあぜ溝に育つ。」ムーア人は大のバラ好きで、よくバラを栽培していた。コルドヴァの庭園やアルハンブラの庭園は、さながらバラ園であった。

白バラはグリーンランドに生育しているが、グランディフローラ種のバラの原産地はシベリアである。

バラをあしらったロドス島の貨幣（紀元前4世紀頃／大英博物館蔵）

★モルトケ伯爵
ヘルムート・イェームス・フォン・モルトケ（一九〇七〜四五）。ドイツの法律家、伯爵。反ナチス運動に参加し、ゲシュタポ（秘密国家警察）によって逮捕され、処刑された。

北緯二十～七十度に位置する国であれば、どの国にも固有のバラがある。

ヨーロッパ原産のバラはガリカ種で、野生株は五枚の花弁をもつ一重咲きである。リンネが要約したように、それは古代ガリアのバラで、フレンチ・ローズないしはプロヴァンのバラとも呼ばれている。後者は、大規模なバラ栽培の最古のふるさとであるプロヴァンにちなむ。ガリカ種のバラはローマ帝国のいたるところで栽培された。ヨーロッパ全土で三万七千人を数えるベネディクト会派の修道士たちは、六世紀を通じて、そしてそれ以降もガリカ種のバラの普及につとめた。この種のバラはムーア人によってスペインから北アフリカに運ばれた。一三六八年、ヨークのセント・メアリー修道院の修道士は、「赤いバラはイングランドの象徴であり、有史以来この国で栽培されている」と記している。ガリカ種のバラは、ルネサンス初期の絵画〔口絵6〕や大聖堂のステンドグラスに描かれることになる。ピルグリム・ファーザーズが北アメリカに持ち込んだ最初のバラは、おそらくこのガリカ種であった。

ケンティフォリア種のバラについては、ヘロドトスが言及しており、テオフラストスも描写したが、ふたたびとりあげられるのは十六世紀になってからのことである。唯一の例外はクレッツエンツィで、彼は一三〇七年、オランダで見た同種のバラについて触れている。いずれにせよ、ケンティフォリア種のバラはプロヴァンス地方に育ち、プロヴァンス・ローズと呼ばれた。これはよくプロヴァン・ローズと混同されるので、注意を要する。プロヴァン・ローズのほうはガリカ種のバラである。

また別種の古いバラは、ダマスケナ種のバラ、すなわちダマスク・ローズ〔口絵29〕である。これはエジプトで知られていたし、ギリシア人によってマルセイユ、パエストゥム、

ポンペイ「黄金の腕輪の家」の壁画に描かれた赤いバラ（1世紀中頃）

初期ルネサンスの絵画、ボッティチェリ《ヴィーナスの誕生》（1485年頃）に描かれたピンクのバラ

カルタゴ、キュレネ、すなわちギリシア人の交易の中心地に持ち込まれた。ウェルギリウスがパエストゥムの二度咲きのバラとして称讃したのはこのバラであり、ポンペイのフレスコ画〔口絵5〕にも描かれている。ダマスク・ローズはパエストゥムおよびポンペイの火、水、火山の噴火による被害を受け、生きのびることができなかった。これは奇妙なことである。というのも、一九四〇年代、自然の猛威は衝撃的であったが、他方で人びとを勇気づけるものでもあったからである。戦下において、老若男女、子供も殺害され、家屋は廃墟と化し、家財道具は灰燼に帰したが、ライラックの木は従来通り花を咲かせ、バラは瓦礫をのりこえて上方に伸びていった。サラディン★が岩のドームを洗い清めるために使ったバラ水用に準備されたのは、ほかならぬダマスク・ローズであった。このバラは十字軍の時代にひろく知られるようになった。その名称はダマスクスにちなみ、フランスにはおそらく一二七〇年にブリ伯爵によってもたらされたものと思われる。イングランドやスペインには十六世紀になってようやく持ち込まれた。一五五〇年、マッティオリは、ダマスク・ローズはつい最近イタリアに入ってきたと記している。

現代のバラ文化にとってもっとも重要なバラは、チャイナ・ローズまたは、ベンガル・ローズと呼ばれるキネンシス種のバラ〔和名コウシンバラ、口絵29〕である。それは十世紀の中国の絵画に描かれており、オランダでは一七八一年にハールレムの植物園に植えられた。このバラが栽培されていた広東のファ・テ種苗園はイギリスに多くの植物を送っていた。また、カルカッタやシンガポールにあった東インド会社の植物園でも、同種のバラはほぼ一世紀にわたって栽培されていた。それにもかかわらず、ジョゼフ・バンクス卿がこの種のバラを

★サラディン（一一三八～九三）
エジプト、アイユーブ朝の創始者（在位一一六九～九三）。一一八七年にはエルサレムを十字軍諸国から奪還。そのため第三回十字軍と戦うはめに陥ったが、リチャード一世やフィリップ二世の軍勢を撃破。最終的には和議を結び、エルサレムを引き続き確保した。他方で、文化振興策をとり、イスラム神学と法学の研究を奨励した。

マッティオリ『ディオスコリデス注解』（1565年版）より、バラの図

オランダからイギリスに取り寄せなければならなかったのは、じつに奇妙なことである。キネンシス種のバラは、次のような交配を経て、ふだんわれわれが目にする庭のバラ、すなわちハイブリッド・ティーの先祖になった。

ガリカ種とキネンシス種の交配により、ハイブリッド・チャイニーズが生まれる。ハイブリッド・チャイニーズとブルボン・ローズ〔キネンシス種とダマスケナ種の交配に由来〕の交配により、四季咲きのハイブリッド・パーペチュアルが生まれる。

そして、ハイブリッド・パーペチュアルとケンティフォリア種の交配により、ついにハイブリッド・ティーが誕生したのだ。

キネンシス種の一型「スレイターズ・クリムソン・チャイナ」(『カーティス・ボタニカル・マガジン』1794年)

十九世紀および二十世紀のバラ

［口絵28・29］

パリのリュクサンブールのバラ園には二千種のバラがあり、三〜四万本のバラがそこで接木された。バラの花壇の周囲には果樹が植え込まれた。それはシラーの父親が樹木栽培に関する著書において、果樹園の主要園路に沿ってバラの生垣を植えるよう助言したのとほぼ同時代のことであった。

ナポレオンの「百日天下」の時期にサン＝クルーで栽培されたバラは、「皇帝のバラ」と命名された。ルイ十八世が即位すると、そのバラは「王のバラ」と改名された。今日、この緋色のバラは「クリムソン・パーペチュアル」〔口絵28〕の名のもとに依然として人気を保っている。

バラ園の多くは、バラ熱が高まった十九世紀の第三、四半世紀につくられた。そのなかにはカッセルのバラ園やフォンテーヌブローのバラ園も含まれる。プロイセン王フリードリヒ・ヴィルヘルム三世はピーコック島★に三千本のバラの木を植樹させた。その後、ナポレオン三世はフォンテーヌブローにバラ園をつくったが、プエブラのバラは枯死するにまかせた。かつてプエブラの会戦★でメキシコ人に敗北を喫していたからである。

一八二九年、時あたかもロマン主義全盛の頃で、中世の文物が流行する一方、他方で古典主義やフランス革命は人びとの関心から遠ざかり、あまりに奇想天外な、あるいは不自

★ピーコック島
ベルリンの南西端、ハーヴェル川の中州に浮かぶ小さな島。孔雀島。

★プエブラの会戦
一八六二年五月五日、メキシコ領プエブラにおいて、フランス軍とメキシコ軍との間で繰り広げられた戦闘。ナポレオン三世のねらいはメキシコ征服にあったが、敗北を喫した。

然な考えも排除された時代に、ポツダムで白バラの祝宴が催された。祝宴の花形はニコライ一世の妻で、フリードリヒ・ヴィルヘルム三世の娘であるロシアの皇后シャルロッテであった。彼女は白バラがたいそう好きだったため、「白い花《ブランシュフレール》」と呼ばれた。シャルロッテは金織りの天蓋付き玉座にすわり、円卓の騎士さながらの格好をした紳士たちが槍、剣、盾を手にして皇后に臣従の礼を尽くした。そのなかには彼女の弟で、のちのドイツ王ヴィルヘルム一世もいた。貴婦人たちはみな白バラがぎっしり詰まった花冠をかぶり、一人ひとりに銀製のバラが贈られた。

　ロマン主義の時代にはバラは列柱や人工の廃墟を這いあがっていくように仕立てられた。バラ園の流行は一八五〇年頃に全盛期を迎え、とりわけイギリス人はゴシック風の格子垣を這いあがっていくバラのあずまやをたいそう好んだ。一八五〇〜六〇年には、つぼみに苔のような毛がびっしりと生えるモス・ローズが流行したが、その種のバラは当時理想的とされていた内気で臆病な女性像にうまく合致した。

　一方、コート・ダジュールの農民は、かつて小麦やオリーブを栽培していた畑にバラを植えた。しかし、フランスから北ヨーロッパに送られたバラは数種類にすぎなかった。そのなかには「ラ・フランス」、「マルメゾンの思い出」、「ニエル元帥★」〔口絵28〕があった。

　一八六七年、五十名のフランス人のバラ栽培家で構成される審査会は、フランス起源の一万本以上のバラの中から最優秀花として「ラ・フランス」（リヨンでギヨーによって作出されたピンクのバラ）を選んだ。これは一大センセーションを巻き起こした。ほどなくして、人びとは品種にかかわりなく無作為に「バラ」を贈ることをやめ、「ラ・フランス」に限定した。フランスのいたるところで、公設のバラ園には「ラ・フランス」が植えられた。

モス・ローズ

★ニエル元帥
アドルフ・ニエル（一八〇二〜六九）。フランスの軍人、元帥。クリミア戦争時に、フランス工兵の陣頭指揮をとった。第二帝政下で陸軍大臣に就任し、ナポレオン三世の副官もつとめた。

体面を重んじる造花のバラですら、イギリスでは「ラ・フランス」でなければならなかった。「私は淡いピンクのサテンを裏打ちし、ラ・フランス・ローズで飾った白い錦織の手作りの裾を尾のように引きずって出廷した。そのバラはレスター・スクエアのスタッグ&マントルで購入したもので、その店で売っている造花は質が良く、値段も安い。」

「マルメゾンの思い出」は、一八四三年ブリューズによって作出された。彼はそれに名前をつけず、マルメゾンに送った。当時、マルメゾンの庭はすっかり放置され、再建途上にあった。その命名者はロシア大公で、彼はマルメゾンの庭を訪れ、サンクト・ペテルブルクにある帝室庭園のために植物を持ち帰ったのである。それよりももっとロマンチックな逸話もある。すなわち、ジョゼフィーヌ自身が美男子のロシア皇帝アレクサンドル一世にバラを贈ったところ、皇帝はそれを「マルメゾンの思い出」と呼んだというのである。

「ニエル元帥」は黄色いバラで、一八六四年にプラーデルによって最初に作出されたが、それを手に入れたい者は、同時にひじょうに高額な他のバラを一ダース買い求めなければならなかった。一八八一年には「ニエル元帥」は世界一美しいバラと評され、その後、うつむきがちに咲くにもかかわらず、多年にわたって切り花として人気を保っていた。

ひじょうに有名な別のバラ、「マダム・カロリーヌ・テストゥ」(口絵28)はわりと最近のものである。その作出家は一八九〇年、ファッション・デザイナーのカロリーヌ・テストゥにそのバラを贈った。すると、彼女はそれを広告に使った。このバラは、一九〇一年に

ラ・フランス(E. ステップ& D. ボワ『庭と温室の人気のある花』1896-97年)

作出された麗しの白バラ「カール・ドルシュキ夫人」〔口絵28〕の交配親である。アメリカのバラの歴史家ロイ・E・シェパードは、これがトマス・ムーア★の『夏の名残のバラ』であることもつきとめた。「マダム・カロリーヌ・テストゥ」はキネンシス種（リンドリー★の呼称によればインディカ種。和名コウシンバラ）の複雑な交配に由来するバラである。

長さ約六十センチの枝に一重のバラを咲かせることが流行し、目の肥えた顧客はよくそうしたバラを要望したが、この愚かしい流行はアメリカで始まった。ギブソン★の漫画に登場するいわゆるギブソン・ガールたちは、いつもバラの枝をベルトに通していた（ついでながら、ギブソンのモデルは彼自身の妻であった）。二十年かそこらの間、若い女性たちはギブソン・ガールにあこがれていたので、こうした不自然なものが流行したのである。バラは放置しておくと、通常一重では育たない。

もうひとつ流行したのは、今日ではまったくすたれているが、バラの匂いを人工的に改良しようというものであった。古代人はバラを移植する際、しばしば根のまわりでバラの花輪を編んだといわれている。また古くから、バラの根の近くにニンニクやタマネギを植えるとよいと信じられていた。しかし一六六四年、ヨハン・ジギスムント・エルスホルツは著書『園芸術』において、「そうしたことで、バラの香りが芳しさを増すのかどうかについては、いまだ証明されていない」と疑念を表明している。

面白半分の接木は、すでに全盛期を過ぎていた。十八世紀にはベルリンのある種苗商はオレンジの木にバラを接木したが、一八七五年にもなって、ある旅行者はこうした接木がイタリアやムーア人の庭園でおこなわれていると書き記した。当時の人びとは色の美しい強健なバラよりも、一本の灌木に五つの品種のバラをつけるような変わり種を作出しよう

★トマス・ムーア（一七七九～一八五二）
アイルランドの国民的詩人。ダブリンの名門トリニティ・カレッジを卒業後、ロンドンで法律を学ぶ。ロンドンで詩人バイロンと出会い、親交を深めた。主要作品は『アイルランド歌曲集』（一八〇七～三四年）。

★ジョン・リンドリー（一七九九～一八六五）
植物学者、園芸家。一八二八年、王立協会の会員に選ばれ、翌二九年にロンドン大学植物学教授に任じられる。王立研究所やチェルシーの植物園でも植物学を教えたほか、キュー植物園の国営化を推進した。一八四一年、造園家ジョゼフ・パクストンらと週刊の園芸雑誌『ガードナーズ・クロニクル』を創刊し、初代編集長をつとめた。

★チャールズ・ダナ・ギブソン（一八六七～一九四四）
アメリカのイラストレーター。彼の描く女性は「ギブソン・ガール」と呼ばれたが、その特徴は高く巻き上げられた髪、豊かな胸、くびれたウエスト、知性、強さ、気品などにあった。十九世紀末から二十世紀初

とするきらいがあった。

　ジョゼフィーヌ以来、バラはつねに人びとの関心の的であった。後期ヴィクトリア朝には、鉢植えのバラが非常な人気を博した。一八八五年、そうした鉢植えのバラがロンドンで展示された。高さは約九十センチ〜一メートル二十センチで、鉢の周囲は約七メートル二十センチもあった。ドイツのある家庭向け雑誌には、次のような記事が掲載されている。「そうした巨大な鉢は重さが百〜百五十キログラムもあり、動かすのに六人がかりであった。全体が人工的にピラミッド形や球形に仕立てられ、上から下まで均等に花がついていた。つぼみを結んだり、もぎ取ったりしながら、好みの形に規則的に整えてゆくと、数学的にみてもほとんど均一になる。何百という花がすべて同時に開花し、あるいは開花まぢかである。葉は丈夫ではちきれんばかりにびっしりと全体を覆いつくし、ほんのわずかの隙間も見えないほどである。しかしながら、そうしたバラを一鉢作るのに二十五〜五十ポンドかかったし、ときとして栽培家は自作の鉢植えのバラを手放そうとしなかった。荷車二台分の満開になった鉢植えのバラがミュンヘンで出展されると、バイエルン王ルートヴィッヒは自分の大温室用にそれを購入した。鑑定士ですら、こうしたバラを栽培するのは並大抵の努力ではないことをよく理解できなかったし、その法外な値段についても然りであった。」

　十九世紀を通じて、傑出したバラには驚くほど高値がついた。一八八四年、イギリスの栽培家は一重咲きのバラの権利をアメリカの栽培家から千百ポンドで買い取った。

ヴィクトリア朝後期にアメリカで出版された女性向け雑誌の表紙（1896年6月号）

頭にわたって熱狂的な流行を生み、全盛期にはあらゆる商品にギブソン・ガールがプリントされた。

ギブソン・ガール（1900年頃の版画）

ロシアでは、ローマ時代さながらに大規模で、贅沢な花の取引がおこなわれた。アスターやストックも含め、すべての花は温室で栽培されなければならなかったし、中規模の庭園ですら燃料費として年間千～千五百ポンドかかった。温室で育てられたバラはみごとであった。一八八〇年代には次のように記された。「ロシアの温室で栽培されたバラは皇帝賞を授与された。各々が十～十五枚の完全な花弁をつけ、葉は濃い緑色で、寄生虫やうどん粉病の形跡もまったくない。なんという逸品！」

フランス人はバラの品種改良の技術を失っていなかった。第二次世界大戦以来、フランシス・メイヤン★が作出したバラ「ピース」〔口絵29〕の大成功が、それを物語っている。一九五一年までに、イギリスだけで百万本も売れた。ピンクで赤らんだ色の美しさを別としても、このバラには私のように庭師には不向きなずぶの素人が手入れをしても、ちゃんと育つという好都合な性質がある。私の「ピース」は、いちどきに全部で三十七個の芽をつけた。その葉はツバキの葉のように光沢があり、強健である。そのバラはあきらかに健康ではちきれんばかりであった。もうひとつのすばらしいバラは、戦後ドイツで作られた「インディペンデンス」で、あざやかな緋色をしており、トマト色といってもよいほどである。

新しい種類は、ポリアンサ・ローズのグループである。この系統のバラは、一本に多数の花をつけるつるバラ〔日本のノイバラとヒメバラ（コウシンバラの矮性品種）〕の交配によって生まれた。ムルティフローラ種〔和名ノイバラ。ポリアンサ種とも呼ばれる〕の最初のものは、一八六五年に日本からイギリスに持ち込まれた。そのうちの一本がリヨンの公園に植えられたが、人気がなく種苗園に移された。そこで交配が繰り返され、最終的に香りのない花

1892年に開園したパリ郊外ヴァル・ドゥ・マルヌのバラ園

★フランシス・メイヤン（一九一二～五八）
フランス人のバラ作出家。第二次世界大戦中、ナチスの追手を逃れてバラの苗木をアメリカ領事に託し、アメリカの栽培業者の手元に届けた。このメイヤン作出のバラは一九四五年、アメリカ・バラ園芸協会によりPeace（平和）と名付けられ、戦後世界中に広まった。

をつける矮性で房咲きの品種が誕生した。

コペンハーゲンのD・T・ポールゼンはポリアンサ・ローズに、大輪で開花時期も長いハイブリッド・ティー系のバラを交配して、耐寒性と四季咲性をもつ中輪房咲きのハイブリッド・ポリアンサ・ローズ〔フロリバンダ・ローズとも呼ばれる〕を作り出した。彼は「エレン」(一九一二年)、「エルゼ」(一九二四年)、「イレーネ・オブ・デンマーク」(一九五一年)〔口絵29〕などの品種を作出した。これらのバラは北ヨーロッパの寒冷な気候でも、あまり手入れをせずによく育つ。今日、新しい庭がつくられると、通常ハイブリッド・ポリアンサ・ローズが植えられる。それらはいわば庭に置かれた実用本位の家具で、ハイブリッド・ティーはさしずめ時代物の家具といったところである。

ロンドン、ケンジントンにあったオランダ・ハウスのバラのアーケード(1907年に撮影された写真)

アジア産の花

［口絵30］

バラは百五十年間にわたって最も重要な花であったが、それ以外の花も数多く流入した。一六五六年、オランダ東インド会社は中国から茶とボタンの両方を持ち込んだ。ボタンについての記述は一六六九年にみられるが、ジョゼフ・バンクス卿がボタンの木をヨーロッパに持ち帰るよう商人に依頼したのは、一七八九年になってからのことであった。だが、運ばれてきたボタンはすべて枯れてしまった。五年後、強健なボタンの木が何本か届き、高値がついた。パリではノワゼットが一本千五百フランから百ルイ金貨で売却した。ボタン熱は一八一四年に始まった。種子によって繁殖させることができる品種がことさら珍重されたが、これは愚の骨頂というべきであろう。というのも、ボタンは根分けによって、いともたやすく増やすことができるからである。

　一七六八年、ルイ・アントワーヌ・ド・ブーガンヴィル★はルイ十五世の命により、世界一周の旅をなしとげた最初のフランス人となった。ブーガンヴィルはその旅に老植物学者のコメルソン★と助手のバレ★を帯同した。リオデジャネイロでコメルソンはそれまで見たこともないほど美しい花を見つけ、それにブーゲンヴィリアと名づけた。この花はあらゆる熱帯・亜熱帯地域にみられ、淡い藤色から濃い栗色まで、さまざまな色の花をつけて壁を覆っている。コメルソンと助手のバレがタヒチ島で植物採集をおこなっていると、土着の

★ルイ・アントワーヌ・ド・ブーガンヴィル（一七二九～一八一一）
　フランスの探検家、軍人。一七六六～六九年にかけて、フランス人として初の世界周航を達成する。著書『世界周航記』（一七七一年）は大きな反響を呼び、百科全書派のディドロらに影響を与えた。中南米原産のブーゲンヴィリアは、彼の名前に由来する。

★フィリベール・コメルソン（一七二七～七三）
　フランスの植物学者、博物学者。ブーガンヴィルの世界一周探検船に乗船し、植物を採集した。ブーゲンヴィリアの発見者。

★ジャンヌ・バレ（一七四〇～一八〇七）
　ブーガンヴィルの世界一周探検航海に同行したフランス人女性。元々、コメルソン家の女中として雇われていた。本来、女性の乗船は許されていなかったが、健康に不安のあったコメルソンは、バレを男装させて帯同した。

首長が現れ、若いバレを捕まえて連れ去ろうとした。バレが少女であることが露見したのは、そのときであった。彼女の名前はオルタンスといった。バレが女性であることが発覚してからというもの、コメルソンは気が動転し、フランスへの帰国をしぶり、オルタンスとともにモーリシャスにとどまった。ほどなくしてコメルソンが死去すると、オルタンスはフランスにもどり、結婚した。彼女は世界一周の旅をした最初の女性であり、その名を日本産のアジサイの一種「ヒドランゲア・ホルテンシス」**にとどめている。当初、アジサイはピンク色をしていた。ところが、ジョゼフィーヌの庭園の土壌に鉄分が混入されてから、青色になったのである。

パリではもっぱらアジサイの栽培と販売に専念した種苗商が、たった一年で大金持ちになった。今日、祝祭時にはきまって階段に沿って並べられるようになったアジサイも、イギリスの西部では、日本からやってきたよそものというよりは、野生の藪の観がある。

イエズス会の神父ダンカルヴィルは、百年間にわたって極東でキリスト教の布教にあたった宣教師のなかでは最も傑出したプラントハンターであった。彼は布教のかたわら、植物を仔細に描いた図録のみならず、新しい植物を現物のまま

右：ブーゲンヴィレア・スペクタビリス
（S. パーキンソン画「エンデヴァー号植物図譜」1768年／ロンドン自然史博物館蔵）
左：アジサイとともに描かれた皇妃ジョゼフィーヌの肖像
（アントワーヌ＝ジャン・グロ画／1809年／ニース、マセナ美術館蔵）

＊＊現在、この種はヒドランゲア・マクロフィラと呼ばれている。また、「ホルテンシス」の名前の由来については別の説もある。

ヨーロッパに送り届けた。すでに述べたように、別のイエズス会宣教師がツバキを発見していた。その時点までヨーロッパに届いていた植物は、大半が皇帝の庭園や寺院付属の庭から持ち込まれた庭花で占められていた。しかし、ダンカルヴィルは中国北部の寂莫とした地域を踏査し、野生植物の種子を数多くパリの王室植物園に送った。

同じ時期、すなわち十八世紀半ばには、チベットおよびヒマラヤから持ち込まれたプリムラが高値で売れた。何百種もの花を咲かせているプリムラ庭園が流行した。モダン・ポリアンサスはグリニッジにあったバクストン博士の庭で開発されたといわれている。

現代の庭で人気のあるもうひとつの花、スイートピーも外国産の種子をもとにイギリスで改良がすすめられた。一六九九年、シチリアの修道士フランシスコ・クパーニ★は、パレルモから黒ずんだ自生種のスイートピーの種子をエンフィールドの校長ユーヴデイル博士に送った。しかし、かすかに色のついたセイロン島の野生スイートピーとの交配によってモダン・スイートピーが生まれるまでには、ほぼ二百年の歳月を要した。すぐさま熱狂的なスイートピー・ブームがおこった。一九〇一年には『デイリー・メール』紙が最高のスイートピーに一千ポンドの賞金をかけた。途方もなく大きく、波打った品種の多くは、本来スイートピーがもっていた甘い香りを失っている。

アジアの花の女王といえば、キクである。一六八八年に中国からオランダに持ち込まれ

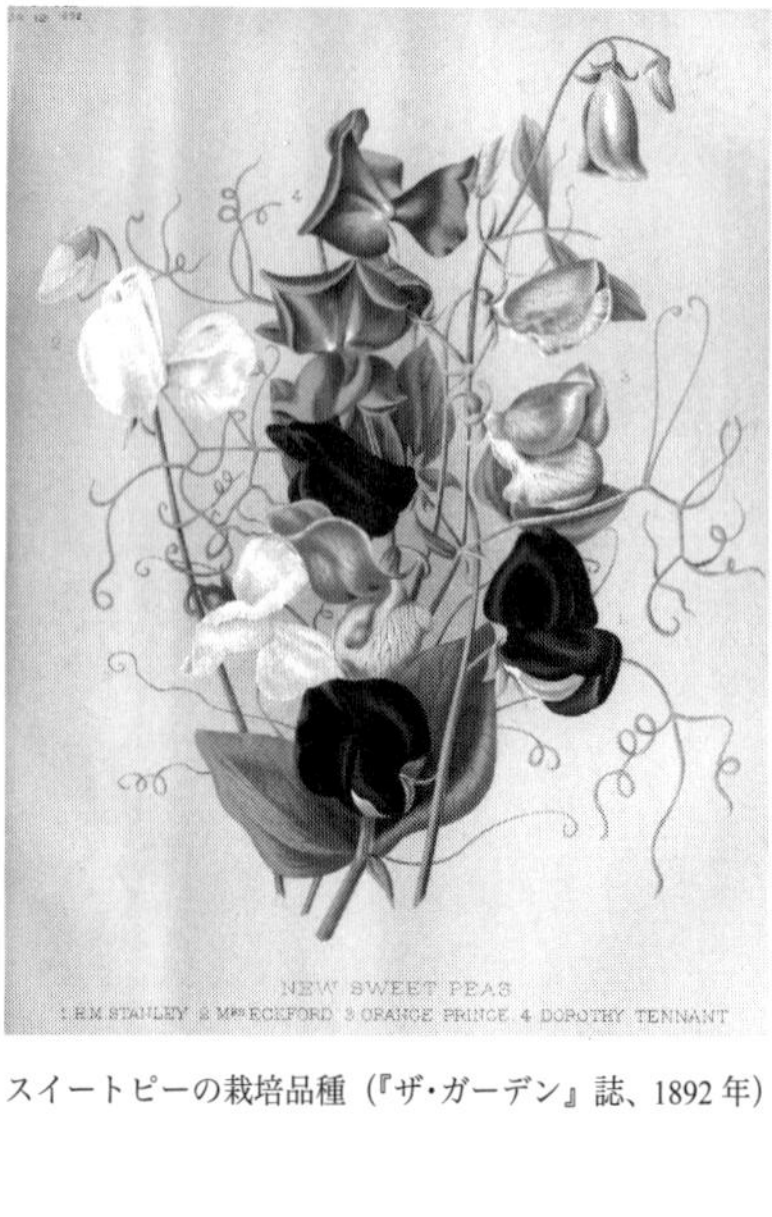

スイートピーの栽培品種（『ザ・ガーデン』誌、1892年）

★フランシスコ・クパーニ（生没年不詳）
シチリアの修道士。スイートピーの原種を最初に栽培した人物とされる。一六九九年、イギリスの教師ユーヴデイル博士にスイートピーの種子を送り届けた。博士は、新種・珍種植物の収集マニアとして当時よく知られていた。

た最初の六種類は、赤、黄、紫、肌色、そしてピンクであった。

キクは中国の官吏が好んだ花で、中国では二千年間栽培されてきた。五世紀には、特にキクの栽培で成功をおさめた人物の生誕地がチーシアン、すなわちキクの町と呼ばれた。キクは寺院を飾り、陶器に描かれ、織物の柄となり、木彫りにされ、金属細工でも作られた。中国の老皇后徐は、宮殿の各部屋を飾る花にキクをえらんだ。宮廷の女官のひとりは次のように記している。「毎朝、われわれ女官と宦官たちはぞろぞろと皇后のあとをついて、池の西岸まで行った。そこで皇后の指示にしたがって、若いキクから小枝を切り取り、それを鉢に入れた。当初、私はこうしたやり方にいたく驚いたが、皇后陛下はそれらの若枝が生長して立派なキクになることを請け合った。われわれは若枝から新芽が出てくるまで毎日水をやった。しばしば大雨が続いたが、その期間、皇后陛下は宦官たちにキクにござをかぶせて、かよわい新芽を注意深くまもるよう指示した。」

キクは日本の花でもある。天皇の太刀は一一八九年、キクの御紋で装飾されていた。キク栽培の絶頂期は十六世紀であったが、一九一一年にあっても天皇の御苑や東京にあった大隈侯爵の庭園には、当時知られていたさまざまな品種のキクが植えられていた。ちょうどアイリスだけの庭があるように、日本にはキクだけの庭がある。イギリス人と同じように、島国民族である日本人はこじんまりして整然としたものを好む傾向にある。日本人は植木鉢で枝ぶりを好みの形に仕立てることに成功したが、このいわゆる盆栽づくりは何世紀にもわたっておこなわれてきた。日本人はしばしば庭を区分し、春の庭、夏の庭、秋の庭、そして冬の庭をつくった。どの花

右：菊の文様を彫り込んだ中国製の皿
（1400-1450年頃／ヴィクトリア＆アルバート美術館蔵）
左：菊を描いた清朝康熙帝時代の花瓶
（1662-1722年／ヴィクトリア＆アルバート美術館蔵）

木も葉も一番引き立つように仕立てられた。光と陰はきちんと計算され、樹木も屋敷との位置関係を考慮し、最適の角度で配置された。外観の完璧さを求める傾向は、どこよりも極東において強い。中国の画家は一輪の花、一輪のラン、一本の竹、一輪の蓮、あるいは一輪のキクを描くのに生涯のすべてをかけることもある。比類なきまでに理にかなった、完璧な形に仕上げるためである。林という日本人の庭師は、現在毎年三万本の「縁日菊」を育てているが、そのうち満足のいくのはせいぜい五本程度にすぎないという。大輪の「作り」は、一本一千個の花をつけるといわれている。二百~四百個という説もある。いずれにせよ、それは絹の天幕のなかで手厚く保護されて、はじめてできあがるのである。別の品種「一本作り」は、一輪の花をつける。一重のキク「ヒロニシ」は、花弁が十六枚以上あってはならない。これは皇室の花で、皇族の菊の御紋はこれに由来する。キクとフジの花は天皇の着物に刺繍された。

春が花見であるとすれば、秋は菊祭りであった。皇居のいくつかの園路には何千本ものキクが藁でふかれた屋根の下に立っていた。一八六八年に日本が西欧化される以前、菊祭りはコンスタンティノープルのチューリップ祭りと同じように、すばらしいものであったにちがいない。

「皇女たちは皇后陛下のあとをぞろぞろついていった。皇后陛下は幅の広い緋色の絹の紋付き袴をはき、薄地の下衣に刺繍をほどこした藤色の絹の装束に身をつつみ、多色織の絹の薄布をかけていた。ふさふさした髪を編んで頭に巻き、長い後ろ髪を臀部までたらし、額には金製の小さな不死鳥の飾りをつけていた。一

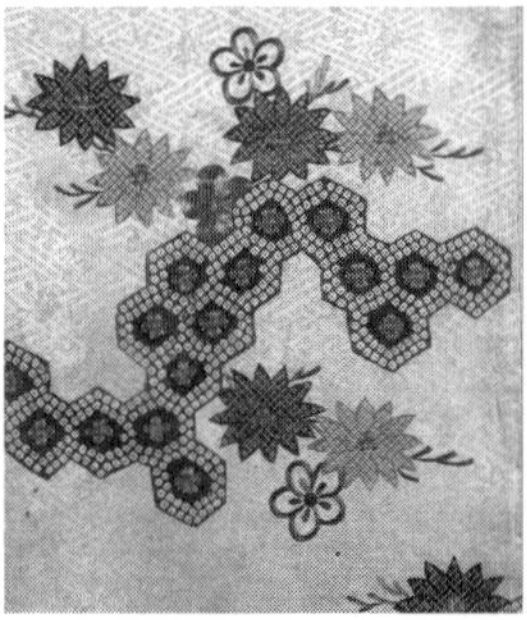

右：菊花文様の青銅製和鏡（1250-1350 年頃／ヴィクトリア＆アルバート美術館蔵）
中：桐と菊を描いた印籠（17 世紀／ヴィクトリア＆アルバート美術館蔵）
左：菊模様の着物の柄（1700-1750 年年頃／ヴィクトリア＆アルバート美術館蔵）

方の手に傘を、もう一方の手には絹の長い紐のついた木製の色鮮やかな扇子を持っていた。皇女たちも同じように、金銀の錦織の衣装を身にまとっていた。こうして、おとぎ話に出てくるような行列がキクの茂みを通り抜けて進んでいった。」

　無邪気な日本の少女にとって、キクはイタリアやスペインの少女が大好きな赤いカーネーションのようなものである。

　ヨーロッパでは、一般にキクは約百五十年以上にわたって知られていなかった。一七八九年、マルセイユの商人によって、黄色、藤色、紫色のキクがフランスに持ち込まれた。そこからイギリスに運ばれたが、イギリスでは当初キクはひじょうに高価であった。最終的にキクはアメリカに到達した。最初の完熟した種子は一八二七年に誕生した。そしてジョン・ソルター（園芸史上、白いフクシアと大輪のヒナギクを生み出したことで知られている）は、一八三八年にヴェルサイユにもっていた種苗園で、ヨーロッパで知られているすべての品種のキクをつくり始めたのである。

　一八三〇年代に中国と日本のキクはイギリスに輸出され、以来どんなに簡素な庭であっても、イギリスでは小ぶりの花をつけるキクが栽培された。一八五九年、ロンドンの水晶宮でシラー生誕百周年の祝賀行事が開催された。これは政治的分裂の時代にあって、ドイツの精神的統一を誇示した驚くべきできごとであった。この祝賀会には二万人の人びとがつめかけ、数万個のキクの鉢が段々に並べられて、水晶宮

1850年代にジョン・ソルターが作出した球形品種「アルフレッド・ソルター」（J. ソルター『クリサンテマム』1855年）

イギリスの雑誌『世界の人々』（1920年頃）で紹介された日本の菊花展

を飾った。

一八七〇年代、キクはまだ温室植物であった。プルースト★はスワンの恋人オデットが通路で、大温室よろしく長方形の箱のなかに大輪のキクを入れて持っている様子を描いている。その当時、大輪のキクはひじょうに珍しく、一九二〇年代になってようやく、手のひらサイズのものが栽培されたのである。それらの品種は贈答用としてすぐに人気を博し、いまでも花の少ない十一月には歓迎されている。

1884年にロンドン法曹院の庭園で開かれたキクのフラワーショー
（週刊新聞『グラフィック』紙／1884年）

★マルセル・プルースト（一八七一〜一九二二）
フランスの作家。二十世紀を代表する作家で、代表作は『失われた時を求めて』。この作品の第一篇・第二部「スワンの恋」に、ユダヤ人のスワンと高級娼婦オデットの恋愛が描かれている。

芸術と商売におけるツバキ

［口絵 30］

ことによると、デュマの小説『椿姫』やヴェルディの歌劇『椿姫《トラヴィアータ》』に登場する有名なヴィオレッタが実在の人物であったことは、一般にはあまり知られていないかもしれない。ジョゼフィーヌの恋がスミレで彩られていたように、アルフォンシーヌ・プレシの恋はツバキと結びついていた。田舎娘のアルフォンシーヌは一八四〇年、十五歳のときにパリに出て、仕立屋の仕事にありついた。そのうちにリストと恋に陥り、アレクサンドル・デュマ・フィスとも関係をもった。裕福になり、名前も知れ渡った。彼女はいつも白いツバキを身につけていた。そして、二十二歳で夭逝した。

椿姫はサラ・ベルナール★からエリザベート・ベルクナー★まで、偉大な女優のあこがれの役になった。アルフォンシーヌ・プレシが亡くなったとき、彼女の棺にはたくさんのツバキが入れられた。その後もモンマルトルにある彼女の墓にツバキをそなえるファンがあとを

★サラ・ベルナール（一八四四～一九二三）
フランスのベル・エポックを象徴する舞台女優。

★エリザベート・ベルクナー（一八九七～一九八六）
女優。旧オーストリア帝国領内のハンガリー生まれ。

サラ・ベルナール『椿姫』の劇場用ポスター（アルフォンス・ミュシャ画／1896 年）

絶たなかった。

ちょっとしたツバキ熱がおこった。ヘントのツバキ栽培家フェアシャッフェルトは何千フランもの大金を投じてブロムリーのプレストリーから赤地に白い縞の入ったツバキを購入し、自分の種苗園で育てた。二年後の一八四一年、彼は籤《くじ》でひと儲けをたくらんだ。二百五十フランの籤を販売し、当選者にはツバキ十株と親木「ヴィクトリア女王」の切穂をやることにした。すぐさま十枚のチケットが売れ、その後百枚のチケットを半額で売った。ヘントだけで四十三枚売れ、ベルギーでは六十枚、残りは他の国ぐにで売れた。六ヶ月で、その親木の持ち主は一万五千フラン稼いだ。その木は二十ポンドでイギリスに売りもどされ、その後六千フランでベルギーに転売された。投機が終わるまでの一年六ヶ月で、「ヴィクトリア女王」は最初の売上げを別として、二万一千フランの収益をあげた。三年後の一八四四年には、「ヴィクトリア女王」の値段は三フランになっていた。

二十年後、パリの一市民がニュー・オリンズから二本のツバキを購入した。彼は描かれた絵を見て、そのツバキを一万一千フランで購入したのである。だが、実物を見て支払いを拒否した。届いたツバキは描かれていたものとちがっていたというのが、彼の言い分であった。この問題は法廷に持ち込まれ、彼は敗訴した。そこでシャンゼリゼの冬の庭園でそのツバキを展示し、損失を埋め合わせようと決意した。二本のツバキの展示会は社会的に大きな反響を呼んだ。大勢の見物客が押し寄せ、ツバキの持ち主は拝観料を二倍にしたばかりか、そのツバキを一本四千フランで売りさばいたのである。数年後には、ツバキ一本購入するのに三十スーもあれば、十分

ヴィクトリア時代の種苗園のツバキ温室
（週刊新聞『ガードナーズ・クロニクル』紙）

であった。

さらに二十年後、ロシアの貴婦人たちは舞踏会用のドレスにつけるため、摘んだばかりのツバキの花輪に三百～四百ルーブル支払った。サンクト・ペテルブルクにあったツバキの温室は十九世紀ヨーロッパでは知らない人がいないほど有名であったし、もっとも優美なツバキの花はネッセルローデ伯爵の庭に咲いていた。

ツバキは丈夫な植物で、その花粉は二年間繁殖力を失わず、はるか百六十キロもかなたからヘントに送られたツバキの葉が根づいた事例もある。ツバキがあまり日光を好まないとは、だれも予想しなかった。当初、ツバキの栽培がうまくいかなかったのは、日光にあてすぎたためであった。

赤地に白斑の入った品種「大公夫人マリー」（L.ファン・ウーテ『ヨーロッパの温室と庭の花』8巻／1853年／ミズーリ植物園蔵）

フクシア

南米からの移入

［口絵 31］

フクシアの命名にまつわる話は感動的である。出エジプト記〔第一章、第八節〕に記されている文言、すなわち「ここに、ヨセフのことを知らない新しい王が、エジプトにおこった。」は、たしかにこの世の永遠の真理のひとつである。しかしながら、偉大な人物の影響力は、時として後世にまで及ぶものである。植物学者シャルル・プリュミエ★はルイ十四世の侍医の要請により南米に赴いた。キナノキについて調査・研究するためであった。しかし、チリの森で偶然、美しい植物を発見し、それをフランスに持ち帰った。そして、レオンハルト・フックスに敬意を表して、フクシアと命名した。先に触れたフックスの『植物誌』は一五四五年にフランス語に翻訳され、ベストセラーになっていた。こうして、プリュミエは百五十年前の植物学者フックスをしのんで、フクシアと命名したのである。

ほどなくしてフクシアはチリ、メキシコ、グアテマラから届くようになった。ニュージーランドはとりわけフクシアが豊富で、十九世紀には「フクシア・グロボサ」の果実はフクシア・チェリーとして店頭で売られていた。

フクシアは本来、灌木であった。しかし、ド・ブレインはマリーヌで直径約九十センチの樹冠をもつ、背丈が約二メートル七十センチもあるフクシアを百本植えていた。ド・ブレインは自分のことを「マリーヌの彫刻家、庭師、菓子屋」と書いている。もと

★シャルル・プリュミエ（一六六六～一七〇四）
フランスの聖職者、植物学者。ローマで植物学を学び、フランスに戻ってから、トゥルヌフォールの植物探検旅行に同行したほか、中南米に三度赴き、新種の植物を数多く発見した。ベゴニアについて初めて記述し、サント・ドミンゴの監督官からカナダ総監になったミシェル・ベゴン（一六三八～一七一〇）を称えてベゴニアと命名した。

もとの職業は菓子屋で、砂糖菓子をつくっていた。その後、砂糖ではなく粘土で小さな人物像をつくることを思いつき、噴水のための彫像をつくり始めた。これがきっかけで、彼は水力学に興味をもつようになった。そして、ド・ブレインは植物に給水する最良の方法を調査し、最後に庭づくりに従事したのである。

専門家偏重に対するなんとみごとな反論であろうか。ド・ブレインはブヴァールとペキュシェ★とはまったくの同時代人なのだ！　ことによると、フロベールはこのマリーヌの菓子屋のことを聞き知っていて、ブヴァールとペキュシェのモデルにしたのではないであろうか。しかし、かりにフロベールが彼のことを知らなかったとしても、ド・ブレインはまぎれもなく、ブヴァールとペキュシェが当時の典型的な人間であったことを示す生き証人なのである。

イギリスの種苗園は一七九九年頃にフクシアの栽培を始め、五十年後にハマースミスの種苗商ソルターは白いフクシアを作出した。高さ約七メートル六十二センチのフクシアは人工的にピラミッド形に刈り込まれ、マリーヌで展示された。

フクシアはブリテン諸島に完全に順応するようになった。ブリテン諸島のなかでも、湿気と風のあるケルト文化圏の地域、すなわちスコットランド、コーンウォール、ウェールズ、アイルランドには、フクシアの生垣もある。しかし、いまではやや時代遅れ

★ブヴァールとペキュシェ
フランスの小説家ギュスターヴ・フロベール（一八二一〜八〇）の遺作となった長編小説『ブヴァールとペキュシェ』の主人公。思いがけず金利生活者となった二人組を通して、ブルジョワ的な愚劣さ・俗物精神を風刺した作品。二人は興味の赴くまま実業や科学、文学、政治、宗教と次々に乗り出すが、中途半端な知識と浅慮によって滑稽な失敗を犯してしまう。

フクシアの栽培品種（L. ファン・ウーテ『ヨーロッパの温室と庭の花』10巻／1855年／ミズーリ植物園蔵）

の感もある。かつて知られていた千五百種の品種のうち、現存しているのは五百種にも満たない。にもかかわらず、イギリスおよびアメリカ合衆国のフクシア協会は古い品種の保存につとめている。アルプス地方の村々ではカーネーションとならんで、フクシアはいまでも植木箱に入れられ、出窓に置かれている。

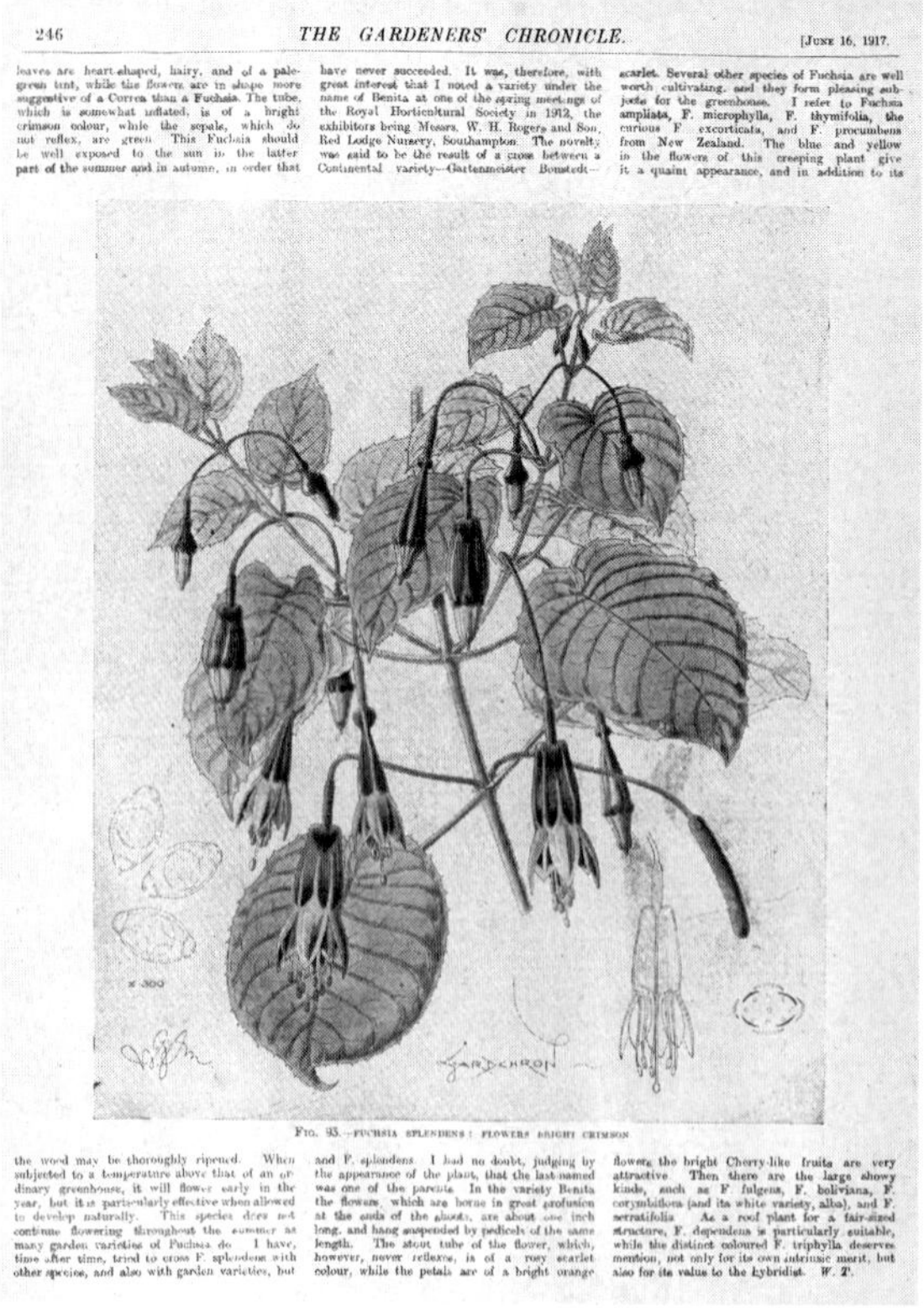
246　THE GARDENERS' CHRONICLE.　[June 16, 1917.

leaves are heart-shaped, hairy, and of a pale-green tint, while the flowers are in shape more suggestive of a Correa than a Fuchsia. The tube, which is somewhat inflated, is of a bright crimson colour, while the sepals, which do not reflex, are green. This Fuchsia should be well exposed to the sun in the latter part of the summer and in autumn, in order that the wood may be thoroughly ripened. When subjected to a temperature above that of an ordinary greenhouse, it will flower early in the year, but it is particularly effective when allowed to develop naturally. This species does not continue flowering throughout the summer as many garden varieties of Fuchsia do. I have, time after time, tried to cross F. splendens with other species, and also with garden varieties, but have never succeeded. It was, therefore, with great interest that I noted a variety under the name of Benita at one of the spring meetings of the Royal Horticultural Society in 1912, the exhibitors being Messrs. W. H. Rogers and Son, Red Lodge Nursery, Southampton. The novelty was said to be the result of a cross between a Continental variety—Gartenmeister Bonstedt—and F. splendens. I had no doubt, judging by the appearance of the plant, that the last-named was one of the parents. In the variety Benita the flowers, which are borne in great profusion at the ends of the shoots, are about one inch long, and hang suspended by pedicels of the same length. The stout tube of the flower, which, however, never reflexes, is of a rosy scarlet colour, while the petals are of a bright orange scarlet. Several other species of Fuchsia are well worth cultivating, and they form pleasing subjects for the greenhouse. I refer to Fuchsia ampliata, F. microphylla, F. thymifolia, the curious F. excorticata, and F. procumbens from New Zealand. The blue and yellow in the flowers of this creeping plant give it a quaint appearance, and in addition to its flowers the bright Cherry-like fruits are very attractive. Then there are the large showy kinds, such as F. fulgens, F. boliviana, F. corymbiflora (and its white variety, alba), and F. serratifolia. As a roof plant for a fair-sized structure, F. dependens is particularly suitable, while the distinct coloured F. triphylla deserves mention, not only for its own intrinsic merit, but also for its value to the hybridist. W. T.

Fig. 93.—FUCHSIA SPLENDENS: FLOWERS BRIGHT CRIMSON

スプレンデンス種のフクシアを紹介する園芸新聞
『ガードナーズ・クロニクル』（1917年6月16日付）

ダリア熱

　ダリアはスペイン王フェリペ二世の侍医フランシスコ・エルナンデス★によって一六五一年に公刊された『宝物』のなかで、最初に言及された。ダリアはメキシコのアステカ人によって栽培されていたが、現地ではコクソチトルと呼ばれていた。

　一七八九年、メキシコの植物園長はマドリッドにいる同僚に三種のダリア、すなわちロセア種、プルプレア種（現在ではどちらもピンナタ種と呼ばれている）、そしてコッキネア種のダリアを送った。ダリアがヨーロッパに渡ったのは、これが最初であった。この花はスウェーデンの植物学者アンドレアス・ダール★にちなんで、ダリアと命名された。送られたダリアはエスコリアルの王室庭園に移植され、門外不出とされた。しかし、そうした禁令はまもられたためしがない。庭園の庭師長と仲の良かったドン・マルシオは数個の塊茎を手に入れ、それを友人に送った。すると、その友人

ダリア・コッキネア（W. フッカー『ロンドンの楽園』1805 年／ミズーリ植物園蔵）

★フランシスコ・エルナンデス（一五七〇〜七七）
　スペイン国王フェリペ二世の宮廷付侍医、博物学者。五年間にわたってメキシコ、中央アメリカを探検旅行し、大量の植物をヨーロッパにもたらした。彼が発見した植物で、それまでヨーロッパでは知られていなかったものの中にはパイナップル、ココア、トウモロコシなどが含まれる。

★アンドレアス・ダール（一七五一〜八九）
　スウェーデンの植物学者。ウプサラ大学でリンネの教えを受けた、リンネの高弟。

はもらった塊茎をパリに持っていき、パリ植物園に寄贈した。ダリアの塊茎は珍しかったため温室に入れられたが、すぐに腐ってしまい、あとかたもなく消滅した。

スペインに初めて送られたのと同じ頃、ダリアはイギリスにも持ち込まれた。イギリスでも手入れの仕方がまずく、やはり枯死してしまった。少したったのち、アンドレアス・ダールはホラント夫人にダリアの種子の入った小さな箱を贈った。夫人はその種子を大切に育て、みごと開花に成功した。こうしてスペイン人とは無関係に、ダールにちなんでダリアと命名したのである。

マルメゾン庭園のダリア・ピンナタ（P.-J. ルドゥテ『美しい花と果物選集』1833年／ミズーリ植物園蔵）

それとはまったく別に、アレクサンダー・フォン・フンボルト★とボンプランは一八〇四年、メキシコの不毛な原野からベルリンにダリアの種子を送った。ベルリンでは植物学者のヴィルデナウ★が、サンクト・ペテルブルクの植物学者ゲオルギ★にちなんだ名前をつけた。かくして、ライン西岸ではダリアと呼ばれていた花が、ライン東岸ではゲオルギネの名で知られるようになった。ベルリン植物園の検査官オットーはダリア栽培に長けており、ベルリンからダリアをヨーロッパ各地にひろめた。ライプツィッヒの宮廷庭師ブライトナーは一八〇六年までに五十五品種のダリアを展示できるまでになっていたし、園長のハルト

★アレクサンダー・フォン・フンボルト（一七六九〜一八五九）
ドイツの探検家、博物学者、地理学者。オリノコ川、アマゾン川の調査、さらにコロンビアからアンデス山脈づたいにペルーに至るまで探検をおこなった。大著『コスモス』（全五巻、一八四五〜六二年）は近代地理学の方法論を確立した先駆的業績といわれている。

★カール・ルードヴィッヒ・ヴィルデナウ（一七六五〜一八一二）
ドイツの植物学者。ベルリン植物園園長、ベルリン大学植物学教授。フンボルトが南米から持ち帰った多数の植物を研究した。

★ヨハン・ゴットリープ・ゲオルギ（一七二九〜一八〇二）
ドイツの植物学者、地理学者、博物学者。ロシア科学アカデミー教授。シベリア南東部、とりわけバイカル湖周辺の植生調査に従事し、記録に残した。

ヴェークはカールスルーエで八重のダリアを最初に開発した。ほどなくしてダリアの品種は二千種にまで増えた。今日われわれが知っている一重、八重、大型、小型、巨大花、そしてあらゆる色・形のダリアが出そろっていた。ジャン＝ジャック・ルソーは、すべてのものは人間の手にわたると、劣悪になると述べているが、あるフランスの哲学者はこの言説が誤りであることを例証するために、ダリアを引き合いに出した。

十九世紀の初め、ベルギーを訪れたイギリス人旅行家たちは色とりどりのダリアがふんだんに咲いているのを目のあたりにして驚嘆したが、今度はベルリンの種苗商がイギリスの栽培家からみごとなダリアを購入し、百〜百五十ターラーの代金を支払った。イギリスでは一八二六年の時点で六十品種あったダリアが、十五年後には千二百品種にまで増えていた。一輪の青いダリアに一千ポンドの高値がついた。ダリアの人気が高かったのは、ひとつには灌木から花壇用の花へと移行する過渡的段階にあるためであった。フランスのダリア熱はチューリップ熱に匹敵するほどの高まりをみせた。きちんと整備され、手入れの行き届いたダリアの花壇は一八三八年に七万フランで買い取られ、ダリア一輪が貴重なダイヤモンド一個と交換された。

ダリアの様々な栽培品種（E. フォン・レーガル『庭園の花』1巻／1852年／ミズーリ植物園蔵）

神秘的なミニョネットと実入りのいいライラック

花の本をひもとくと、ミニョネット〔和名モクセイソウ〕は神秘的であると記されている。これは私にとっては不可解であるが、事実なのである。ミニョネットの最初の種子は、フランスの医師グランジェ★によってキレナイカ★からパリに送られた。ベイトマン卿が一七四二年にその種子をオールド・ウィンザーにいるリチャード・ベイトマン★に送ったのは、ほかならぬパリからであった。十年後、ミニョネットの種子はライデンからチェルシーの植物園に送られた。その花は一七五三年当時、ウプサラではまだ知られていなかったようで、リンネの植物目録にも収載されていない。しかしながら、ロンドンではふんだんに栽培され、その匂いは強烈そのものであった。炒ったばかりのコーヒー豆の香りがパリ独特のものであるとすれば、ミニョネットの芳香はロンドンそのものである。

ミニョネットを最初に鉢植えで育てたのは皇后ジョゼフィーヌであった。ここからミニョネットの鉢植えがヨーロッパ中に広まった。南フランスではミニョネットの花束をつくる新たな商売が生まれ、その花束はホットケーキ同様、パリで販売された。ベルギーのヘントやリエージュの種苗商は冬場に限定して生産をおこなった。ある種苗園は二週間ごとに二千鉢のミニョネットを出荷し、別の種苗園は年間三万鉢を出荷した。ミニョネットは四十アール当たり、年間百六十～二百四十ポンドの利益を生み出した。十九世紀末まで

★ニコラ・グランジェ（一六八〇頃～一七三四）
フランスの医師、旅行家。一七二〇年代、チュニジアの首都チュニスで医師として働く。植物学をはじめ、ひろく博物学に大きな関心を抱いていたといわれる。

★キレナイカ
リビア東部の地方名。語源は古代ギリシア都市キュレネ。

★リチャード・ベイトマン（一七〇五～七三）
美術品の収集家、鑑定家。ヨーロッパ各地を旅行し、美術品・珍品の類を多数収集した。父親のジェイムズ・ベイトマン卿は、ロンドン市長でイングランド銀行設立当初の重役の一人でもあった。

には、どの庭にもミニョネットが植えられていた。

さほど昔のことではないが、私はミニョネットがぎっしり植え込まれた花壇を目にした。そのとき若い庭師が自問するかのように、「いったい何のためにミニョネットを植えているのでしょうか？」と尋ねたので、私はかつて美人であった女性について語るかのように、こう返答した。「昔は、よい香りがしたものです。」

同じように、かつてはうっとりするようなヴァニラの香りがしたヘリオトロープも、いまでは往時の芳香を失っている。

フランスにおけるもうひとつの花卉産業はライラックに関係していた。ライラックは商取引の対象になった花のなかでは、もっとも重要な花のひとつである。一八九〇年代には白いライラックがパリの温室で大量に栽培された。たった一人の庭師が「八人の人足と八頭の強壮な馬」を雇い入れ、ライラックの時季に二～三万ポンド稼いだ。十一月と十二月にヨーロッパの各都市にライラックを供給したのはパリだけであった。すると今度はベルリンの温室で育てられた大量のスズランが、パリをはじめ各都市に輸出されるようになった。ライラックは実入りが多く、白いライラックは高温の暗い場所で作出された。そのために使われた品種が、「シャルル十世」と「マリーエンシス」であった。

エドゥアール・マネの描いた白色のライラック（1882年頃／ベルリン、国立絵画館蔵）

ミニョネット（『カーティス・ボタニカル・マガジン』1787年）

オオオニバスの華々しい経歴

［口絵31］

パクストンの名前は「ヴィクトリア・レギア」〔「ヴィクトリア・アマゾニカ」とも呼ばれる。和名オオオニバス〕と永久に結びつけられるであろう。オオオニバスは一八〇一年、植物学者のヘンケによって最初に南米で発見されたが、彼が亡くなったときに消失した。その後、ボンプランがフンボルトといっしょに南米を旅行中に、リオ・プラタ川の支流沿いでオオオニバスを見つけた。このときには興奮のあまり、ボンプランは川に飛び込まんばかりの勢いであったが、母国には持ち帰らなかった。一八二八年、オオオニバスはドルビニによってふたたび発見された。彼は花、葉、果実を採集したが、またしても葉一枚を残して、他はすべて失われた。一八三七年、ロベルト・ショムブルク卿★がギアナでオオオニバスを発見した。十八歳のヴィクトリアがちょうど女王に即位したばかりのときであった。ショムブルクはこのスイレンを「ヴィクトリア」と名づけ、ロンドンの植物学者リンドリーが「レギア」をつけ加えた。ショムブルクが持ち帰ったものは、アルコール漬けされた一輪の花だけであった。いまやオオオニバスは、われわれ自身の時代である二十世紀を想起させる広告塔になった。リンドリーはショムブルクの記録をもとにオオオニバスについての豪華本を上梓し、百部限定で出版した。原寸大のオオオニバスの絵はチジックにある園芸協会の温室に飾られた。この絵がキューの王立植物園長ウィリアム・ジャクソン・フッカー卿★

★ロベルト・ヘルマン・ショムブルク卿（一八〇四～六五）
フライブルク生まれのドイツ人探検家。英国王立地理学協会の求めに応じて英領ギアナで探検調査に従事し（一八三五～三九）、大成功を収めた。一八三七年に偶然オオオニバスを発見したほか、新種のランも数多く発見。一八四五年、ヴィクトリア女王によってナイトに叙勲された。

★ウィリアム・ジャクソン・フッカー卿（一七八五～一八六五）
植物学者。ジョゼフ・バンクスの推薦により、グラスゴー大学教授に就任。さらに一八四一年には、国営化したキュー植物園の初代園長に就任した。プラントハンターにウォードの箱の使用を義務付け、衰退の兆しをみせていたキュー再建の切り札となった。南米イギリス領ギアナで採取されたオオオニバスの種子がキュー植物園に持ち込まれたのは、フッカーが園長に就任して五年後のことであった。

オオオニバスにヴィクトリアの名をつけること
を承認する女王のサイン（英国王立園芸協会蔵）

の目にとまり、彼は『植物学雑誌《ボタニカル・マガジン》』★まるまる一冊をオオオニバスにあてた。この植物については、当時のヨーロッパではアルコールの入った瓶の中に保存されている一輪の花しか知られていなかった。フッカーは、いつか本物のオオオニバスが展示され、「柔組織や繊維も」手にとるようにわかる日が到来することを願ってやまないと書き記した。一八四六年、最初の種子がキュー植物園にあるヨーロッパの土壌にまかれた。二十二個の種子のうち発芽したのはたったの二個で、実生は枯死した。だが、これであきらめる花の愛好者たちではなかった。今度はたくさんの種子がキュー植物園の水槽に散布され、そこですくすく育ったのである。植物にふりかかる危険を分散させるため、オオオニバスの実生は何人かの庭師に分け与えられた。そのうちの一人が、チャッツワースにあるデヴォンシャー公爵の庭園主任パクストン氏、すなわち、のちのジョゼフ・パクストン卿であった。チャッツワースには半ヘクタールの大温室があり、そのなかに広さ三・六五平方メートル、深さ約一メートルの水槽が置かれてい

『ボタニカル・マガジン』（1847年）に掲載されたオオオニバスの図

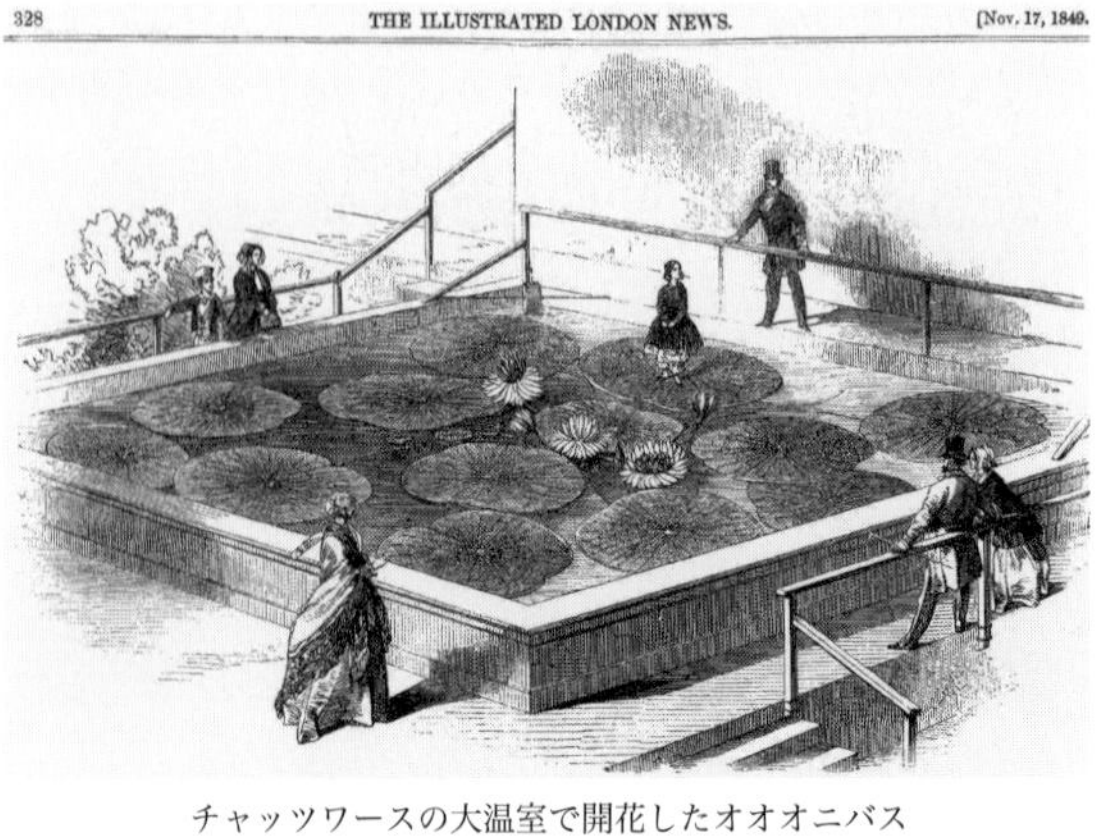

チャッツワースの大温室で開花したオオオニバス
（1849年11月17日付『イラストレイテド・ロンドン・ニュース』紙）

★『ボタニカル・マガジン』
ウィリアム・カーティスにより一七八七年に創刊され今日まで続く、由緒ある植物学雑誌。異国の美しい植物の解説と彩色画を載せて人気を博した。『カーティス・ボタニカル・マガジン』と呼ばれることもある。

た。一八四九年八月三日、チャッツワースの実生は四枚の開いた葉と開きつつある一枚の葉をつけた。九月には、葉は十九枚に増え、そのうち最大のものは直径約一メートル、周囲の長さは三メートル三十センチ余りあった。水槽は手狭になり、ただちに二倍の大きさの水槽がつくられた。どの葉も既存の細胞が拡大するだけで、毎日約三十センチ生長した。生長は昼夜を問わず、続いた。正午から午後一時の間に生長のピークを迎え、午後はもっとも生長が鈍く、その後真夜中から午前一時にかけてふたたび生長が最大となり、朝になるとまたもや生長は停滞した。水温は二十～二十四度に保たれた。葉の直径は二メートル十三センチで、一枚の葉の重さは小舟一隻ほどもあった。十一月一日、最初の蕾が出現し、一週間後に最初の花が咲いた。蕾は水面から十五センチほど上に伸び、夕方に開花した。二日後に匂いが消え、三日後にはすべてが終息した。

十一月十四日、パクストンはヴィクトリア女王とその夫君アルバート公からウィンザー城に招待され、そこでオオオニバスの葉を一枚披露した。それはヨーロッパでは初めてのことであった。その後、パクストンは一八五一年に大博覧会のパヴィリオンとなる水晶宮の建設をまかされた。彼は温室から得た着想を大胆に応用し、鉄骨を組み立て、総ガラス張りの大建造物をこしらえた。パクストンは少なくとも七十年ほど時代を先取りしていた。オーストリア人の助手ゴットフリート・ゼンパーは、一八四八年の革命後にイギリスに亡命していたが、のちにウィーンで建築家として名を馳せた。

★ゴットフリート・ゼンパー（一八〇三～七九）
十九世紀ドイツの建築家。ドレスデンの歌劇場や美術館の設計に従事したほか、ウィーンの王宮、博物館、劇場の建設を手がけた。一八五一年、ロンドンで開催された万国博覧会やサウス・ケンジントン美術館（現ヴィクトリア＆アルバート美術館）の設立にも関与した。

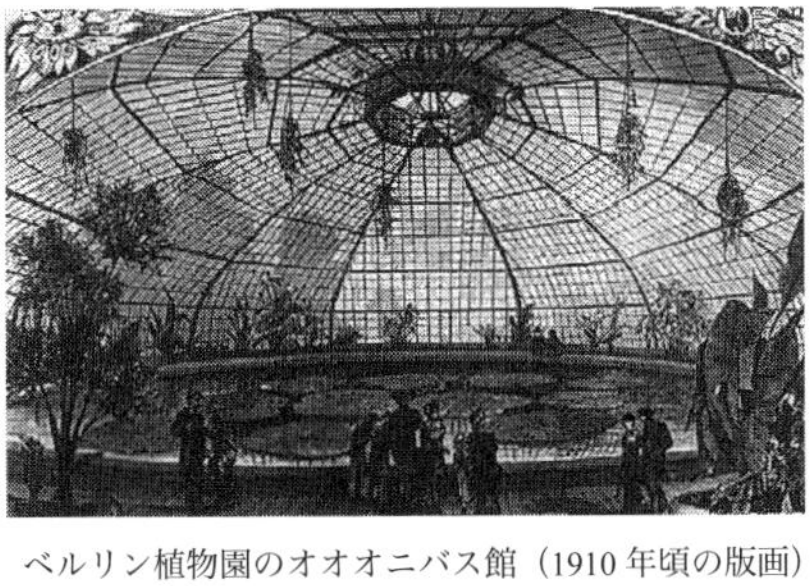

ベルリン植物園のオオオニバス館（1910年頃の版画）

チャッツワースの大温室（『イラストレイテド・ロンドン・ニュース』紙／1841年）

ヨーロッパで最初にオオオニバスが出現した頃、人びとは親切で穏やかであった。花をつけたアロエが悲しい結末を迎えたような粗野な時代は、とうに過ぎ去っていた。

一八五一年、オオオニバスはヘント、ハノーヴァー、ハンブルクで目にすることができた。その後まもなくして、ベルリンにはオオオニバスを栽培する専用の特製ガラス館が建設された。一八五二年七月十九日、最初に開花したオオオニバスをひと目見ようと、ベルリン中の人びとが見物に殺到した。ちょうどツバキの展覧会にパリ中の人びとが押しかけたときとまったく同じ光景がくりひろげられた。

スイレンが流行しはじめた。長く垂れ下がったそのツルは舞踏会用のドレスに掛けられ、女性の髪やローブデコルテにもピンで留められた。十九世紀の変わり目には、いやしくもきちんとした浴室であれば、どれもスイレンの模様が入ったタイルで縁取りされていた。ザクロがルネサンス、バラがロココの時代を象徴していたように、スイレンはアール・ヌーヴォーを象徴する模様になった。

世界中の人びとがスイレンを欲しがった。スイレンはインドやエジプトから輸入されたが、アフリカ東海岸産のものはことのほか可憐な花をつけた。

右：スイレンをあしらったペンダントのデザイン
(『マガジン・オブ・アート』誌／1902年)
左：1870-80年頃のスイレン模様のタイル

ラン

百万長者の花

ランの名前を口にすると、どの花よりも複雑な思いにかられる。蒸し暑い熱帯の暑熱、危険な野獣、腹黒い欲望。事実、ランにまつわるこうしたイメージは、熱帯の猛暑をのぞけば（というのも、極地や温帯でもランは生育しているからであるが）、至極当然のものである。こうしたイメージは、ひじょうに古くからある。オルキスとは酒神バッカスの巫女に暴行をはたらこうとした若者の名前である。彼はすぐさまバッカスの仲間でもある巫女の野獣たちによって八つ裂きにされた。そして、ばらばらになった身体がランに変えられたのである。

　ランは媚薬であり、その塊茎はサテュロスの大好物と考えられていた。ローベルはカタクリの一種に「エリトロニウム・サティリオン」〔現在はエリトロニウム・デンス－カニス〕と命名したが、その理由はこの植物がランよりも強い効能をもっているからであった。ローベルはディオスコリデスのいう「サティリオン」（ラン）を確認したと思い込んでいたが、実際にはそうではなかった。「犬の歯のスミレ《ドッグズ・トゥース・ヴァイオレット》」、すなわちデンス－カニス種のカタクリは、タタール人のあいだでは媚薬として使われていたことが判明している。ランの塊茎をすりつぶしてできた粉末を熱いミルクに入れて溶かし、それに生姜を混ぜたものはペルシアやトルコでは一般的な飲み物であった。イスファハンやコンスタンティノープルのいわゆる

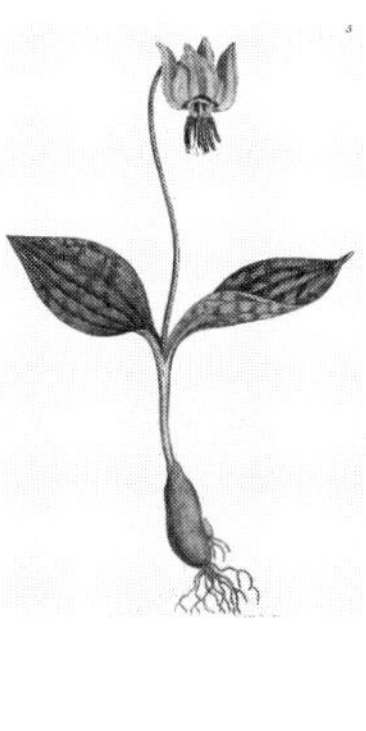

エリトロニウム・デンス-カニス（『カーティス・ボタニカル・マガジン』誌／1787年）

サループ・サルーンと呼ばれる居酒屋で、その飲み物は出された。十八世紀末頃、サループの粉末がロンドンに送られ、サループ・ハウスがロンドンにも店開きした。ヨーロッパで、よもやロンドンにそうした店が開かれるとは、だれも予想していなかったにちがいない。

ヴァニラランに最初に言及したのはレクリューズで、一六〇五年のことであった。アメリカ大陸が発見されるよりずっと以前に、アステカ人はチョコレートの風味添えにヴァニラを使っていた。おなじみの上昇曲線を描けば、リンネは一七六四年に三十種、リンドリーは一八三〇年に一千種、ド・ピュイヨは一八八〇年に六千種、A・W・アンダーソンは一九五〇年に一万種ものランを知っていた。

樹皮に付着して生育する熱帯の着性ランは滋養を樹木ではなく気根からとっているが、この種のランは十七世紀末までは知られていなかった。着性ランは美しいだけでなく、持ちがよいこともあり、人気が高い。特別な昆虫が、ときには巨木づたいに五十四〜百八メートルの高さまで舞い上がり、ランの花に受粉させるまで、自然状態で数週間も待たなければならないことが多い。着性ランが長持ちするのは、このためである。

花卉栽培家の取引上、もっとも重要なランは「カトレア」で

南米に原生するカトレア（マーティン・ヘッド画／1871年／ワシントン、ナショナル・ギャラリー蔵）

ある。カトレアは一八一八年アンデス山中で発見され、バーネットのキャトリー氏★のもとに送られた。

ランは栽培がひじょうにむずかしく、きわめて高価で、まさに百万長者の花にふさわしい。一六三四年のチューリップ熱も、ランに投じられた巨額の投資額に比べれば、見劣り

温室で生長したヴァニラ（『ザ・ガーデン』誌／1872年）

★ウィリアム・キャトリー（一七八八〜一八三五）

イギリスの園芸家、ラン収集家。一八一八年、ウィリアム・スウェインソンによって採取されたカトレヤ・ラビアータは、当初ブラジルからロンドン郊外のバーネットに住むキャトリーのもとに輸送された熱帯植物の梱包材として使われていた。キャトリーはこの着生植物に興味を示し、栽培・開花させた。ランの属名「カトレア」はキャトリーの名にちなむ。

する。一九一四年以前は、ランの輸入業者は世界にわずか四つしかなかった。セント・オールバンズ、アメリカ合州国のニュージャージー、パリ、そしてベルリンであった。ランを探し求め、顧客に送り届ける仕事を請け負った会社は三千ポンドの出費を覚悟しなければならなかった。そのうえ、ラン探しは大きな危険を伴った。三つのオドントグロッサムを獲得するのに木を一本、しかも森のなかにある巨木を一本切り倒す必要があった。あるプラントハンターはシプリペディウム・フェアリーアヌムを入手するために一千ポンドの資金提供を受けたが、野蛮な部族間の抗争にまきこまれ、命を落とした。レオン・アンブロはマダガスカルを旅行中に、あやまって神像に発砲してしまった。すると祭祀らが駆け寄ってきて彼の頭上に油を浴びせかけ、火をつけて焼き殺した。シプリペディウム・フェアリーアヌムは失われた数多くのランのひとつである。それは一八五五年にヒマラヤ山中で発見され、リヴァプールのフェアリー氏にちなんで命名された。彼はアッサム地方から持ち込まれた植物のオークションでそれを手に入れたが、のちに紛失してしまった〔現在ではパフィオペディルム・フェアリーアヌムと同種とされている〕。

あるランの栽培家はかつて交配種カトレア・セイヤリアナの種子から、まったく姿かたちのちがう八十品種のランを育てることに成功した。白、ピンク、赤、藤色のランのほか、さまざまな色合いの赤地にオレンジや紫の模様が入ったランもあった。失われた別のカトレアは、七十年も探しまわってようやくブラジルの密林のなかで再発見された。一八五〇年頃、青いランは三～十ポ

右：野生するシプリペディウム・フェアリーアヌム（『ザ・ガーデン』誌／1883年）
左：19世紀のラン栽培用の温室

ンドで売れた。商人たちがアッサム地方で採集されたランを大量に輸出したため、絶滅を危惧した政府は輸出を停止した。こうして、青いランは法的保護を受けた最初の花となった。一八三六年にフィリピンから最初のファレノプシス・アフロディテが持ち込まれると、デヴォンシャー公爵は即金で代金百ギニーを支払った。その後、おかかえの植物学者を極東に派遣し、百種類のランを入手した。ランにまつわる話は山ほどある。そのうちのひとつを紹介すると、ハーヴェイ氏はサンダー氏の温室で珍種のラン、レリア・アンケプスを見た。ハーヴェイ氏は二ポンド八シリングでその塊茎を購入し、他に類をみないほど可憐な花をつけてから、二百ポンドでサンダー氏に売り返した。

現在、ランのプラントハンターは自前で旅に出ては、ランを送り届け、あるいは持ち帰って顧客をさがしている。仕事としてみた場合、これは一攫千金の夢をかなえてくれるものである。というのも、たった一本のランに対して二千ポンドの大金を支払うという申し出が、断られたという話すらあるからである。さらにランの探検採集の仕事には、熱帯の手つかずの原生林に分け入って、冒険をくりひろげるという大きな魅力もある。

マレー半島ではベロック猿を訓練し、ココナッツのみならず、ランの採集のためにも利用した。一九三六年、メラーという名前の猿は三百本の木から精選されたランの花を採集した。ベロック猿はランを

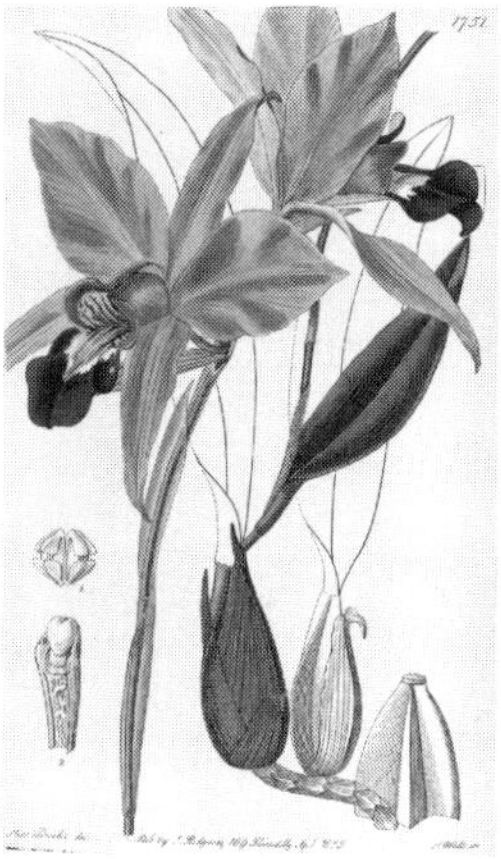

右：青いラン、バンダ・コエルルレア（L. ファン・ウーテ『ヨーロッパの温室と庭の花』6 巻／1850 年）
中：ファレノプシス・アフロディテ（『エドワーズ・ボタニカル・レジスター』1838 年）
左：レリア・アンケプス（『エドワーズ・ボタニカル・レジスター』1836 年）

採集する前に、マンゴーとココナッツをたらふく食べるよう訓練されていた。植物学者はメラーを長い革紐で確保しながら、マレー語でランを摘んでくるか、そのままにしておくか、指示をした。メラーは十八のマレー語を解することができた。イギリス人がマレー半島から撤退して以来、植物を採集するために訓練された猿は一匹もいない。シンガポール植物園の職員は大農園の所有者が樹木を伐採するときには、事前に知らせてくれるよう頼んでいる。木が伐採されても、植物の調査に支障をきたさないようにするためである。

熱帯の庭園では、ランの根塊は小さな板で木々にしっかりと固定されており、客が帰る際には、ちょうどわれわれがバラを贈るのと同じように、ランを手渡される。

縁取り花壇の考案

［口絵32］

十九世紀末にはもう一冊の書物が多大な影響を及ぼした。一八八三年に出版されたウィリアム・ロビンソン★著『英国の花園《イングリッシュ・フラワー・ガーデン》』がそれである。縁取り花壇★を生み出したロビンソンとガートルード・ジークル★は、ともに偉大な印象派の画家たちと同世代であった。縁取り花壇は、さんさんとふりそそぐ陽光と色彩を重視した印象派の申し子ともいえるものであった。クロード・モネは玄人はだしの庭師でもあり、彼の庭は絵画と同じくらいすばらしいものであったといわれている。

あふれんばかりの花に満ちた現代にふさわしい庭の形式がついに発見された。それは芝生を整然とした花壇で縁取りするというものである。色、高さ、形をうまく調和させることが、腕のみせどころとなった。いまや庭師たちは三月から十一月まで、おおいに意気込んで庭を花で縁取った。こうした庭づくりはひとりの婦人、すなわちガートルード・ジークルによるところが大きいが、それも決して偶然ではない。富裕な紳士貴顕《ジェントルメン》の風景庭園は、つつましやかな現代風の婦人が考案した縁取り花壇にとって代わられた。かつて数千人の紳士貴顕が自然をロマンチックな風景につくりかえる際に感じた

★ウィリアム・ロビンソン（一八三八～一九三五）
アイルランド生まれの造園家・園芸作家。十九世紀半ばに流行した毛氈花壇に強く反発し、その著『野生庭園《ワイルド・ガーデン》』（一八七〇年）において、多年草を基調とした不規則でワイルドな庭園を推奨した。温室を使った植物栽培を嫌い、耐寒性の植物を好んで植栽した。ガートルード・ジークルは弟子にあたる。また、一八七一年に園芸雑誌『ザ・ガーデン』を創刊し、大衆の心を掴んだ。

ジヴェルニーの自庭のモネ（右側の人物）（1922年12月24日付『ニューヨーク・タイムズ』紙に掲載された写真）

至福を、いまでは縁取り花壇が何百万という人びとに与えているのである。

縁取り花壇の代表的な植物としては、デルフィニウム、ラッセル・ルピナス、ヒマワリ、マロウ、ミカエルマス・デージー〔アスター〕、フロックス、キクが挙げられる。縁取り花壇でよくかわされる会話は、次のようなものである。

「あら、縁にはバラも植えているのね。」
「そうよ。球根植物もあるわ。」
「灌木もあるのね。」

現代の庭園は花の庭であり、植物の庭である。それはおもに岩組み、縁取り花壇、バラの花壇から構成されている。ゴシック様式の廃墟や友誼の神殿は姿を消し、代わりにスイミングプールやテニスコートがつくられた。しばらくの間、花はレンガの箱やコペンハーゲンの市庁舎前にある広々とした四角い広場にみられるように、コンクリートの鉢に植えられた。これはさしずめ、ツゲでできた塑像の現代版といったところである。玉砂利の代わりに平らな石板が数枚ほど草地にはめ込まれた。これは足が濡れないようにするための

多年草を植え込んだ芝生の庭
（W. ロビンソン『イングリッシュ・フラワー・ガーデン』1906年版）

★縁取り花壇
園路、壁、塀づたいにつくられた花壇。多年草や宿根草を植え込んでつくられる。イギリスの造園家ガートルード・ジークルによって考案された花壇で、現代の英国庭園には欠かせない要素となっている。

★ガートルード・ジークル（一八四三〜一九三二）
十九〜二十世紀を代表するイギリスの造園家。建築家エドウィン・ラチェンスと共同で素朴な田舎家風の庭づくりをおこない、一世を風靡した。若い頃ロンドンの美術学校で絵画を学んだジークルは、印象派の画家たちが好んだ淡いパステルカラーの花を多用し、クライマー〔登攀者〕と呼ばれるツル性植物をうまく活用した。単色ではなく、混色を重視した独自の色彩計画《カラー・スキーム》にもとづく庭づくりを提唱したことでも知られる。

★ル・コルビュジエ（一八八七〜一九六五）
スイスで生まれ、主にフランスで活躍した建築家。フランク・ロイド・ライト、ミース・ファン・デル・ローエと共に「近代建築の三大巨匠」と位置づけられる。

ものので、その起源は日本にある。ふぞろいな踏み石を敷き詰め、割れ目にムラサキナズナやタイムを植えてつくられた園路もある。ついでにいえば、これは決して斬新な考えではない。一六〇〇年にフランシス・ベーコン卿は、それを推奨していた。「しかし、休息しながら通り過ぎるのではなく、足で踏みつぶすと、大気をこのうえない芳香で満たす植物が三つある。すなわち、バーネット〔和名ワレモコウ〕、ワイルドタイム、ウォーターミントである。それゆえ、園路全体にそれらの植物を植え込み、歩いたり、踏みつけたりすれば、歓びを得ることができる。」ル・コルビュジエ★は、牛が牧草を食んでいる草ぼうぼうの土地に邸宅を建てたいと考えていた。

しかし、これは一般にはおこなわれていなかった。花を植えるのが普通であり、事実、花そのものが庭全体よりも重要になった。われわれの時代の底流にあるのは、花に対する深い愛情である。花の展覧会はすでに定着している。すばらしい花に与えられる賞は、チューリップ熱が起こる前のオランダにおいてみられたように、羨望の的となっている。今日では、専門化は流行とは無関係である。どの花についても専門家やファンがおり、クラブが結成され、年鑑が刊行され、定期的に品評会が開かれている。展示用の庭や庭の見本は、多くの国で見うけられる。

ベルリンには一九一〇年の投機的な宅地開発にともなってつくられた矩形の広場があり、中心部はよくあるような「四角ばった」花壇で飾られている。その後、その広場は空爆によって月の表面のような荒涼とした風景、原始の

右：デルフィニウムの栽培品種（『ザ・ガーデン』誌／1878年）
中：アスターの栽培品種（『ザ・ガーデン』誌／1881年）
左：ワイルドタイム（L. ファン・ウーテ『ヨーロッパの温室と庭の花』19巻／1873年）

風景となった。数年後、整然とした多年草の花壇がつくられた。それは大きなものではないが、色あざやかで調和がとれ、外界との関係も保たれていた。精神的なものもそうであるが、庭園の様式もたえず変容をとげる。ウィリアム・ロビンソンとガートルード・ジークルが十九世紀の末に手がけた庭園様式は、すでにオーデル川とエルベ川の間に位置するバイエルン広場でも見うけられた。

サリー州、ゴーダルミングのガートルード・ジークル邸の庭（ヘレン・アリンガム画／1903 年頃）

多年草の到来

［口絵32］

現代の庭園は、新種の多年草および一年草抜きには考えられない。私にとっては、縁取り花壇は田舎家の庭の拡大版のように思われる。というのも、どちらも色彩によって支配されているからである。しかし、個々の花に目をやったとたん、その思いは消滅する。現代の多年草は進歩の賜物であり、われわれは幾度となく、あるフランス人哲学者の言葉を思い出す。すなわち、彼によれば、ダリアの発展は万物がますます良くなり、美しくなっていくことの最良の証なのである。植物学は楽観論者の科学であるが、ことによると悲観論者の科学でもあるかもしれない。なぜならば、植物学は悲観論者にいやおうなしに進歩の観念を信じ込ませるからである。ここで、私が念頭に置いているのは、花がますます大きくなって、丈が伸び、色鮮やかになっていくということではなく、ますます丈夫に、健康に、強くなり、害虫に対する抵抗力も増していくということなのである。

　多年草の大半は、ヨーロッパ起源ではない。どの国も他国の美化に寄与しているし、少なくとも理論的には、それは不可能なことではない。

　多年草は毎年冬になると姿を消し、春になると森全体に新芽が萌え出る。もっとも人気の高い花のひとつは、ルピナスである[**]。今では深い紫色からひじょうに薄い黄色まで、考えられ得るすべての色のルピナスがある。事実、ラッセル[★]が二十五年の歳月を費やして、

＊＊ルピナスは、種によって一年草のものと多年草のものに分かれる。園芸用に改良されたポリフィルス種は多年草である。

★ジョージ・ラッセル（一八五七～一九五一）
　イングランド北部ヨーク出身の庭師。ルピナスの品種改良で有名。ポリフィルス種とアルボレウス種との交配から作り出された「ラッセル・ルピナス」は、一九三七年に王立園芸協会主催のチェルシー・フラワーショーで初めて発表され、大評判になった。

苦労の末に生み出した交配種のルピナスは、花のひとつひとつが自然界では普通みられない色の組み合わせから成っている。

ルピナスは、数十年前には家畜の格好の飼料にすぎなかった。ローマ時代以降、十九世紀になってもルピナスは肥料として使われ、砂地の土壌に混入された。黄色で芳しい香りを放つルピナスは、ありふれた植物であった。アラビアやペルシアでは青いルピナスが生育していたし、南欧には赤いルピナスもあった。奇妙なことに、ルピナスは想像力をかきたてると信じられていたため、古代ローマではありふれた食べ物となっていた。ギリシアの画家プロトゲネス★はルピナスしか食べなかったという。デメトリウス★はロドス島を攻略していた最中に、プロトゲネスが仕事をしていた町の一角には火を放たぬよう命じたという。町の攻略後、自分の庭で悠然と絵を描いているプロトゲネスの姿があった。なぜ戦に気づかなかったのかと尋ねられると、彼はこう返答したという。「デメトリウスはロドス島の島民を相手に戦っているのであって、芸術を相手に戦っているわけではない。」そうした心の平安を保つことができたのは、毎日ルピナスを食べていたせいかどうかは、いまもって定かではない。野生のルピナスについては、このくらいにしておこう。あの誇らしげで色とりどりの花を咲かせる多年草の庭園用ルピナス〔ルピナス・ポリフィルス〕は、北米大陸のヴァージニア州から一六五八年に持ち込まれた。

北米から、といっても今度はミシシッピー川流域に広がる大草原からであるが、キク科

一年草のルピナス（J.ラウドン『淑女の花園、一年草』1840年）

色とりどりのラッセル・ルピナス

★プロトゲネス（前四世紀に活躍）
古代ギリシアの画家。アナトリア半島西部のカリア地方出身。前四世紀後半にはロードス島で生活していた。有名なラファエロ作《アテナイの学堂》にも描かれている。

のヘレニウム、そして一七二五年には十五種類のフロックスが持ち込まれた。アメリカ初の植物学者ジョン・バートラム★はアスターと極上のマグノリアをヨーロッパに送り届けた。一七三一年、アメリカ最初の植物園を生まれ故郷のフィラデルフィア市に創設したのは、ほかならぬバートラムであった。

カナダからは一六五六年にモナルダが、そしてソリダゴ（和名アキノキリンソウ属）も持ち込まれた。イギリスではソリダゴは雑草で撲滅の対象となっているが、かつて私はチロル地方で一本のソリダゴが円い花壇の中央に鎮座しているのを見たことがある。珍種か、ありきたりのものかで話は大きくちがってくる。十六世紀にはソリダゴはもっとも高価な薬用植物のひとつであったといわれている。アメリカ合衆国には七十五種類ものソリダゴが存在した。

他方、ホリーホック（和名タチアオイ）は古くからイギリスに定着していた。十六世紀、ターナーの時代以前にすら、イギリスにあった。その名称の起源は、古英語の「ホリーオーク」や「ホリホック」にまでさかのぼることができる。一八五〇年頃、イギリスにはタチアオイのない庭はないといってもよいほどであっ

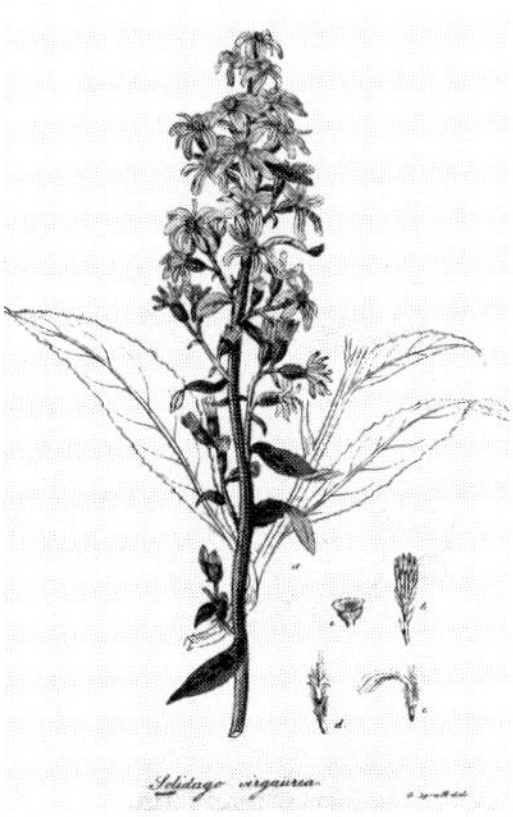

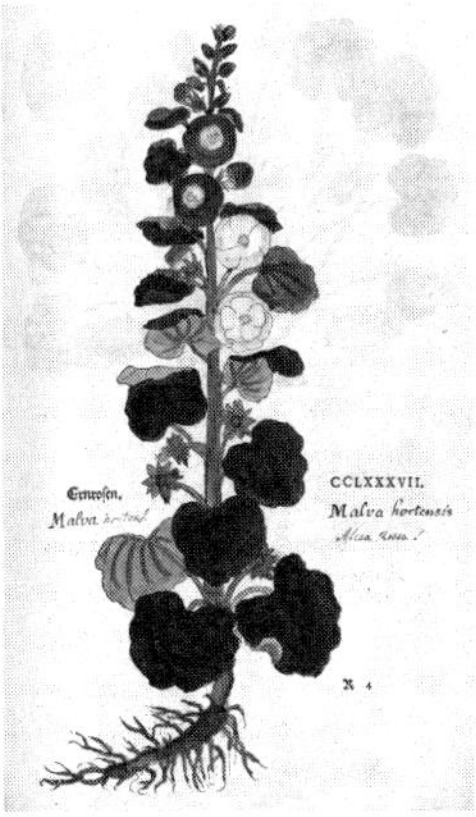

右：ソリダゴ・ウィルガウレア（W. ウッドヴィル『メディカル・ボタニー』第3版／1832年）
左：フックス『新本草』1543年（ドイツ語版『植物誌』）に載ったタチアオイ（ストラスブール大学図書館蔵）

★デメトリウス
マケドニア王デメトリウス一世（在位、前二九四～前二八八）。攻城戦が巧みで多くの都市を陥落させたところから、ポリオルケテス（攻城者）のあだ名がつけられた。

★ジョン・バートラム（一六九九～一七七七）
植物採集家。北米ペンシルヴァニアで農業を営んでいたが、ロンドン商人で植物コレクターのピーター・コリンスンと契約を結び、北米で広く植物採集をおこなった。一七六五年、国王ジョージ三世によって「植民地における国王の植物学者」に任命され、キュー植物園に北米植民地の花木を送り届けた。

た。ルドベッキア〔和名オオハンゴンソウ属〕――この大きな太陽球はニューメキシコから持ち込まれた。この花はスウェーデンの医師で植物学教授のルドベック★にちなんで命名された。彼はリンネを助手兼子供たちの家庭教師として雇い、ウプサラに植物園を創設した。リンネはのちにルドベック邸に寄食するようになったが、その邸宅と庭はルドベックを記念して、生前そのままに保存されている。

ヒマワリの原産地はペルーで、そこから一五六九年に持ち込まれた。それは太陽にちなんで「ヘリアンツス」と呼ばれた。なぜならば、ヒマワリの表面は太陽にしたがって動き、朝方は東を向いているが、夕方には西を向いているからである。この奇妙な習性を科学的に説明すると、花柄は陽の当たる側よりも日陰になっている方が、生長がはやいということになる。ヘリアンツスは威風堂々とした光輝く黄色の植物で、五月に開花する。大量のヘリアンツスを初めて目にしたスペイン人が感銘を受けたのは、まちがいない。ペルーの若い少女たちはいつもヒマワリの花輪やブーケを身につけており、宗教的な祭事には純金でできたヒマワリの胸当てをつけることもあった。耐寒性の品種のひとつは、北米のヴァージニア州から持ち込まれた。

アメリカ大陸は多くの一年草、すなわち一年で発芽から枯死までの生命循環をおこなう植物の故地でもある。そのうちペチュニアはブラジル南部の温暖な河川流域を原産地としているが、他にマリーゴールド、カリオプシス〔和名ハルシャギク〕、ニコティアナ〔和名タバコ属〕がある。ナス科のサルピグロッシスはチリ原産である。ペルーから持ち込まれた

右：ラキニアータ種のルドベッキア・（ヘレン・シャープによるスケッチ／1899-1900年／シカゴ植物園蔵）
左：ヒマワリの八重咲き品種（L. ファン・ウーテ『ヨーロッパの温室と庭の花』15巻／1862-65年／ミズーリ植物園蔵）

★オラウス・ルドベック（一六三〇〜一七〇二）
スウェーデンの植物学者、外科医。ウプサラ大学教授。息子のオウラス・オライ（一六六〇〜一七四〇）も同じくウプサラ大学の教授で、リンネの前任者にあたる。

ものには人気の高いナスターチウム〔和名ノウゼンハレン〕がある。一八七八年のパリ万国博覧会では三十品種のナスターチウムが展示された。

　プリュミエは南米から小さなローベリアをもたらした。彼は愛すべき人間であったにちがいない。というのも、二人の植物学者に不朽の名声を与えたからである。ローベリアとフクシアは、それぞれローベルとフックスにちなんで名づけられた。五十年後、フンボルトとボンプランはメキシコでことのほか美しいローベリアを見つけた。ベゴニアはボリビア、ペルー、ヴェネズエラから、ジニア〔和名ヒャクニチソウ〕はメキシコ、アリゾナ、テキサスからそれぞれ持ち込まれた。花壇でぽつんと、こわばって咲いているジニアは魅力に欠けるが、花束にして飾ると、じつによく映える。ジニアの名称は、ヨハン・ゴットフリート・ツィン★にちなむ。彼はニュルンベルク近郊で生まれ、ゲッティンゲン大学近郊に生育するすべての植物を書き留めた。植物学者は往々にしてそうした狭い場所に調査を限定した。たとえば、エリティエはヴァンドーム広場の植生を記録した。ルドゥテの発見者でもあったエリティエは、フランス革命のさなかにテンプル寺院に収監され、革命後、司法省にささやかな職を得た。そして暇を見つけてはヴァンドーム広場の植生を調べたのである。ローベルは、なにはさておき、モンペリエの植生を書き残した。

　リュウゼツランと同様、オプンティア〔和名ウチワサボテン〕もアメリカ原産である。あらゆる植物のなかで最も手間のかからないウチワサボテンは、どんなに不毛な土壌でも育ち、東地中海地方特有の植物となっ

右：ナスターチウム各種（『ベルギーの園芸』6巻／1856年／ニューヨーク植物園蔵）
左：ジニアの八重咲き品種（L. ファン・ウーテ『ヨーロッパの温室と庭の花』13巻／1858年／ミズーリ植物園蔵）

★ヨハン・ゴットフリート・ツィン（一七二七〜五九）
　ドイツの解剖学者、植物学者。特に眼の解剖を行い、詳細で包括的な叙述を残した。一七五三年ゲッティンゲン大学付属植物園の園長、二年後に医学部教授となった。ジニアは一六一三年にヨーロッパに持ち込まれたが、これはツィンに敬意を表してリンネが命名したものである。

ている。そのため、オプンティアを意味するヘブライ語のザブルは、イスラエル生まれのユダヤ人を意味する言葉にもなっている。ユダヤ人は、外側はトゲだらけでも、中身は甘いその果実を彼ら自身の象徴とみなしているが、ウチワサボテンがアメリカからの帰化植物であることなど思いもよらないであろう。

　エッシュショルチア〔和名ハナビシソウ、カリフォルニア・ポピー〕はカリフォルニアの大地をびっしりと埋め尽くしているので、スペイン人はその地を「火の国」ないしは「黄金の西部」と呼んだ。「黄金の西部」という表現が人類の悲劇を生んだ金鉱の発見でも、カリフォルニアで獲得される富でもなく、黄色いポピーに由来するものであることを思うと、愉快である。スペイン人はその花を聖パスカルに献上した。聖パスカルの色は黄色で、彼はフランシスコ会修道院の庭師であった。エスコルチアはカリフォルニアの紋章にもなった。フランス革命の難を逃れた亡命者アーデルベルト・フォン・シャミッソー伯爵★は植物学者にしてドイツの詩人でもあったが、コツェブー船長★およびエッシュショルツ博士とともにロシアの北極点探検に参加し、一八一五年にエスコルチアをヨーロッパに持ち帰った。コツェブーはその名を地図上に、すなわちアラスカの北極海沿岸のコツェブー湾にとどめている。エッシュショルツは、どの国の言語でも発音がむずかしい花名エッシュショルチアに、その名をとどめている。スペイン人だけが、その愛らしい旧名「黄金のマント」を保持した。このマントは聖パスカルの祭壇の布で、丘の上にひろげられた。ラ・プラタ川★の名称は、もうひとつの植物ゼフィランテス〔和名タマスダレ〕に由来する。この花が銀色の光を放って、その川の流域を覆い

カリフォルニア・ポピー（『ボタニカル・レジスター』1828年）

★アーデルベルト・フォン・シャミッソー伯爵（一七八一〜一八三八）
出自はフランス貴族。フランス革命に際してドイツに亡命し、詩人、植物学者として活躍した。一八一五年に植物学者としてロシアの探検船に乗り込み、一八一八年に帰還。後に、ベルリン植物園の園長になった。

★オットー・フォン・コツェブー船長（一七八七〜一八四六）
ロシア帝国のために北極海を探検し、北極海の航路を発見した。

★ラ・プラタ川
アルゼンチンとウルグアイの国境にある川。全長約三百キロメートル。「プラタ」はスペイン語で「銀」の意味。ラ・プラタ川は「銀の川」。

尽くしていたのである。

あの大の花好きであるオランダ人が南アフリカに植民地を獲得すると、すぐさまかの地の驚嘆すべき植生の調査にのりだしたのは、けだし当然のことといえよう。東アジアを往来するオランダ船舶は喜望峰に寄航して、食料や水を補給した。船員たちは郵便物をまとめて発送し、オランダに帰国する際には球根と植物を持ち帰った。一六五九年、一隻のオランダ船がイギリス海峡で沈没した。突然、見慣れない、美しい花がガーンジー島★に咲いた。その花は日本から持ち込まれたものであると考えられた。というのも、沈没船はこのときの航海では日本から出帆していたからである。その花はガーンジー・リリーと命名され、ロンドンですぐさま大反響を呼んだ。そのとき以来、需要に供給が追いつかなくなってしまった。マッソンが南アフリカのテーブルマウンテンでガーンジー・リリー〔学名ネリネ・サルニエンシス〕を発見したのは、一四〇年後の十八世紀末になってからのことであった。

ペラルゴニウムは一六九〇年、喜望峰からライデンの植物園に持ち込まれた。それは十九世紀初頭に大流行したが、いまでも各国の公共の広場、バルコニー、窓台を飾るのになくてはならない花であり、多くの庭に植えられている。グラジオラスも南アフリカ産の植物である。一七三一年、カラーが喜望峰からもたらされた。十八〜十九世紀への世紀の変わり目に、グラジオラスはパーティ会場を飾る花として重宝された。当時の著作にはグラジオラスの開花期がロンドンの社交季節★と重なること、また、この花が「キャンドル・プラント」と命名されたのは、ロウソクの灯下によく映えるからであ

★ガーンジー島
イギリス海峡のチャネル諸島に位置する島。イギリス王室の直轄地になっている。

★ロンドンの社交季節
ロンドンの社交季節はイースター後に始まり、ライチョウ撃ちのシーズンが始まる八月十二日に終わる。社交季節は十七〜十八世紀に発達し、十九世紀に全盛期を迎えた。ウィンブルドン・テニスやロイヤル・アスコット競馬はこの季節におこなわれた。

ガーンジー・リリー（P.-J. ルドゥテ『ユリ科図譜』1805-1816 年／ミズーリ植物園蔵）

ると記されている。クニフォフィア、すなわちレッド・ホット・ポッカーは一七〇七年に南アフリカから持ち込まれた。それはエアフルト大学教授クニフォフ★にちなんで命名された。彼は乾燥した植物を黒く塗り、印刷機で印刷して、上から絵の具で彩色する技法により、二千枚の「拓本印刷《ネイチャー・プリント》」★を公刊した。

　グランディフロルム種のデルフィニウムは、このうえなく美しい多年生植物であるが、その原産地は世界のまったく別の一角にある。耐寒性のデルフィニウムは、一七五八年にサンクト・ペテルブルクのアモン博士によってチェルシーのミラー博士に送り届けられた。この植物はシベリア原産である。

　レガーレ種のユリがわれわれの庭に持ち込まれたのは、遅くになってからのことであった。このユリは世界中でたった一ヶ所、しかもきわめて近づきがたい難所、すなわちチベットとの国境沿いにある中国の岷江《ミンチアン》流域にしか自生しない。それは一九一〇年にウィルソン★によって発見された。彼はイギリスのヴィーチ園芸商会が派遣した植物採集探検隊の隊長をつとめていた。この「王者のユリ《リーガル・リリー》」の発見物語は、勇敢で学識あるプラントハンターがわれわれの庭に世界中の美しい植物を提供するために遭遇した冒険にありがちな、典型的な冒険譚である。岷江流域の中国とチベットを結ぶ狭い幹線道路は、ある場所でもろい岩壁の峡谷を通る。ウィルソンは新たに発見されたユリ根七千株を送るためにあらゆる手はずを整えていた。

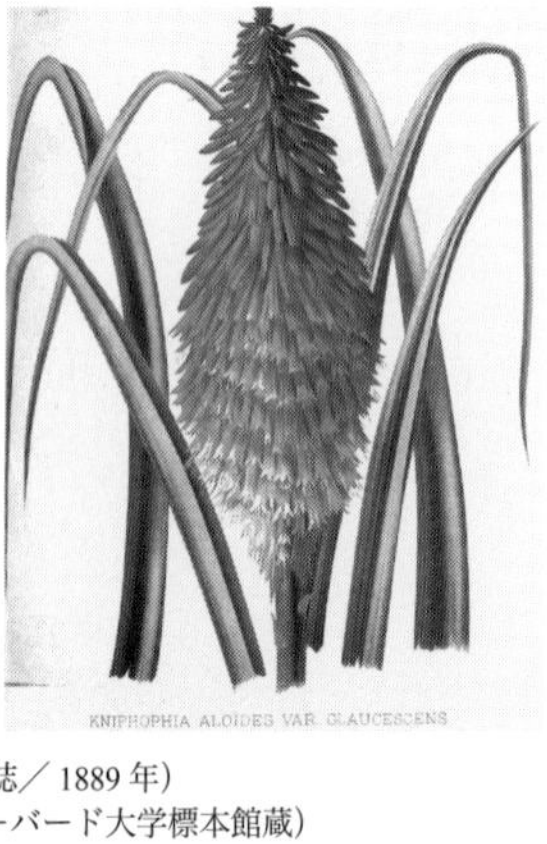

右：クニフォフィア・ウウァリアの品種（『ザ・ガーデン』誌／1889年）
中：クニフォフによるホップの彩色拓本印刷（1759年／ハーバード大学標本館蔵）
左：デルフィニウム・グランディフロルム（『ザ・ガーデン』誌／1894年）

ある日、峡谷を通過していたときのこと、落下した岩塊が彼を直撃し、片方の脚を砕いた。ウィルソンの背後には五十頭のラバが迫っていた。彼はあお向けになって崖道に横たわった。賢明で慎重なラバはウィルソンの頭上をまたいで進み、蹄ひとつ彼の身体に触れなかった。負傷した脚は化膿したものの、ウィルソンは無事帰国し、その事故を乗りきった。ウィルソンが発見し、祖国に送った七千株のリーガル・リリーは、世界中の庭にある何百万本ものリーガル・リリーの親株となった。

上：リーガル・リリー
下：ボストンの自邸でリーガル・リリーに囲まれたウィルソン（1930 年撮影）

★ヨハン・ヒエロニムス・クニフォフ（一七〇四〜六三）
ドイツのエアフルト大学医学教授。書籍商フンケと共同で植物の拓本を制作するための印刷所を設立した。

★拓本印刷《ネイチャー・プリント》
植物を乾かして拓本を制作し、それに自然のままに手彩色で色つけする印刷方法。当時、拓本はランプの煤でとられた。

★アーネスト・ヘンリー・ウィルソン（一八七六〜一九三〇）
イギリスのプラントハンター。岷江峡谷でリーガル・リリーを発見したほか、ダヴィディアやクレマチス、メコノプシスなど貴重な植物を中国で採集し、イギリスにもたらした。日本では各種のサクラやツツジを収集したが、とりわけ久留米ツツジはアメリカで一大センセーションを巻き起こした。

変わりゆく庭園

私は慎重に言葉を選ぶ必要があるが、いまや縁取り花壇がとって代わられつつある。多年草の栽培は、おおきな歓びを与えてくれるが、他方で多大な労働を要する。植物を棒で支えたり、株分けしたり、掘り起こしたり、植え替えたりといった作業をつねにおこなわなければならないのである。花壇の縁にはかならず裸地があり、そこに何かを植えなければならない。西欧やアメリカ合衆国では、今日、労働節約の考えが支配的となっている。多大な時間と困難を伴う庭づくりは、むずかしくなりつつある。個人が所有している大部分の庭では、実際のところ、余暇に難なく提供できる家内労働だけが、頼みの綱なのである。のんびりと週末に庭いじりをする人びとは、多年草をやめて灌木を植えている。灌木類はほとんど手入れを必要としないからである。

行政当局ですら、多年草の栽培についての見直しを検討し始めているように思われる。フランスでもドイツでも、私は新しい植栽方法が大成功をおさめているのを実際に目にした。ヴェルサイユやリュクサンブール宮殿の前庭では、六月になると、色とりどりのペチュニアがあたり一面に咲き誇り、そこかしこに黄色の微光が差し込む。この光景はシャルトルのステンドグラスを連想させる。大聖堂の壁一面にひろがるまばゆいばかりの青、赤、紫のステンドグラスに時折、黄金の陽光が差し込み、それによって完全なる美の極致が現出された。ベルリンでは、不規則で広大な地域にペチュニアが植えられた。それは、多種多様な花ではなく、単一種の花で覆われたアルプスの草原のようで、一片の緑地すら目に入らないほど、びっしりと植え込まれていた。さながら赤い草原、あるいは青い草原のようであった。その光景はじつに印象的で、斬新なものであった。

ヘラクレイトス★曰く、「万物は流転す」。命ある限り、人間の精神もたえず何か新しいものを見つけ、あるいは思いつく。何事であれ、これで終わりということはない。花の植栽方法についても然りである。

★ヘラクレイトス（生没年不詳）　前六〜前五世紀に活躍した古代ギリシアの自然哲学者。宇宙の根源は火であり、万物は生成・流転すると説いた。

訳者あとがき

本書は Gabriele Tergit, *Flowers through the Ages*, Oswald Wolff Limited, London, 1961（translated from the German by Elizabeth and Alexander Henderson）の抄訳である。原著は二部構成となっているが、全体の約五分の一にあたる第二部は割愛し、第一部のみを訳出した。

著者のガブリエル・ターギット（一八九四〜一九八二）はドイツの作家、ジャーナリストだが、彼女についてはほとんど知られていないと思われるので、その経歴をやや詳しく紹介しておこう。著者は一八九四年三月四日、ベルリンに生まれた。本名はエリーゼ・ライフェンベルク。ガブリエル・ターギット（「ターギット」は英語読み）はペンネームである。ユダヤ系ドイツ人の父親はケーブル製造工場を経営しており、家庭は裕福であった。「良家の子女」には珍しく、アリス・ザロモンの社会事業女学校に入学。入学と同時に託児所や実習先紹介所で働いたが、その間、女性運動に携わる人びととも交流をもったといわれる。その後、ジャーナリストを目指し、大学進学を決意する。

第一次世界大戦後、アビトゥア（大学入学のための高等学校終了試験）を受け、一九一九年からベルリン、ミュンヘン、ハイデルベルク、フランクフルト・アム・マインで歴史学、哲学、社会学を学ぶ。ベルリン大学では二十世紀前半のドイツを代表する歴史家フリードリヒ・マイネッケに師事し、一九二五年に代議士カール・フォークトに関する論文で歴史学の博士号を取得している。

十九歳の時、ベルリンを代表するリベラル系の大新聞『*Berliner Tageblatt*』の折り込みに最初の記事を書き、一九二〇年以降、これまたベルリンの大新聞である『*Vossische Zeitung*』をはじめ各種新聞の文芸欄に記事を寄せている。一九二五年には『*Berliner Tageblatt*』の法廷担当記者として採用され、一九三三年まで同紙の編集部に所属し、数々の取材記事を書いた。この間、一九三一年には流行歌手ケーゼビアを主人公とした社会風刺小説『ケーゼビアはクーアフュルステンダムを征服する』を発表し、ベストセラーとなる。

法廷記者として、ヒトラーやゲッペルスも関与した事件のルポルタージュを書く一方、ワイマル共和国期の左派リベラル知識人の集まった雑誌『*Die Weltbühne*』にも寄稿していたところから、ナチに敵視されるようになった。ゲッペルスはターギットを「卑劣なユダヤ人」と罵倒したという。

一九三三年三月四日、早朝三時頃、ナチの突撃隊がターギット夫妻の住むアパートの戸口の呼び鈴を鳴らした。すると夫がこう叫んだ。「開けるな《ニヒト・アウフマヒェン》！」。のちに著者は、このひとことで救われたと述懐している。この日は奇しくもターギット、三十九歳の誕生日であった。身の危険を感じた彼女は、その日のうちにチェコスロバキア（当時）のプラハに逃亡、すぐさま夫も息子を連れてあとを追った。その後、同年十一月にパレスティナに渡り、最終的には一九三八年、ロンドンに移住した。ロンドンでは四半世紀にわたって亡命ドイツ語圏作家ペンクラブ・センターの事務局長をつとめ、数々の報告書や作家たちの自叙伝を編集・出版するかたわら、文化史研究にも従事し、著作を発表した。そのうちの一つが本書である。

本書は彼女の後半生におけるベストセラーで、一九五八年に初版、一九六四年には新版が出され、英語、イタリア語、ハンガリー語、スウェーデン語にも翻訳された。とはいえ、この成功によって、著者である彼女自身や彼女のほかの作品が注目されることはなく、亡命前と比べると、亡命後の生活は決して楽なものではなかったようである。ドイツでも忘れ去られていた著者が再び知られるようになるのは、一九七〇年代後半になってからのことであった。一九八二年七月二十五日、ターギットはロンドンで八十八年の生涯を閉じた。ベルリンのポツダム広場にある「ガブリエル・ターギット通り」は、一九九八年、著者に因んで名づけられたものである。

本書は、ヨーロッパのみならず、アジア、アフリカ、中近東、東欧、南北アメリカといった多様な地域を視野に入れた空間軸と、古代エジプトから現代に至る時間軸に沿って、植物や庭園に秘められた歴史の数々をたどる。花の文化史であると同時に、文化誌でもある。たとえば、皇后ジョゼフィーヌとバラの話は人口に膾炙しているであろうが、バラが中世ヨーロッパの庭で栽培されたのは、その美しさゆえではなく、薬効のためであったという。事実、バラにはビタミンCが豊富に含まれており、古来さまざまな病気の治療に使われてきた。ザンクトガレン修道院設計図の薬草園に記されている十六種類の植物のなかにバラが含まれているのも、そのためであろう。バラに限らず、われわれが一度は耳にしたことのある植物をほとんど網羅している本書は、さながら歴史の中の花事典といった趣がある。

一般にはあまり馴染みのない植物学者たちの生涯や、その素顔にふれることができるのも本書の大きな魅力のひとつである。十六世紀に活躍した植物学者マティアス・ド・ローベルは鋭い観察眼の持ち主であったが、植物の説明に際しては、古代のガレノスやプリニウスからの引用を繰り返していたという。ここには、もうひとつのルネサンスが垣間見える。随所にみられる本草書や花譜も興趣が尽きない。

ドイツ語の原著は、『ヨウラクユリと赤いシャクヤク　花の文化小史』(*Kaiserkron und Päonien rot : Kleine Kulturgeschichte der Blumen*, Köln/Berlin, 1958) の表題をもつ。訳者の手許にあるのは、一九六三年にクナウアー社から出されたポケット版だが、まことに「小さな大著」と呼ぶにふさわしい。このたびの翻訳に際しては英語版を底本としたが、必要に応じて当ポケット版を参照したことをお断りしておく。著者が本書を執筆したのは亡命先のロンドンで、すでに齢六十を過ぎていた。ナチの迫害を逃れ、終《つい》の住処として選んだロンドンで、いったいどのような気持ちでペンを執っていたのであろうか。ともあれ、本書は植物と歴史に関する著者の深い造詣に裏打ちされたエピソード満載の読み物であり、気軽に手にとっていただければ、幸いである。

拙い訳書ではあるが、こうして世に出るにあたっては、多くの方々からご協力をいただいた。フナイン・イブン＝イスハークや「純正同胞団の書簡集」などについては、シリア学の第一人者である高橋英海氏（東京大学）より貴重なご教示を賜った。また、著者の略歴をまとめるにあたっては、気鋭のドイツ近現代史家である中野智世さん（成城大学）の惜しみない協力を得ることができた。記して感謝の意を表したい。また、原著に引用されている聖書、文学作品、哲学書のなかには、既に複数の邦訳が出されているものもあり、それらについては、手許にある限り、参看させていただいた。訳文は適宜改訳しているが、

この場をお借りして、関係各位に厚く御礼申し上げる。

本書の刊行にあたっては、このたびも八坂書房編集部の三宅郁子さんに、一方ならずお世話になった。生来の怠惰ゆえに、翻訳のご依頼を受けてから今日に至るまで、数年の歳月が経過してしまったが、訳稿を丹念にお読みいただき、折にふれて適切な助言を頂戴した。さらに植物名の確認にもご協力をいただいたうえ、原著にはない貴重な図版を多数とりそろえ、掲載してくださった。心より御礼申し上げたい。もとより、本書に過誤や誤謬があるとすれば、その責任は一にかかって訳者にあることはいうまでもない。大方のご叱正を乞う。

最後になるが、訳業中の二〇一二年四月、恩師・小室榮一先生が永眠された。ルネサンス研究の泰斗・大類 伸博士の衣鉢を継ぎ、わが国における中世城郭史研究の礎を築かれた先生の学恩に対し、あらためて深謝の意を表する次第である。

訳者しるす

二〇一四年五月

原著参考文献

A. W. Anderson, *How We Got Our Flower*, London, 1956

A. Arber, *Herbals, their Origin and Evolution*, Cambridge, 2nd edition, 1938 (1912)（邦訳『近代植物学の起源』月川和雄訳　一九九〇年　八坂書房）

E. Bendann, *Death Customs*, New York, 1930

Julia S. Berrall, *The History of Flower Arrangement*, Thames & Hudson, London, 1953（邦訳『名画に見るフラワー・アレンジメントの歴史』栗山節子訳　二〇一〇年　八坂書房）

Wilfred Blunt, *The Art of Botanical Illustrations*, Collins, London, 1950（邦訳『植物図譜の歴史』森村謙一訳　一九八六年〔新版二〇一四年〕八坂書房）

Wilfred Blunt, *Tulipomania*, King Penguin Books 44, London, 1950（邦訳「チューリップ狂時代」南日育子訳『チューリップ・ブック』〔二〇〇二年八坂書房〕所収）

Hieronymus Bock, *New Kreutterbuch,* Straßburg, 1539

Max von Boehn, *Die Mode*, München, 1913

Alice M. Coats, *Flower and their Histories*, London, 1956（邦訳『花の西洋史　草花篇』白幡洋三郎・白幡節子訳　一九八九年　八坂書房〔抄訳、二〇〇八年に『花の西洋史　花木篇』と合本の上、『花の西洋史事典』として再刊〕）

Franz Johan Danz, *Das Büchlein vom Duft*, Kumm, Offenbach, 1954

R. Davey, *History of Mourning*, London, 1889

Ralph Dutton, *The English Garden*, London, 1937

Horst Maria Faber, *Zärtliches Brevier der Düfte*, Verlag der Greif, Wiesbaden, 1954

J. v. Falke, *Der Garten*, Berlin, 1884

Karl Förster, *Vom großen Welt und Gartenspiel*, Schwinn & Helene, Darmstadt, 1950

Montague Free, *All about House Plants*, Doubleday & Co., New York, 1946

Rev. Hilderic Friend, *Flowers and Flower Lore*, London, 1884

Robert Gathrne-Hardy, *Garden Flowers*, B. T. Batsford, London, 1948

John Gillwizer, *British Botanists*, Collins, London, 1944

Gerda Gollwitzer, *Gartenlust*, München, 1956

Marie Luise Gothein, *A History of Garden Art*, J. M. Dent & Sons, London, 1928

C. Hall, *Flowers and What They Tell*, 1923

Viktor Hehn, *Kulturpflanzen und Haustiere*, Gebrüder Borntraeger, Berlin, 1902

Viktor Hehn, *Wanderings of Plants and Animals*, London, 1888

Fritz Hertel, *Die Rose*, Albrecht Philler, Mindeni. W., 1951

Shirley Hibberd, *Garden Favourites*, London, 1857

G. A. Jellicoe, *Gardens of Europe,* Blackie & Sons, London, 1937

Karl F. W. Jessen, *Botanik der Gegenwart und Vorzeit*, Waltham, Mass.,USA, 1948

Alex Laurie, B. S. M. A., und D. C. Kiplinger,B. S. M. S., *Commercial Flower Forcing,* Philadelphia, 1948

F. Lawford, *Flowers in History*, 1933

E. H. F. Meyer, *Geschichte der Bontanik*, Königdberg, 1856

Morren, *Clusius*, Lüttich, 1875

Morren, *Lobelius*, Lüttich, 1875
Ann Page, *The Complete Guide to Wedding Eitiquette*, Look Ward, London, 1950
Hermon Payne, *The Florist's Bibliography*, London, 1908
H. Dawson, M. Edwards, A. Farey et All R. A. Birch, *The Modern Florist*, C. Arthur Pearson, London, 1954
Henry Philpps, *Flora Historica*, London, 1824
G.W. Piesse, *The Art of Perfumery, and Methods of Obtaining the Odors of Plants*, Philadelphia, 1857
Rutherford Platt, *This Green World*, Robert Hale, London, 1942
Dr. Ludwig Rheinhardt, *Kulturgeschichte der Nutzpflanzen*, München, 1911
Dissertation Ruegg, Krokus, Basel
I. V. Sachs, *History of Botany*, Oxford, 1890
E. Sagarin, *The Science and Art of Perfumery*, New York, London, 1945
F. G. Savage, *The Flola and Folklore in Shakespeare*, London, 1923
Roy E. Shepherd, *History of the Rose*, New York, 1954
Sacherevell Sitwell, *Old-Fashioned Flowers*, Country Life Limited, London, 1939
A. G. Skinner, *Flower Legends*, The Paternoster Press, Exeter, 1932（別版邦訳『花の神話と伝説』垂水雄二・福屋正修訳　一九八五年　八坂書房）
L. Spaeth, *Spaethbuch 1720-1930*, Berlin, 1930
C. Spry, *Flower Decoration*, Dent, London, 1934
Marie v. Strantz, *Die Blumen*, Berlin, 1875
Geoffrey Taylor, *The Victorian Flower Garden*, London, 1952
William Beach Thomas, *Gardens*, Burke, London, 1952
Christopher Tunnard, *Gardens in the Modern Landscape*, The Architectual Press, London, 1938
Neville Willams, *Powder and Paint*, London, 1957
Emil Wincker, *Geschichte der Bontanik*, Frankfurt, 1854
R. Zander und C. Teschner, *Der Rosegarten,eine geschichtliche Studie durch zwei Jahrtausende*, Frankfurt/Oder, 1939
C. J. S. Thompson, *The Mystery and Lore of Perfume*, London, 1927（邦訳『香料文化誌』駒崎雄司訳　一九九八年　八坂書房）
La Grande Encyclopaedie, Vol.25, 1928
Ernest J.Parry, *Cyclopedia of Perfumery*, 2 volumes, Gordon Press Publishers, New York, 1925

訳者主要参考文献（歴史書・哲学書・文学作品の類は除く）

J・アディソン著、樋口康夫他訳『花を愉しむ事典』八坂書房　二〇〇二年
A・アーバー著、月川和雄訳『近代植物学の起源』八坂書房　一九九〇年
荒俣宏『花空庭園』平凡社ライブラリー　二〇〇〇年
荒俣宏『図鑑の博物誌　増補版』集英社文庫　一九九四年
D・E・アレン著、阿部治訳『ナチュラリストの誕生』平凡社　一九九〇年
安西信一『イギリス風景式庭園の美学』東京大学出版会　二〇〇〇年
A・アンダーソン著、竹田雅子訳『花の歴史』八坂書房　一九九八年
岩切正介『英国の庭園』法政大学出版局　二〇〇四年
G・ヴァン・ズレイン『ヨーロッパ庭園物語』小林章夫監修・渡辺由貴訳「知の発見」双書　創元社　一九九九年

大槻真一郎責任編集『プリニウス博物誌〈植物篇・植物薬剤篇〉』八坂書房　一九九四年
大場秀章『植物学と植物画』八坂書房　一九九六年
岡崎文彬『造園の歴史』全三巻　同朋舎出版　一九八二年
岡崎文彬『ヨーロッパの造園』鹿島研究所出版会　一九六九年
加藤憲市『英米文学植物民俗誌』冨山房　一九七六年
川崎寿彦『庭のイングランド』名古屋大学出版会　一九八三年
川島昭夫『植物と市民の文化』世界史リブレット36　山川出版社　一九九九年
木村陽二郎『ナチュラリストの系譜』中央公論社　一九八三年
A・M・コーツ著、白幡洋三郎・白幡節子訳『花の西洋史事典』八坂書房　二〇〇八年
A・M・コーツ著、遠山茂樹訳『プラントハンター　東洋を駆ける』八坂書房　二〇〇七年
P・コーツ著、安部薫訳『花の文化史』八坂書房　一九七八年
小林頼子『花のギャラリー　改訂新版』八坂書房　二〇〇三年
小林頼子・ヤマンラール水野美奈子他著訳『チューリップ・ブック』八坂書房　二〇〇二年
小山鐵夫『植物園の話』アボック社出版局　一九九七年
白幡洋三郎『プラントハンター』講談社選書メチエ　一九九四年
C・M・スキナー著、垂水雄二・福屋正修訳『花の神話と伝説』八坂書房　一九八五年
A・スコット＝ジェイムズ著、横山正訳『庭の楽しみ』鹿島出版会　一九九八年
R・ストロング著、圓月勝博・桑木野幸司訳『イングランドのルネサンス庭園』ありな書房　二〇〇三年
R・J・ソーントン著、荒俣宏編『フローラの神殿』リブロポート　一九八五年
W・タイヒェルト著、岩田行一訳『象徴としての庭園』青土社　一九九六年
M・タイラー＝ホイットル著、白幡洋三郎・白幡節子訳『プラント・ハンター物語』八坂書房　一九八三年
高木昌史編訳『庭園の歓び』三交社　一九九八年
M・ダッシュ著、明石三世訳『チューリップバブル』文春文庫　二〇〇〇年
H・R・ターナー著、久保儀明訳『科学で読むイスラム文化』青土社　二〇〇一年
K・チャペック著、小松太郎訳『園芸家十二ヵ月』中央文庫　一九八一年
G・テイラー著、栗山節子『図説　聖人と花』八坂書房　二〇一三年
遠山茂樹『森と庭園の英国史』文春新書　二〇〇二年
K・トマス著、山内昶監訳『人間と自然界』法政大学出版局　一九八九年
中尾真理『英国式庭園』講談社選書メチエ　一九九九年
J・ハッチソン、R・メルヴィル著、奥本裕昭訳『植物物語』八坂書房　一九八七年
L・バーバー著、高山宏訳『博物学の黄金時代』国書刊行会　一九九五年
春山行夫『花の文化史』講談社　一九八〇年
R・ハワスリー編著、植松靖夫訳『西洋博物学者列伝』悠書館　二〇〇九年
『バンクス植物図譜』千葉県立中央博物館　一九九一年
J・ブノア＝メシャン著、河野鶴代・横山正訳『庭園の世界史』講談社学術文庫　一九九八年
W・ブラント著、森村謙一訳『植物図譜の歴史』八坂書房　一九八六年（新版二〇一四年）
M・B・フリーマン著、遠山茂樹訳『西洋中世ハーブ事典』八坂書房　二〇〇九年

J・ブルックス著、神谷武夫訳『楽園のデザイン』鹿島出版会　一九八九年

J・プレスト著、加藤暁子訳『エデンの園』八坂書房　一九九九年

R・ボルヒャルト著、小竹澄栄訳『情熱の庭師』みすず書房　一九九七年

T・C・マジュプリア著、西岡直樹訳『ネパール・インドの聖なる植物』八坂書房　一九八九年

C・W・ムーア他著、有岡孝訳『庭園の詩学』鹿島出版会　一九九八年

P＝J・ルドゥーテ『バラ』TASCHEN　二〇〇一年

C・レジェ著、高橋達明訳『バラの画家　ルドゥテ』八坂書房　二〇〇五年

若桑みどり『薔薇のイコノロジー』青土社　一九八四年

Arizzoli-Clémentel, *Pierre, Les Jardins de Louis XIV à Versailles: Le chef-d'œuvre de Le Nôtre*, édition Gourcuff Gradenigo, Montreuil, 2009

Bisgrove, Richard, *The Gardens of Gertrude Jekyll*, Frances Lincoln Ltd., London, 1992

Brown, Jane, *The Pursuit of Paradise:A Social History of Gardens and Gardening*, Harper Collins, London, 1999

Campbell-Culver, Maggie, *The Origin of Plants:The People and Plants that have shaped Britain's Garden History since the Year 1000*, London, 2001

Carroll, Maureen, *Earthly Paradises: Ancient Gardens in History and Archaeology*, The British Museum Press, London, 2003

Carter,H.B., *Sir Joseph Banks 1743-1820*, British Museum（Natural History）, London, 1988

Clifford, Joan, *Capability Brown:An Illustrated life of Lancelot Brown 1716-1783*, Shire Publications Ltd., Princes Risborough, UK, 2001

Desmond, Roy, *Kew, The History of the Royal Botanic Gardens*, The Harvill Press with the Royal Botanic Gardens, Kew, 1995

Duthie, Ruth, *Florists' Flowers and Societies*, Aylesbury, UK, 1988

Elliott, Brent, *Flora: An Illustrated History of The Garden Flower*, Co & Bear Productions Ltd., London, 2001

Feanley-Whittingstall, Jene, *Historic Gardens*, Webb & Bower Pubs Ltd., Exeter, 1993

Ferguson, D.K. & Lauener, L.A., *The Introduction of Chinese Plants into Europe*, Amsterdam, 1996

France, Anatole, *Le Jardin d'Épicure*, Dodo Press, Gloucester, 1895

Gell, Paul, *Flowers From a Painter's Garden*, London, 1983

Grimshaw, John, *The Gardeners Atlas*, Firefly Books Ltd., Willowdale, Ontario, 2002

Grisebach, August, *Der Garten:Eine Geschichte Seiner Künstlerischen Gestaltng*, Leipzig, 1910

Hardouin-Fugier, Elisabeth & Grafe, Etiénne & Mitchell, Peter, *The Flower Painters: An Illustarated Dictionary*, JG Press, North Dighton, MA, 1989

Harvey, John, *Medieval Gardens*, Batsford Ltd., London, 1981

Harvey, John, *Restoring Period Gardens:From the Middle Ages to Georgian Times*, Aylesbury, UK, 1988

Hearly, B.J., *The Plant Hunters*, New York, 1975

Hinde, T., *Capability Brown: The Story of a Master Gardener*, Hutchinson, London, 1986

Hobhouse, Penelope, *Plants in Garden History*, Pavilion Books, London, 1992

Howard, Adams William, *Nature Perfected:Gardens Therough History*, New

York, 1991

Hunt, John Dixon, *Garden and Grove:The Italian Renaissance Garden in the English Imagination, 1600-1750*, Princeton University Press, 1986

Hunt, John Dixon, *Gardens and the Picturesque*, The MIT Press, Cambridge, MA, 1992

Hunt, John Dixon, *The Italian Gardens*, Cambridge Univercity Press, 1996

Hunt, John Dixon, *The Picturesque Garden in Europe*, Thames & Hudson, London, 2002

Hyams, E., *Capability Brown and Humphry Repton*, Dent, London, 1971

Jellicoe, G. & Jellicoe, S. & Goode, P. & Lancaster, M.（eds.）, *The Oxford Companion to Gardens*, Oxford University Press, Oxford, 1986

Joyce, David（general editor）, *Garden Styles:An Illustrated History of Design and Tradition*, Oxford University Press, 1986

King, Ronald, *The Quest for Paradise*, Mayflower Assoc, New York, 1981

Kraus, Gregor, *Geschichte der Pflanzeneinführungen in die Europäischen Botanischen Gärten – Primary Source Edition*, Nabu Public Domain Reprints, Leipzig, 2013

Laird, Mark, *The Flowering of the Landscape: English Pleasure Grounds 1720-1800*, University of Pennsylvania Press, 1999

Lazzaro,Claudia, *The Italian Renaissance Garden*, Yale University Press, 1990

Les Bonnes Feuilles du Jardin des Plantes, Muséum national naturelle, Paris, 2013

Lyte, C., *The Plant Hunters*, London, 1983

Mosser, M. & Teyssot, G.（editors）, *The History of Garden Design*, Thames & Hudson, London, 1991

Olonetzky, Nadine, *Sensations: A Time Travel Through Garden History*, Basel, Switzerland, 2007

Plumptre, G., *The Garden Makers*, Pavilion Books Ltd., London, 1993

Quest-Riston, Charles, *The English Garden:A Social History*, Viking Press, New York, 2001

Sachs, Julius, *Geschichte der Botanik vom 16. Jahrhundert bis 1860*, München, 1875

Symes, Michael, *A Glossary of Garden History*, Shire Publications Ltd., Oxford, 2006

Thacker, C., *The History of Gardens*, B.T. Batsford, London, 1985

Titley, Norah & Wood, Frances, *Oriental Gardens:An Illustrated History*, Chronicle Books, San Francisco, 1991

Turner,Tom, *English Garden Design: History and Styles since 1650*, the Antique Collectors'Club Ltd., Woodbridge, UK, 1986

Turner, Tom, *Garden History: Philosophy and Design 2000 BC-2000 AD*, Spon Press, Abingdon, UK, 2005

Valéry, Marie-Françoise, *Gardens in France:Jardins de France en fleurs: Gärten in Frankreich*, Benedikt Taschen Verlag GmbH, Köln, 1997

Williamson, Tom, Polite *Landscapes:Gardens and Society in Eighteenth-Century England*, Sutton Publishing Ltd., Stroud, Uk, 1995

Wimmer, Clemens Alexander, *Geschichte der Gartentheorie*, Darmstadt, 1989

Woodbridge, Kenneth, *Princely Gardens:The Origins and Development of the French Formal Style*, Thames & Hudson, London, 1986

人名索引

＊人名の原綴りはおおむね原文に従った。

［ア　行］

アヴィケンナ　Avicenna　102, 128
アグリコラ、ルドルフ　Rudolph Agricola　133
アディソン、ジョゼフ　Joseph Addison　221, 222, 224, 226, 228, 229
アナクレオン　Anakreon　74
アピキウス　Apicius　74
アフメット3世　Ahmed III　200
アフロディテ　Aphrodite　85, 88
アマシス　Amasis　47
アリストテレス　Aristotles　59, 66-72, 82, 103, 121, 125, 128, 215
アルクイン　Alcuin　106
アルバート公　Albert　86
アルベルティ、レオン・バッティスタ　Leon Battista Alberti　134, 135
アルベルトゥス・マグヌス　Albertus Magnus　126, 127, 128, 129, 134, 214, 246
アレクサンドル1世　Aleksandr I　261
アンダーソン、A・W　A.W. Anderson　290
アントワネット、マリー　Marie Antoinette　229

イシス　Isis　85
イピゲネイア　Iphigenia　61
イブン・バイタル　Ibn Beithar　120

ヴァイディッツ、ハンス　Hans Weiditz　144
ヴァイヤン、セヴァスティアン　Sébastien Vaillant　216
ヴァレ、ピエール　Pierre Vallet　170
ヴァレンシュタイン　Wallenstein　174, 175
ヴァントナ、エチエンヌ＝ピエール　Étienne-Pierre Ventenat　251
ヴァンブラー、ジョン　John Vanbrugh　222
ヴィクトリア女王　Victoria　284, 287
ヴィベール　Vibert　249
ウィルソン、アーネスト・ヘンリー　Ernest Henry Wilson　306, 307
ヴィルデナウ、カール・ルードヴィッヒ　Carl Ludwig Willdenow　280
ヴィルヘルム、フリードリヒ　Friedrich Wilhelm　200
ウェルギリウス　Vergilius　54, 75, 257
ウエルト、ガルシア・デル　Garcia del Huerto　164
ヴェレス　Veles　76
ウォード、ナサニエル　Nathaniel Ward　244
ヴォルテール　Voltaire　7
ウォールデン、ロジャー　Roger Walden　109
ウォルポール、ホレイス　Horace Walpole　225
ウルジー、トマス　Thomas Wolsey　116

エッシュショルツ、ヨハン　Johann Eschscholtz　304
エピクロス　Epicuru　59
エリザベス1世　Elizabeth I　110
エリティエ　Hériter　303
エルスホルツ、ヨハン・ジギスムント　Johann Sigismund Elsholtz　200, 262
エーレット、ゲオルク・ディオニシウス　Georg Dionysius Ehret　217

オウィディウス　Ovidius　75, 141
オシリス、ダニエル　Daniel Osiris　253
オットー　Otto　280
オーブリエ、クロード　Claude Aubriet　180, 182, 183

［カ　行］

ガザ、テオドルス　Theodore Gaza　132
ガストン　Gaston　181
カトー　Cato　73
(大天使) ガブリエル　Gabriel　85
カメラリウス、ルドルフ・ヤーコブ　Rudolf Jakob Camerarius　145, 215
カメル、ゲオルグ・ヨーゼフ　Georg Joseph Kamel　234
カル、アルフォンス　Alphonse Karr　235

ガレノス Galen 101, 121, 167

キケロ Cicero 76
ギーニ、ルカ Luca Ghini 147
ギブソン、チャールズ・ダナ Charles Dana Gibson 262
キャトリー Cattley 291
キュロス大王 Kyros 58
キリスト Jesus Christ 86
キルデベルト Childebert 108
ギルモア、ジョン John Gilmore 217

クセノフォン Xenophon 6
クセルクセス Xerxes 58
クニフォフ Kniphof 306
クパーニ、フランシスコ Francesco Cupani 268
クーベ、ヨハン・フォン Johann von Cube 139
クラッスス Crassus 76
クラブ、ジョージ George Crabbe 199
グリセラ Glycera 60
クリュソストモス Chrysostom 100
クルシウス →レクリューズ、シャルル・ド
クレオパトラ Cleopatra 76, 77
クレッツェンツィ、ピエトロ・デ Petrus de Crescentius 134, 256

ゲオルギ Georgi 280
ゲスナー、コンラート Conrad Gesner 144, 145, 170, 171, 194, 215, 口絵 12
ゲーテ Goethe 235
ゲミンゲン、コンラート・フォン Konrad von Gemmingen 171
ケント、ウィリアム William Kent 225
乾隆帝 226

孔子 255
コスマス Cosmas 100
コツェブー、オットー・フォン Otto von Kotzebue 304
コメルソン、フィリベール Philibert Commerçon 266, 267
コルネイユ Corneille 179, 180
コロンブス Columbus 255

［サ行］

サッフォー Sappho 60, 177
サラディン Saladin 104
サン＝モール St. Maure 179

ジェッセン Jessen 219
シェパード、ロイ・E Roy E. Shepherd 262
ジェラード、ジョン John Gerard 152, 159, 168, 169
ジークフリート Siegfried 93
ジークル、ガートルード Gertrude Jekyll 295, 298, 口絵 32
ジャック・ド・ヴィトリ Jacques de Vitry 123
シャミッソー、アーデルベルト・フォン Adelbert von Chamisso 304
シャルルマーニュ Charlemagne 106, 109, 112,
シャルル 8 世 Charles VIII 135, 136
シャルロッテ Charlotte 260
ジュベール Joubert 182
徐 269
ショー、バーナード Bernard Shaw 8
小プリニウス Pliny the Younger 81
ジョゼフィーヌ・ド・ボアルネ Joséphine de Beauharnais 235, 247, 248, 249, 251, 253, 261, 267, 282, 口絵 26
ショムブルク、ロベルト・ヘルマン Robert Hermann Schomburgk 284
ショルツ、ロレンティウス Laurentius Scholz 173, 174
シラー、ヨハン・クリストフ・フリードリヒ・フォン Johann Christoph Friedrich von Schille 230, 231
ジラルダン、ルネ・ルイ・ド René Louis de Girardin 240
シルマー、アウグスト・ヴィルヘルム・フェルディナンド August Wilhelm Ferdinand Schirmer 240
シンケル、カルル・フリードリヒ Karl Friedrich Schinkel 240
神農 45

スウィート Sweet 247
スエトニウス Suetonius 77
スキピオ・アフリカヌス Scipio Africanus 73
ストラボ、ワラフリド Walahfrid Strabo 111

スパーンドンク、ヘーラルト・ファン　Gerard van Spaendonck　184
スミス、ジェイムズ　James Smith　218, 218

セネカ　Seneca　75
セビリアのイシドルス　Isidore of Seville　107
セール、オリヴィエ・ド　Olivier de Serres　176
ゼンパー、ゴットフリート　Gottfried Semper　287

ソクラテス　Socrates　72
ソルター、ジョン　John Salter　238, 271, 277

［タ行］

大プリニウス　→プリニウス
タゴール、ラビンドナラート　Rabindranath Tagore　53
ターナー、ウィリアム　William Turner　143, 148, 149
タベルナエモンタヌス、ヤーコプ・テオドルス　Jacob Theodor Tabernaemontanus　169
ダマスカスのニコラオス　Nicholas of Damascus　67
ダール、アンドレアス　Andreas Dahl　279, 280
タルソスのテオドルス　Theodore of Tarsus　106
ダンカルヴィル　D'Incarville　67, 268
ダンテ　Dante　124

チェサルピーノ、アンドレア　Andrea Cesalpino　215
チェンバーズ、ウィリアム　William Chambers　226
チャペック、カレル　Karel Čapek　5
チャールズ1世　Charles I　210
チョーサー　Chaucer　210

ツィーグラー、ルイーゼ・フォン　Luise von Ziegler　229
ツィン、ヨハン・ゴットフリート　Johann Gottfried Xinn　303

ディオクレティアヌス　Diocletian　7
ディオスコリデス　Dioscorides　67, 68, 138, 139, 142, 214, 289, 口絵4
ティムール　Timur　97
テイラー、ジェフリー　Geoffrey Taylor　237, 238
テオフラストス　Theophrastus　59, 66, 67, 70, 71, 138, 139, 165, 209, 214, 215, 254, 256
テストゥ、カロリーヌ　Caroline Testout　261
デメトリウス　Demetrios　300
デュフレノワ　Dufresnoy　221
デュマ　Dumas　273
テルトゥリアヌス　Tertullian　99

ド・エール　de Herdt　234, 235
ド・グッフィエ　de Gouffier　208
ド・ピュイヨ　de Puyot　290
ド・ブレイン　de Brayn　276, 277
トゥルヌフォール、ジョゼフ・ピトン・ド　Joseph Pitton de Tournefort　182, 215, 216
ドドエンス、レンベルト　Rembert Dodoens　143, 151, 152, 153, 155, 161, 168, 213, 214, 口絵12
ドドネウス　→ドドエンス、レンベルト
トマス・アクィナス　Thomas Aquinas　103
トラデスカント、ジョン（父）　John Tradescant the elder　194, 195
トリュー、クリストフ・ヤーコプ　Christoph Jacob Trew　145

［ナ行］

ナポレオン　Napoléon　211, 234, 247, 248, 259, 口絵26
ナポレオン3世　Napoléon III　248, 259
（聖）ニコラス　St. Nicholas　85

ニートナー、テオドル・カール・グスタフ　Theodor Carl Gustav Nietner　247

ネストリウス　Nestorius　100
ネブカドネザル　Nebuchadnezzar　57
ネロ　Nero　77

［ハ行］

パウシアス　Pausias　60
パクストン、ジョゼフ　Johseph Paxton　244, 284, 287
バスポルト、フランソワーズ・マドレーヌ　Françoise Madeleine Basseport　184

パセロ・ダ・メルグリアーノ Pasello da Merlogliano 136
（教皇）ハドリアヌス6世 Hadrianus VI 91
バートラム、ジョン John Bertram 301
ハドリアヌス Hadrian 83, 106
バーブル Babur 193
ハルトヴェーク Hartweg 280
ハールーン・アッ＝ラシード Harun al-Rashid 103
バレ、ジャンヌ Jeanne Baret 266, 267
ハーン、パトリック・ラフカディオ Patrick Lafcadio Hearn 232
バンクス ジョゼフ Joseph Banks 218, 257, 266

ピーター卿 Lord Peter 234
（聖）ヒエロニムス St. Hieronymus 107
ヒポクラテス Hippocrates 101
ビュスベック、オジェ・ギスラン・ド Ogier Ghiselin de Busbecq 147, 148, 193, 194
ピュックラー＝ムスカウ、ヘルマン・フォン Hermann von Pückler-Muskau 240
ヒルシュフェルト、クリスティアン Christian Hirschfeld 230
ピンダロス Pindar 61

ファーバー、ロバート Robert Furber 157, 口絵13
ファリード・ウッディーン・アッタール Farīd al-Dīn ʻAṭṭār 90
ファン・エイク、ヤン Jan van Eyck 56, 209
ファン・デル・デルフト van der Delft 161
ファン・デル・フース、ヒューホ Hugo van der Goes 178
ファン・デル・ボルフト、ピーテル Peter van der Borscht 152
ファン・デル・ロー、ヤン Jan Vanderloo 143, 152
フィラシエ、ジャン＝ジャック Jean-Jacques Fillassier 246
フィリップス、ヘンリー Henry Phillips 160, 236
フェアシャッフェルト Verschaffelt 274
フェルデケ、ハインリヒ・フォン Heinrichs von Veldeke 95
フォルトゥナトゥス Fortunatus 108
ブーガンヴィル、ルイ・アントワーヌ・ド Louis Antoine de Bougainville 266
ブーシェ、ダヴィッド David Bouché 207
フッカー、ウィリアム・ジャクソン William Jackson Hooker 284, 286, 口絵31
フッガー、ゲオルク Georg Fugger 173
フックス、レオンハルト Leonhart Fuchs 140, 142, 152, 214, 276, 303, 口絵12, 23
プッサン、ガスパール Gaspard Poussin 223
ブライトナー Breitner 280
ブラウン、ランスロット Lancelot Brown 224, 226, 227, 228
プラトン Plato 59, 66
ブーランジェ将軍 Boulanger 211
プランタン、クリストフ Christophe Plantin 152, 153, 156, 164
ブラント、ウィルフリッド Wilfrid Blunt 143, 156, 172, 184, 217
ブラント、セバスティアン Sebastian Brant 90
フリードリヒ・ヴィルヘルム3世 Friedrich Wilhelm III 207, 259
フリードリヒ2世 Friedrich II 124, 125
プリニウス Pliny the Elder 46, 54, 82, 103, 110, 115, 135, 138, 167, 214, 243, 246, 255
ブリューゲル、ヤン（父） Jan Brueghel the Elder 191, 口絵20
プリュミエ、シャルル Charles Plumier 276, 303
プルースト Proust 272
ブールハフェ、ヘルマン Herman Boerhaave 166
フールヘルム、ペーテル Peter Voerhelm 205
ブルンフェルス、オットー Otto Brunfels 140, 143, 144, 214
プレシ、アルフォンシーヌ Alphonsine Plessis 273
フレッチャー、ジョン John Fletcher 90
プロトゲネス Protogenes 300
フロワサール Froissart 209
フンボルト、アレクサンダー・フォン Alexander von Humboldt 280, 303

ベイトマン、リチャード Richard Bateman 282
ベーコン、フランシス Francis Bacon 129, 134, 220, 297
ベーコン、ロジャー Roger Bacon 126, 215

ベスラー、バジル　Basil Besler　171, 172, 口絵15
(尊師) ベーダ　bede　106
ペトラルカ　Petrarca　123, 130, 131
ヘラクレイトス　Heraclitus　309
ヘリオガバルス　Heliogabalus　79
ベルクナー、エリザベート　Elisabeth Bergner　273
ペルシウムのイシドール　Isidore of Pelusium　85
ベルナール、サラ　Sarah Bernhardt　273
ヘロドトス　Herodotus　46, 254, 256
ヘンリー8世　Henry VIII　87, 160

ボーアン、ガスパール　Gaspard Bauhin　156
ポウプ、アレクサンダー　Alexander Pope　87, 222
ボッカチオ　Boccaccio　130, 131, 132
ボック、ヒエロニムス　Hieronymus Bosch　116, 140, 141, 214
ホメロス　Homer　54, 60, 205
ポールゼン、D・T　D. T Poulsen　265
ホルバイン、ハンス　Hans Holbein the Younger　178
ボワソー、ジャック　Jacques Boisseau　175
ボンプラン、エメ　Aimé Bonpland　251, 280, 284, 303

[マ行]

マッティオリ、ペトルス・アンドレアス　Petrus Andreas Mattioli　146, 147, 148, 257
マフムト1世　Mahmut I　202
(聖母) マリア　Mary　85, 86, 88
マルティアリス　Martial　79
マントイフェル、ヘル・フォン　Herr von Manteuffel　229

ミルトン、ジョン　John Milton　220, 221

ムーア、トマス　Thomas Moore　262
ムハンマド　Muhammad　101, 102, 123
ムロン　Mellon　184

メイヤン、フランシス　Francis Meillard　264
メーテルリンク、モーリス　Maurice Maeterlinck　112
メフメット2世　Mehmed II　132, 162
メーリアン、マリア・シビラ　Maria Sibylla Merian　176

モア、トマス　Thomas More　6
モネ、クロード　Claude Monet　295
モノワイエ、ジャン＝バティスト　Jean-Baptiste Monnoyer　190
モルトケ伯爵　Moltke　255

[ヤ・ラ行]

ユスティニアヌス　Justinian　59

ライプニッツ　Leibniz　216
ラ・カンティニ、ジャン＝バティスト・ド　Jean-Baptiste de La Quantinie　188
ラクシュミー　Lakshmi　255
ラグハヴァン　V. Raghavan　50, 51, 52, 53
ラスキン、ジョン　John Ruskin　252
ラッセル、ジョージ　George Russell　8, 299
(聖) ラディガンダ　St. Radegunda　108
ラベル、ダニエル　Daniel Rabel　181
ランブイエ夫人　Mme de Rambouillet　177, 178

リッピ、フィリッポ　Filippo Lippi　56
リュッケルト　Rückert　115
リール、レオン　Léon Lille　211
リンドリー、ジョン　John Lindley　284, 290
リンネ、カール・フォン　Carl von Linné　216, 217, 218, 234, 246, 256, 290, 302
リンネウス　→リンネ、カール・フォン

ル・コルビュジエ　Le Corbusier　297
ル・ノートル、アンドレ　André Le Nôtre　8, 186-188, 220
ルイ13世　Louis XIII　119, 195
ルイ14世　Louis XIV　187, 188, 195
ルイ15世　Louis XV　200
ルイ18世　Louis XVIII　259
ルキウス・アエリウス・ウィルス　Lucius Aelius Virus　79
ルキウス・フラウィウス　Lucius Flavius　73
ルクルス　Lucullus　80
ルシタヌス、アマートゥス　Amatus Lusitanus　147
ルソー、ジャン＝ジャック　Jean-Jacques

植物名索引

［ア行］

［カ行］

［サ行］

［タ行］

[ナ行]

[ハ行]

［マ行］

［ヤ行］

［ラ行］

［ワ行］

書名索引

＊書名の原綴りはおおむね原文に従った。

100
ゲスナーの植物誌　Gesneri opera botanica（コンラート・ゲスナー）　146
国王アンリ4世の庭園　Le jardin du Roy très chrestien Henri IV, Roy de France et de Navare dédié à la Royne（ピエール・ヴァレ）　170
サレルノ養生訓　Regimen sanitatis salernitanum　121, 口絵9
ジュリーの花飾り　La Guirlande de Julie（ニコラ・ロベール）　159, 177-180, 口絵16
植物学　La Botanique（ジャン＝ジャック・ルソー）　253
植物画の芸術　The Art of Botanical Illustration（ウィルフリッド・ブラント）　156
植物の図譜　Icones（マティアス・ド・ローベル）　168
植物誌　De Historia Stirpium（レオンハルト・フックス）　142, 276, 口絵12
新エロイーズ　Julie ou la nouvelle Héloïse（ジャン＝ジャック・ルソー）　229
新本草　New Kreutterbuch（ヒエロニムス・ボック）　140
新本草書　New Herball（ウィリアム・ターナー）　143, 149
図説本草　Contrafeyt Kreutterbuch（オットー・ブルンフェルス）　143
スペイン希少植物誌　Rariorum aliquot stirpium per Hispanias observatarum historia（シャルル・ド・レクリューズ）　155
1795年の園芸年鑑　On the Gardening Calendar of 1795（フリードリヒ・フォン・シラー）　230
宝物　Thesaurus（フランシスコ・エルナンデス）　279
椿姫　La Dame aux camelias（アレクサンドル・デュマ・フィス）　273
ディオスコリデス注解　Di Pedacio Dioscoride Anazarbeo Libri cinque Della historia（ペトルス・アンドレアス・マッティオリ）　146
デカメロン　Decameron（ボッカチオ）　130
殿下の命によるチューリップ劇場、1661年　Theatrum Tuliparum ad mandatum Serenissimus 1661（ヨハン・シギスムント・エルスホルツ）　200
ドイツ本草　German Herbarius（ヨハン・フォン・クーベ）　139
夏の名残のバラ　The Last Rose of Summer（トマス・ムーア）　262
博物誌　Naturalis Historiæ（プリニウス）　82
花の十二ヶ月　Twelve Months of Flowers（ロバート・ファーバー）　157, 口絵13
バラ　Die Rose（テオドル・カール・グスタフ・ニートナー）　247
バラ図譜　Les Roses（ピエール＝ジョゼフ・ルドゥテ）　251, 252, 口絵27, 29
パンノニア、オーストリア、およびその近隣の希少植物誌　Rariorum aliquot Stirpium per Pannoniam, Austriam et Vicinas Historia（シャルル・ド・レクリューズ）　156
ブリタニアの庭　Hortus Britannicus（ロバート・スウィート）　247
ペンプタデス植物誌　Stirpium historiae pemptades（レンベルト・ドドエンス）　153, 155, 168
ボタニカル・マガジン　Botanical Magazine（ウィリアム・カーチス）　286
本草写生図譜　Herbarum Vivae Eicones（オットー・ブルンフェルス）　143
本草書　The Herball（ジョン・ジェラード）　168, 169
本草書　Kreuterbuch（ヒエロニムス・ボック）　116
本草書　Kruydtboeck（マティアス・ド・ローベル）　195
本草書　Cruÿdeboeck（レンベルト・ドドエンス）　152, 口絵12
マルメゾンおよびナヴァールの希少栽培植物　Description des plantes rares cultivées à Malmaison et à Navarre（エメ・ボンプラン）　251
マルメゾンの庭園　Jardin de Malmaison（エチエンヌ＝ピエール・ヴァントナ）　251
薬物誌　materia medica（ディオスコリデス）　67, 口絵4
ユートピア　Utopia（トマス・モア）　6, 7
ユリ科植物図譜　Les Liliacées（ピエール＝ジョゼフ・ルドゥテ）　251

著者紹介

ガブリエル・ターギット

(Gabriele Tergit, 1894-1982)

ドイツの作家、ジャーナリスト。小説、ルポルタージュ、文化史などの著書が多数ある。本書は著者の後半生におけるベストセラーで、英語のほか、イタリア語、ハンガリー語、スウェーデン語にも翻訳されている。

訳者紹介

遠山茂樹(とおやま しげき)

1953年宮城県生まれ。早稲田大学教育学部卒業、明治大学大学院文学研究科西洋史学専攻博士後期課程単位取得満期退学。明治大学、玉川大学、千葉大学などの非常勤講師を経て、現在、東北公益文科大学教授。

著書:『森と庭園の英国史』(文春新書)
　　『中世ヨーロッパを生きる』(共著、東京大学出版会)

訳書:A. M. コーツ『プラントハンター 東洋を駆ける』、M. B. フリーマン『西洋中世ハーブ事典』(ともに八坂書房)

図説 花と庭園の文化史事典

2014年5月25日　初版第1刷発行

訳　者　遠 山 茂 樹
発行者　八 坂 立 人
印刷・製本　シナノ書籍印刷(株)

発行所　(株)八 坂 書 房
〒101-0064 東京都千代田区猿楽町1-4-11
TEL.03-3293-7975　FAX.03-3293-7977
URL.:http://www.yasakashobo.co.jp

ISBN 978-4-89694-173-9